AF497292

LE CHRISTIANISME RAISONNABLE,

Tel qu'il nous est representé dans

L'ECRITURE SAINTE.

Traduit de l'Anglois

De M. LOCKE.

Troisiéme Edition, revûë, corrigée; & augmentée d'une DISSERTATION où l'on établit le vrai & l'unique Moyen de reünir tous les Chrétiens malgré la difference de leurs sentimens. On a joint à cette Edition la RELIGION DES DAMES.

TOME PREMIER.

A AMSTERDAM,

Chez ZACHARIE CHATELAIN.

M. DCC. XXXI.

W.S. C 875. 1889.

AVERTISSEMENT

DU

TRADUCTEUR,

Sur cette Nouvelle Edition.

L'AUTEUR de cet Ouvrage n'eſt plus inconnu. Depuis que M. LOCKE eſt mort, tout le monde ſait que c'eſt lui qui l'a compoſé. C'eſt pour-quoi on a mis ſon nom au Tître. Pour moi je prendrai la liberté de déclarer ici, que je n'adopte pas tous les raiſonnemens de M. Loc-ke, quoi que je me ſois donné la peine de mettre ſon Livre en Fran-çois. On en verra des preuves en un, ou deux endroits de cette nouvelle Edition. Il m'auroit été facile d'en groſſir le nombre, ſi j'euſſe voulu critiquer les deux ou trois prémiers Chapitres du Prémier Volume, où ſur des explications de quelques Paſ-ſages de l'Ecriture, aſſez incertaines,

* 2

M.

M. Locke s'est engagé dans des raisonnemens qui ne paroissent pas fort solides: mais j'ai été bien aise d'épargner aux Lecteurs judicieux l'embarras de lire des reflexions qu'ils pourront aisément faire d'eux-mêmes. Je me suis borné à corriger des fautes de stile qui s'étoient glissées dans les deux prémiéres Editions. C'est un soin que le Public avoit droit d'exiger de moi; & j'ose assûrer que je n'ai rien épargné pour le satisfaire de ce côté-là.

Cet Ouvrage a paru d'abord sous ce tître, *Que la Religion Chrétienne est très-raisonnable*, &c. Je fus obligé d'employer cette circonlocution, parce que je n'en trouvai point alors de plus commode pour exprimer la force de ce tître Anglois, *The Reasonableness of Christianity*, qui veut dire expliqué à la lettre, *la Raisonnabilité du Christianisme*. Je n'osai hazarder le mot de *Raisonnabilité*, qui n'a jamais été en usage. Mais on m'a fait voir depuis, que le

dé-

détour dont je m'étois fervi, n'étoit guere plus autorifé par l'Ufage que le mot de *Raifonnabilité*. J'en vis moi-même l'inconvenient, lorfque venant à traduire la *Défenfe* de l'Ouvrage, qui en fait la feconde Partie, je trouvai qu'il m'étoit impoffible de le défigner par le tître que je lui avois donné. Je fus obligé de le citer fous le nom de *Religion Raifonnable* : expreffion vague, obfcure; & qui dans le fond donne une fauffe idée de l'Ouvrage même. Car l'Auteur n'y traite point de la Religion en général, mais uniquement de la *Religion Chrétienne telle qu'elle nous eft repréfentée dans l'Ecriture Sainte.* Pour toutes ces raifons j'ai crû devoir me fervir, après * M. *Le Clerc*, du tître de *Chriftianifme Raifonnable*, qui défigne d'une maniére affez expreffive la nature de cet Ouvrage, & peut être cité fort commodément. Cette derniére circonftance m'a déterminé à exclurre

* 3

abfo-

* *Bibliotheque Choifie*, Tom. VI. Pag. 348.

abfolument l'ancien Tître. Car il y auroit toûjours de l'embarras & de l'irregularité à citer cet Ouvrage fous un autre titre que celui qu'il porte effeÂivement.

Ayant pris la liberté de divifer en Chapitres cet Ouvrage qui en An-glois eft un Difcours fuivi, j'ai dis-tingué le mieux qu'il m'a été poffi-ble les différentes matiéres qu'il contient, afin d'en faire le fujet d'un Chapitre particulier. J'ai crû que cela faciliteroit l'intelligence de ce Livre, & contribueroit à en faire retenir plus aifément les articles les plus effentiels. Ces fortes de dif-tinÂions empêchent qu'on ne cher-che de la liaifon où il n'y en a point; & qu'on ne confonde deux raifon-nemens en un. Il eft certain qu'on doit diminuer, autant qu'on peut, la peine du LeÂeur qui n'en a dé-ja que trop à entendre les cho-fes mêmes. Quelques perfonnes qui avoient lû ce Livre en An-glois, m'ont affuré qu'ils l'avoient

mieux

mieux entendu en François, à caufe de cette diftinction des matieres.

Du refte, je me fuis attaché à
rendre fidellement le fens de l'Original fans y rien retrancher. Je n'y
ai rien ajoûté non plus, excepté
quelques tranfitions fort courtes que
la divifion des Chapitres m'obligeoit
de faire; & que l'Auteur n'a pas
defapprouvées.

Comme cette Edition a été revûë
fur la derniére qui a paru en Anglois, on y trouvera quelques additions, mais en petit nombre, & de
peu d'importance.

Dans la DISSERTATION, qui
eft à la fin de la premiere Partie de
cet Ouvrage, j'ai entrepris de faire
voir, que felon les Principes du
Chriftianifme Raifonnable, il ne feroit pas difficile de reünir tous les
Chrétiens malgré la différence de
leurs Opinions. Cette conféquence
m'a paru affez intéreffante pour meriter d'être examinée; & j'ofe dire
qu'on n'a rien publié jufqu'ici, qui

affoiblisse le moins du monde les raisonnemens sur lesquels je l'ai établie. Je hais les Disputes; & je croi que pour l'ordinaire on devroit s'abstenir, par respect pour le Public, de repliquer à des Objections visiblement refutées par des Principes prouvez dans l'Ouvrage même qu'on prétend combattre.

Le Libraire a trouvé à propos de joindre à cet Ouvrage, *la Religion des Dames*, petit Livre traduit de l'Anglois qui roule à peu près sur les Principes du *Christianisme Raisonnable*. M. *Locke* n'en est pas l'Auteur. La troisième Edition qu'on en donne ici, ne differe de la premiére que par quelques Additions, qu'on a faites à un Discours, écrit originairement en François, qui parut d'abord à la tête de cet Ouvrage, & fut bien-tôt après traduit en Anglois.

PREFACE

DE

L'AUTEUR.

LE peu de satisfaction & de solidité qu'on rencontre dans la plûpart des Systêmes de Théologie qui me sont tombez entre les mains, m'a engagé à ne lire que l'Ecriture Sainte, à laquelle tous les Théologiens appellent, pour y chercher la connoissance de la Religion Chrétienne. Voici maintenant ce que j'y ai trouvé après une recherche exacte & sincere. Si ceux qui liront cet Ouvrage, y trouvent

quel-

quelque éclaircissement, ou quelque raison qui les confirme dans la Verité, je les prie de se joindre avec moi pour remercier le Pere des Lumiéres de ce qu'il a daigné éclairer nos Entendemens. Que si, au contraire, après l'avoir examiné serieusement & sans préoccupation, ils trouvent que je me suis éloigné du sens & du but de l'Evangile, je leur demande en grace, qu'en qualité de bons Chrétiens, avec un Esprit de Charité, (qui est l'Esprit de l'Evangile) & avec des paroles pleines de moderation, ils daignent m'instruire dans la Doctrine du Salut.

TA-

TABLE
DES CHAPITRES.

CHAP. I. *DU péché d'Adam & de ses effets, tant à son égard, qu'à l'égard de ses Descendans.* Pag. **1**

CHAP. II. *Des Avantages que Jesus-Christ a procuré aux hommes.* **12**

CHAP. III. *De la Loi des Oeuvres & de la Loi de la Foi. En quoi elles différent l'une de l'autre.* **19**

CHAP. IV. *Où l'on prouve par des Passages tirez des Evangelistes, que ce qu'on est obligé de croire sous l'Evangile, c'est, que Jesus-Christ est le Messie.* **31**

CHAP. V. *Où l'on fait voir que les Apôtres ne proposoient non plus autre chose à croire, sinon que* Jesus étoit le Messie. **37**

CHAP. VI. *Où l'on continue de prouver par quelques expressions répanduës dans l'Evangile que ce qu'il faut croire, se reduit à ceci, que* Jesus est le Messie. **55**

CHAP. VII. *Comment la venuë du Messie est désignée dans l'Evangile.* **62**

CHAP. VIII. *Pourquoi Jesus-Christ ne disoit pas ouvertement, qu'il étoit le* Messie. **70**

CHAP. IX. *Ce que Jesus-Christ proposoit à croire aux hommes en leur annonçant l'Evangile: Par où l'on voit encore qu'il avoit soin de ne pas dire ouvertement qu'il fût le Messie.* **87**

CHAP. X. *Jesus étant sur le point de mourir se fait connoître plus ouvertement à ses Disciples; cependant il ne leur ordonne de croire autre chose sinon qu'il est le Messie.* **185**

CHAP.

TABLE DES CHAPITRES.

CHAP. XI. *Objection qu'on peut faire contre ce qui a été établi jusqu'ici que sous l'Evangile pour devenir véritable Fidèle, il suffit de croire, que Jesus est le Messie. Réponse à cette Objection. Qu'il est aussi nécessaire sous l'Alliance Evangelique de se repentir & de bien vivre, que d'avoir la Foi.* 218

CHAP. XII. *Où l'on fait voir que Jesus-Christ propose des Loix à ceux qui veulent être du nombre de ses Sujets, afin qu'ils s'appliquent avec soin à les observer. La même obligation est fortement inculquée dans les Ecrits des Apôtres; & clairement établie par la maniére dont Jesus-Christ lui-même jugera les hommes au Dernier Jour.* 245

CHAP. XIII. *Comment on pouvoit être sauvé avant la Venuë de Jesus-Christ, puis que ce n'est qu'en croyant que Jesus est le Messie, qu'on peut obtenir le Salut.* 275

CHAP. XIV. *Comment ceux qui n'ont jamais ouï parler du Messie pourront trouver grace auprès de Dieu. Necessité de la Venuë de Jesus-Christ. Quels sont les principaux Avantages qu'elle a apportez dans le Monde.* 284

CHAP. XV. *Où l'on examine, s'il faut chercher de Nouveaux Articles de Foi dans les Epîtres des Apôtres; & où l'on montre que la Religion doit être à la portée des plus simples.* 335

DISSERTATION, *où sur les Principes du* Christianisme Raisonnable *on établit le vrai & l'unique Moyen de réunir tous les Chrétiens, malgré la difference de leurs Sentimens.* 352

FAU-

FAUTES A CORRIGER.

Pag. 27. l. 16. *que.* lif. *qui.* p. 38. l. 25. *fut.* lif. *fur.* p. 137. l. 11. *délivrée.* lif. *délivrez.* p. 226. l. 13. *détourner.* lif. *abftenir.* p. 238. l. 24. *les juftifia, ou les rendit juftes & capables par cela même d'obtenir* lif. *les a juftifiez, ou rendu juftes, & par cela même capables d'obtenir.* p. 262. l. 26. *Dieu, qui étoit.* lif. *Dieu étoit.*

JEAN LOCKE
Hic oculos hic ora vides, hic omnia docta
Effingi artificis quæ potuere manu.
Lockius humanæ pingens penetralia mentis,
Ingenium solus pinxerit ipse suum.
Alard del. IOANNES CLERICUS

LE
CHRISTIANISME
RAISONNABLE,

Tel qu'il nous eſt repréſenté dans
l'Ecriture Sainte.

CHAPITRE PREMIER.

*Du Péché d'Adam & de ſes effets, tant à ſon
égard, qu'à l'égard de ſes Deſcendans.*

ON n'a qu'à lire le Nouveau Teſtament pour reconnoître, que
c'eſt ſur la ſuppoſition de la chûte d'*Adam* qu'eſt fondée la Doctrine de la Redemption, & par conſéquent
toute la Doctrine de l'Evangile. Afin donc de
pouvoir comprendre en quoi conſiſte l'état
heureux dans lequel *Jeſus-Chriſt* nous a ré-

tablis, il faut voir ce que l'Ecriture dit que nous perdons par le Péché d'*Adam*. C'eſt une choſe qui merite bien, ce me ſemble, d'être recherchée avec ſoin, d'autant plus qu'ici certaines gens ſont tombez dans deux dangereuſes extrémitez, dont l'une ébranle les fondemens de la Religion, & l'autre reduit preſque à rien toute la Doctrine Chrétienne. D'un côté, les uns aſſûrent que toute la Poſterité d'*Adam* eſt condamnée à des ſupplices éternels & infinis à cauſe du péché de ce Prémier Homme, duquel des millions d'hommes n'ont jamais ouï parler, & qu'aucun d'eux n'a autoriſé à agir en ſon nom, ou à repréſenter ſa perſonne. D'autres au contraire ne pouvant digerer cette penſée, qui leur paroît incompatible avec la Juſtice & la Bonté d'un Etre ſuprême & infini, ſoûtiennent que la Redemption n'étoit pas néceſſaire; & qu'ainſi il n'y en a point eû, aimant mieux la nier abſolument que de l'admettre ſur une ſuppoſition qui eſt ſi contraire à l'honneur de Dieu & à ſes infinies Perfections, de ſorte que ces gens-là ne regardent *Jeſus-Chriſt* que comme le reſtaurateur & le prédicateur d'une Religion purement naturelle: par où ils renverſent la Doctrine conſtante du Nouveau Teſtament.

Si on lit l'Ecriture avec quelque attention,

tion, on ne pourra s'empêcher de voir que ces deux Sentimens font contraires à ce qui eft contenu dans ce facré Livre : on entrera, dis-je, dans cette penfée, fi l'on regarde feulement l'Ecriture fainte comme un Recueil d'Ecrits que Dieu a deftiné à l'inftruction de tous les hommes fans diftinction, des gens fans lettres, des plus fimples & des plus idiots, dans la vuë de les conduire par là au Salut, en forte que ce faint Ouvrage doive être entendu, dans les chofes abfolument néceffaires, felon le fens le plus fimple & le plus direct que renferment les paroles & les phrafes dont il eft compofé, tel en un mot qu'on peut fuppofer que ces paroles & ces expreffions excitoient dans l'efprit de ceux qui s'en fervoient alors fuivant l'ufage établi dans le Païs où ils vivoient : fans qu'il foit néceffaire de recourir à toutes ces explications favantes, & peu naturelles qu'on y a cherchées depuis, & fur lefquelles on a bâti la plûpart des Syftêmes de Théologie, chacun felon les idées qu'il a reçuës de fes Maîtres.

Cela pofé, quiconque lira l'Ecriture Sainte dans cette idée & avec un efprit libre de tout préjugé, verra fans peine, que l'état duquel *Adam* déchut par fon péché, étoit un état d'obéïffance parfaite, défignée dans

le

le Nouveau Teſtament par le nom de *Juſtice*; & que par ce même péché *Adam* perdit le Paradis, où étoit l'Arbre de vie joint à une heureuſe tranquillité, c'eſt à dire qu'il perdit la félicité & l'immortalité tout enſemble. C'eſt ce qui paroît par la peine attachée à la tranſgreſſion de la Loi, & par la Sentence que Dieu prononça à cette occaſion. La peine eſt exprimée en ces termes, *Gen.* II, 17. *Au jour que tu mangeras de l'arbre de ſcience de bien & de mal, tu mourras certainement.* Et voici comment cela fut executé: Adam ayant mangé du fruit défendu, ne mourut pas actuellement le jour qu'il en mangea, mais il fut chaſſé du Paradis, & d'auprès de l'Arbre de vie; & cela pour jamais, *Gen.* III, 22. *de peur*, dit l'Ecriture, *qu'il n'en prît, & ne vécût à toûjours.* Ce qui montre, que l'Etat où étoit *Adam* dans le Paradis Terreſtre, étoit un état d'immortalité & d'une vie ſans fin; & qu'il en fut privé le propre jour qu'il mangea du fruit défendu. Dès lors ſa vie commença d'être abregée, de déchoir, & d'avoir une fin; & les années qui s'écoulerent depuis ce moment juſques à ſa mort actuelle, ne furent que comme le temps que paſſe un priſonnier depuis le jour qu'on lui a prononcé ſa Sentence juſques à l'exécution: car l'exécution de la Sentence qui lui avoit

été

été prononcée, étoit toûjours préfente à
fon efprit, & ne pouvoît manquer d'arriver.
Dès ce moment la Mort entra dans le Monde, où elle n'avoit point encore paru, ce
qui fait dire à S. *Paul Rom.* V, 12. *Par un
homme le Peché eft entré au Monde, & par le
Péché la Mort*, c'eft à dire un état de mortalité, qui fe termine à une mort actuelle;
& dans fa prémiére Epìtre aux *Corinthiens*
(XV, 22.) *Tous meurent en Adam*, c'eft à dire, tous les hommes font mortels, & meurent effectivement, à caufe du péché d'*A-
dam*.

Tout cela eft fi clairement prouvé par les
paffages que nous venons d'alleguer, & fi
fort répandu dans le Nouveau Teftament,
que perfonne ne peut nier, que ce ne foit
un article de foi établi dans l'Évangile, *Que
par le Péché d'*Adam *la Mort eft parvenuë fur
tous les hommes.* Auffi tout le monde en
tombe d'accord; & l'on n'eft en difpute que
fur la fignification du terme de *Mort.* Car
quelques-uns veulent qu'on entende par-là
un état de condamnation dans lequel non
feulement *Adam* fut enveloppé, mais encore toute fa Pofterité, de forte que tous ceux
qui defcendent de lui, meritent dès-là de
fouffrir des peines infinies dans les Enfers.
Je ne m'arréterai point ici à examiner comment on pourroit accorder cela avec la Juf-

A 3

tice

.tice & la Bonté de Dieu, à ne confulter que les idées naturel'es des hommes, parce que j'ai déja touché cette reflexion dès le commencement de ce Difcours : mais il femble que c'eft une étrange maniére d'expliquer une Loi, qui doit être conçuë dans les termes les plus fimples & les plus naturels qu'on puiffe trouver, que d'entendre par le terme de *Mort* une Vie éternelle accompagnée de mifere. Et en effet fuppofons une Loi exprimée en ces mots, *Si vous venez à tomber dans le crime de felonie, vous mourrez*, pourroit-on dire qu'en vertu de cette Loi, un homme qui commettroit ce crime, ne devroit pas être condamné à la mort, mais être confervé en vie pour fouffrir à jamais des fupplices extraordinaires? Il n'y a perfonne fans doute qui pût fe perfuader qu'on agît de bonne foi avec lui, fi l'on venoit à le traiter de cette maniére.

A cela ils ajoûtent, que l'état où les hommes font reduits par le Péché d'*Adam*, eft un état dans lequel ils péchent néceffairement, & irritent Dieu par tout ce qu'ils font: ce qui fuppofe une explication du terme de *Mort* bien plus choquante encore que celle que nous venons de voir. Dieu dit à Adam, *Au jour que tu mangeras du fruit defendu, tu mourras* : c'eft-à-dire, felon ces Interpretes, ,, Toi & ta Pofterité ferez à l'avenir entié-
,, rement

,, rement incapables de rien faire qui ne
,, foit criminel, qui n'excite ma colere;
,, & ne vous expofe juftement aux effets
,, les plus terribles de mon indignation".
Comment concevoir, je vous prie, qu'un
homme de bien pût foûmettre des perfonnes, qui dépendroient de lui, à de pareil-
les conditions? A combien plus forte raifon
doit-on faire fcrupule de fuppofer, que
Dieu, qui eft fouverainement jufte, mette
les hommes dans la néceffité de pécher in-
ceffamment, & par-là d'irriter toûjours plus
fa colere, pour tirer vangeance d'un Péché
qui lui a déplû? Nous trouverons peut-être
la caufe de cette étrange explication dans
quelques paffages du Nouveau Teftament
qui ont été mal entendus. Pour moi je confeffe qu'en cette occafion je ne faurois entendre autre chofe par le mot de *Mort* que *ceffer
d'être, perdre la vie & le fentiment.* Et ce
fut là en effet la mort, à laquelle Adam fut
foûmis avec toute fa Pofterité à caufe de fa
prémiére défobéiffance; & que tous les hommes auroient fubie à jamais fans la Redemption faite par Jefus-Chrift. Que fi par la
Mort, dont Dieu menaça *Adam* dans le
Paradis Terreftre, il falloit entendre la corruption de la Nature humaine dans la perfonne de tous fes Defcendans, ce feroit une
chofe bien étrange que le Nouveau Tefta-
A 4   ment

ment ne l'eût marqué nulle part; & ne nous eût pas dit, que tous les hommes font plongez dans cette corruption, à caufe du Péché d'Adam, comme il nous apprend que c'eft pour ce Péché qu'ils ont été affujettis à la Mort. Bien loin de là, l'Ecriture déclare expreffément en plufieurs endroits, que perfonne ne doit être chargé que de fes propres fautes.

L'autre partie de la Sentence que Dieu prononça contre *Adam*, fut exprimée en ces mots : * *La Terre fera maudite à caufe de toi : Tu en mangeras en travail tous les jours de ta vie : tu mangeras ton pain à la fueur de ton vifage, jufqu'à ce que tu retournes dans la terre, car c'eft de la terre que tu as été pris ; & parce que tu ès poudre, tu retourneras en poudre.* Il paroit de là que le Paradis terreftre étoit le fiége du bonheur auffi bien que de l'immortalité, qu'il n'y avoit dans cet heureux féjour, ni fatigue ni chagrin à effuyer, mais que l'homme en ayant été chaffé, fut expofé, auffi-tôt après, à la peine, aux ennuis, & aux foibleffes de cette vie mortelle, pour finir dans la pouffiére d'où il a été tiré & où il doit retourner, reduit dans cet état à n'avoir pas plus de vie & de fentiment que la pouffiére elle-même, dont il a été formé.

Adam

* Gen. III, 17. & 19.

Adam ayant été chaſſé du Paradis, tous ſes Deſcendans ont dû naître par cela même hors de cet agréable Lieu, éloignez de l'Arbre de vie, & reduits, auſſi bien qu'Adam leur Pére, à une condition mortelle, privez du bonheur & de la tranquillité qui ſe trouvoient dans le Paradis Terreſtre. *Par un homme le Péché eſt entré au Monde, & par le Péché la Mort*, Rom. V, 12.

Ici ſe préſente une Objection fort rebattuë & dont bien des gens ſe trouvent embarraſſez, ſavoir, *comment on peut imaginer, ſans bleſſer la Juſtice & la Bonté de Dieu, que la Poſterité d'Adam ait dû ſouffrir à cauſe de ſon péché, que l'innocent aît pû être puni pour le coupable.* Mais il n'y a aucun inconvenient à cela, ſi l'on ſuppoſe que Dieu ne fait autre choſe dans cette occaſion, que de refuſer à la perſonne innocente un Bien, ſur lequel elle n'a aucun droit, & dont la privation n'emporte par conſéquent aucune idée de punition? Or la Poſterité d'Adam eſt préciſément dans ce cas. Un état d'immortalité dans le Paradis Terreſtre n'eſt pas dû aux Deſcendans de ce prémier homme, plûtôt qu'à aucune autre Créature. Bien plus, ſi Dieu leur accorde une vie temporelle & mortelle, c'eſt une grace qu'il leur fait, & dont ils ſont redevables à ſa Bonté. Ils n'ont aucun droit d'y prétendre comme à une

A 5   choſe

chofe qui leur foit duë; & Dieu ne leur fait point de tort lors qu'il la leur ôte. A la verité, fi Dieu avoit dépouillé le Genre Humain de quelque avantage qui lui appartînt de droit, ou qu'il eût mis les hommes dans un état de miſére pire que le non-être, fans qu'ils l'euſſent merité en aucune maniére, il feroit, je l'avouë, difficile d'accorder cette conduite avec l'idée que nous avons de la Juſtice de cet Etre fuprême, & beaucoup plus encore, avec fa Bonté & les autres Attributs qu'il s'eſt donné lui-même, & que la Raiſon doit reconnoître en lui auſſi bien que la Revelation, à moins qu'on ne veuille confondre les idées du Bien & du Mal, Dieu avec le Démon. Au reſte, qu'un état où l'on eſt accablé de tourmens extrêmes fans pouvoir jamais en être délivré, ſoit pire que de ne point exiſter du tout, c'eſt ce que le ſentiment de chaque homme peut déterminer contre les faux raiſonnemens d'une vaine Philoſophie, & les folles penſées de certains rêveurs qui fe repaiſſent l'eſprit d'abſtractions purement chimeriques. Que fi notre propre ſentiment ne ſuffiſoit pas pour nous en convaincre, nous ne pouvons plus en douter après la déciſion formelle de Notre Seigneur *Jeſus-Chriſt*, qui poſe comme une choſe inconteſtable, qu'un homme peut être reduit dans un tel état, qu'*il auroit mieux valu pour*

lui

lui qu'il ne fût point né, Matth. XXVI, 24.
Or la vie temporelle dont nous jouïſſons
préſentement ſur la Terre, accompagnée de
toutes les infirmitez & de toutes les miſéres
qui y ſont attachées, vaut mieux avec tout
cela que le non-être, comme il paroît évidemment par la haute eſtime que nous en
faiſons nous-mêmes. Il eſt donc vrai de dire,
que bien que *tous meurent en Adam*, perſon-
nè n'eſt puni veritablement que pour ſes propres démerites. Et c'eſt la doctrine conſtante de l'Ecriture. *Dieu*, dit St. *Paul* Rom. II,
6. *rendra à chacun* SELON SES OEUVRES.
*A ceux qui s'abandonnent à l'injuſtice, il ſera
ſentir les effets de ſon indignation & de ſa fureur, il remplira d'affliction & d'angoiſſe l'ame
de tout homme qui fait le mal*, vſ 9. *Nous devons tous comparoître devant le Tribunal de
Chriſt*, dit le même Apôtre, 2 *Cor.* V, 10.
Pourquoi cela? C'eſt, ajoûte-t-il, *afin que
chacun reçoive en ſon corps, ſelon qu'il aura
fait ou bien ou mal.* Enfin, Jeſus-Chriſt lui-
même, qui devoit bien ſavoir ſur quoi il
condamnera les hommes au dernier jour,
nous aſſûre dans les deux endroits où il décrit la maniére dont il procedera à ce grand
Jugement, que la Sentence de condamnation
ne tombera que ſur les *Ouvriers d'iniquité*,
tels que ſont ceux qui négligent d'obéïr à
la Loi dans ce qui regarde la Charité,
Matth.

*Matth.*VII,23. *Luc* XIII,27. *Matth.*XXV, 42. Mais dans tous ces endroits il n'est point dit, que personne soit condamné à cause du péché d'Adam, ce qui apparemment n'auroit pas été omis, si ce devoit être là une des raisons pourquoi quelqu'un dût être condamné *au feu de l'Enfer avec le Diable & ses Anges.* Bien loin de là, *Jesus-Christ* dit expressément à ses Disciples, que quand il viendra dans la gloire de son Pere avec ses Anges, *il rendra à chacun* SELON SES OEUVRES, *Matth.* XVI,27.

CHAPITRE II.

Des Avantages que Jesus-Christ a procuré aux hommes.

ADAM ayant donc été chassé du Paradis Terrestre, & toute sa Posterité naissant par cela même hors de ce Lieu de délices, il devoit s'ensuivre naturellement de là, que tous les hommes mourroient, & demeureroient pour toûjours sous la puissance de la Mort; & qu'ainsi ils seroient entierement perdus.

Tous les hommes étant reduits dans cet état, Jesus-Christ les en retire en leur redonnant la vie. *Comme tous meurent en Adam,*

dit

dit St. Paul 1 *Cor.* XV, 22. *tous revivront aussi en Jesus-Christ.* Le même Apôtre nous enseigne dans le verset précedent (vf. 21.) comment cela sera : c'est, *dit-il,* que *puis que la Mort est venuë par un homme, la Resurrection des Morts doit venir aussi par un homme.* D'où il paroît, que la vie que Jesus-Christ redonne à tous les hommes, est celle-là même qu'ils reçoivent dans le temps de la Resurrection. Et c'est alors qu'ils sont affranchis de la puissance de la Mort, à laquelle, sans cela, tout le Genre Humain auroit toûjours été soûmis sans pouvoir jamais en être délivré, comme on peut le voir par la maniére dont St. *Paul* raisonne sur la Resurrection, dans le quinziéme Chapitre de sa prémiére Epître aux *Corinthiens.*

Ainsi par le second *Adam* les hommes sont remis en possession de la vie, de sorte que par le péché du premier *Adam* aucun d'eux ne sauroit plus rien perdre de ce qu'il peut prétendre en vertu de sa propre justice. En effet l'Ecriture établit, ce semble, assez nettement, que tout homme juste, c'est à dire, qui observe exactement la Loi de Dieu, a droit de prétendre à la Vie éternelle, *Rom.* IV, 4. *A celui qui travaille,* c'est à dire, qui pratique les commandemens de la Loi, *la recompense ne lui est pas comptée comme une grace, mais comme une chose* QUI LUI EST DUE;

D U E; & dans l'*Apocalypse* XXII, 14. *Heureux sont ceux qui font ses commandemens, afin qu'ils* AYENT DROIT *à l'Arbre de vie*, c'est à dire, au Paradis céleste. Si donc il se trouvoit parmi la Posterité d'*Adam* des hommes veritablement justes, ils ne perdroient point, pour être descendus d'une lignée mortelle, la recompense dûë à leur justice, qui est une Vie éternelle & bienheureuse. *Jesus-Christ* rappellera tous les hommes à la vie, & alors chacun sera remis à son propre examen, pour être jugé selon qu'il sera trouvé juste ou criminel. Or les *Justes*, dit *Jesus-Christ* lui-même, *Matth.* XXV, 46. *iront dans la Vie éternelle*: & cet avantage ne sauroit manquer à quiconque aura fait ce que notre Seigneur prescrivit à ce Docteur de la Loi qui lui demandoit (Luc X, 25.) *ce qu'il devoit faire pour heriter la Vie éternelle: Faites cela*, lui répondit-il, c'est-à-dire, ce qui est ordonné par la Loi, *& vous vivrez*:

D'un autre côté, il semble que c'est une regle immuable de la Justice Divine, qu'un homme injuste, ou qui est coupable d'avoir violé le moindre article de la Loi, ne doit point entrer dans le Paradis: mais que le Péché doit être à chaque homme en particulier, aussi bien qu'à Adam, un gage de son exclusion de ce bienheureux état d'immortalité; & l'entraîner enfin dans la Mort.

Et

Et cette Régle s'accorde si bien avec les idées primitives du Juste & de l'Injuste, qu'il en est parlé dans l'Ecriture comme d'une chose qui ne sauroit être autrement. *Le Péché étant accompli*, dit St. Jacques Ch. I, 15. *engendre la mort*, comme par une production naturelle qui se fait nécessairement. *Le Péché est entré au Monde, & par le Péché la Mort*, dit St. *Paul* Rom. V, 12. & dans le Chapitre sixiéme de la même Epître (vs. 23.) *le gage du Péché c'est la Mort*, c'est-à-dire que la mort est comme un payement dû à chaque péché, quel qu'il soit. *Gal.* III, 10. *Maudit est quiconque n'obferve pas tout ce qui est preſcrit dans le Livre de la Loi.* Et St. *Jacques* rend une raison de cette exacte féverité, *Chap.* II, 10, 11. *Quiconque*, dit-il, *ayant gardé toute la Loi, la viole en un feul point, est coupable comme l'ayant toute violée: car celui qui a dit, Ne commettez point d'adultére, a dit aussi, Ne tuez point.* Ce qui veut dire, que celui qui viole la Loi en un feul point, péche par cela même contre l'autorité de celui qui a établi la Loi.

Nous avons donc à préfent des règles fixes & conftantes pour connoître la maniére dont la Vie & la Mort doivent être difpenſées. Une Vie immortelle & bienheureufe appartient à l'homme jufte, de forte que tous ceux qui auront mené une vie exactement con-

conforme à la Loi de Dieu, font dès-là hors
des atteintes de la Mort. Mais d'autre part,
tout pécheur doit s'attendre à être exclus du
Paradis, & à perdre l'immortalité, c'eſt là
la punition deſtinée à tous ceux qui auront
violé la Loi ; & qui par la tranſgreſſion de
quelqu'un de ſes préceptes auront manqué
à la remplir exactement & dans toute ſon
étenduë. Voilà donc les hommes placez,
par le moyen de la Loi, entre la Vie & la
Mort, participans à l'une ou à l'autre, ſelon
qu'ils ſont *juſtes* ou *injuſtes*, c'eſt-à-dire ob-
ſervateurs exacts, ou bien violateurs de la
Loi.

Or comme *tous les hommes ont péché*, Rom.
III, 23. *& ſont entierement privez de la gloire de Dieu*, c'eſt-à-dire, du Royaume des
Cieux, qui eſt ſouvent appellé *la gloire de Dieu*
dans l'Ecriture Sainte, comme, dis-je, tous
les hommes ont péché, *tant Juifs que Gentils*, vſ. 9. de ſorte que *nulle Chair ne ſera juſ-
tifiée par les œuvres de la Loi*, vſ. 20. il s'enſuit de là, qu'aucun homme ne peut avoir
part à la Vie éternelle & au bonheur infini
dont elle eſt accompagnée.

Mais ici on demandera peut-être, ,, pour-
,, quoi Dieu a impoſé au Genre Humain
,, une Loi ſi ſévère qu'aucun des Deſcen-
,, dans d'Adam n'a pû l'accomplir juſques
,, au temps des Apôtres, comme il paroît
,, par

,, par ce qui eſt dit au Chapitre troiſiéme
,, de l'Epître de St. Paul aux Romains,
,, & dans celle des Galates *Ch*. III. *verſ.*
,, 21. & 22 ?

Je répons à cela, que cette Loi étoit telle qu'il falloit pour être digne de la ſainteté
de Dieu qui en étoit l'Auteur ; & telle que
doit être une Loi deſtinée à la conduite d'u-
ne Créature comme l'Homme, à moins que
Dieu n'eût voulu en faire un Etre raiſonnable ſans pourtant exiger de lui qu'il menât
une vie conforme à la Raiſon, & non ſeulement cela, mais qu'il eût même pris plaiſir
à le voir agir d'une maniére directement contraire à cette lumiére naturelle qui eſt au dedans de lui, & aux régles de juſtice qui ſont
les plus conformes à ſa nature, par où il
eſt clair que Dieu auroit autoriſé lui-même
le déſordre, la confuſion, & l'impiété dans
ſes Créatures. Or que cette Loi qu'il donna à Adam & à toute ſa Poſterité, fût *la
Loi de la Raiſon*, ou, comme on l'appelle ordinairement, *la Loi de la Nature*, c'eſt ce que
nous verrons bien-tôt. Cela poſé, ſi des
Créatures raiſonnables ne prennent point la
Raiſon pour régle de leur conduite, comment pourra-t-on les excuſer ? Si vous leur
permettez de s'éloigner de la Raiſon dans un
point, pourquoi ne leur permettrez-vous
pas de le faire dans un autre ? Où vous ar-

Tom. I.　　　　B　　　　　rêterez-

rêterez-vous? Défobeïr à Dieu en quoi que ce foit qu'il commande, (or il ne commande rien qui ne foit entierement conforme à la Raifon) c'eft une rebellion manifefte ; & fi on eft difpenfé de lui obeïr dans un article particulier, tout ordre, & tout gouvernement eft aneanti; & il n'y a plus moyen de mettre des bornes à la licence des libertins. Par conféquent *la Loi étoit*, comme dit St. Paul *Rom* VII, 12. *fainte, jufte, & bonne*, telle en un mot qu'elle devoit être, & elle ne pouvoit point être autrement.

Mais s'il eft vrai, comme on n'en peut douter, que quiconque vient à commettre quelque péché doive mourir néceffairement, & ceffer d'être, la grace que Jefus-Chrift fait aux hommes de leur redonner la vie par le moyen de la Refurrection, ne leur feroit pas fort avantageufe, car la Mort auroit encore un pouvoir abfolu fur tout le Genre humain, parce que tous les hommes ont péché ; & que la mort eft partout le gage du Péché, après la refurrection auffi bien que devant : en ce cas-là, dis-je, la refurrection que nous recevrions par Jefus-Chrift ne nous feroit pas d'un grand fecours, fi Dieu n'avoit établi un autre moyen de juftifier les hommes, je veux dire, tous ceux qui rempliroient les conditions portées par une Loi differente de celle dont nous venons

de

de parler. Or c'est ce que Dieu a fait, en donnant aux hommes la Loi qui est appellée dans le Nouveau Testament *la Loi de la Foi*, Rom. III, 27. & qui est opposée à *la Loi des Oeuvres*, de sorte pourtant que ceux qui refuseront de s'y soûmettre, doivent par une suite nécessaire être punis de leur refus en perdant leur ame, *Marc* VIII. 35--38. c'est-à-dire leur vie, comme on le reconnoîtra sans peine si l'on examine à quelle occasion ont été dites les paroles de St. Marc que je viens d'indiquer.

Chapitre III.

De la Loi des Oeuvres *& de la* Loi de la Foi. *En quoi elles different l'une de l'autre.*

POur mieux connoître cette *Loi de la Foi*, il est nécessaire d'examiner auparavant ce que c'est que la *Loi des Oeuvres*. C'est, pour le dire en peu de mots, une Loi qui exige une parfaite obeïssance, sans faire grace en quoi que ce soit : de sorte que par cette Loi un homme ne peut être, ni juste, ni justifié, que lors qu'il en remplit exactement tous les devoirs, sans en excepter aucun. Et c'est cette parfaite obeïssan-

ce,

ce, qui eſt déſignée dans le Nouveau Teſ-tament par le mot de * *Juſtice.*

Et voici quel eſt le langage de cette Loi, „ Fai ceci, & tu vivras: mais ſi tu péches, tu „ ne peux éviter la mort" Cette Loi, com-me vous voyez par-là, ſe préſente à nous par deux côtez bien differens, l'un agréable, & l'autre fort terrible C'eſt par le pre-mier de ces côtez qu'elle nous eſt repréſen-tée dans les paſſages ſuivans: *Levit.*XVIII,5. *Vous garderez mes Statuts & mes Ordonnances, leſquelles ſi l'homme accomplit, il vivra par el-les.* Ezech. XX,11. *Je leur donnai mes Sta-tuts, & leur fis connoître mes Ordonnances, leſ-quelles ſi l'homme accomplit, il vivra par el-les. Moyſe,* dit *St. Paul* Rom.X,5. *decrit ainſi la juſtice qui eſt par la Loi, ſavoir, Que l'homme qui fera ces choſes, vivra par elles.* Gal III,12. *La Loi n'eſt point de la Foi: mais l'homme qui aura fait ces choſes, vivra par elles* D'un autre côté, la Loi crie, Celui qui péche, doit mourir ſans remiſſion, il n'y a ni grace ni pardon à eſperer pour lui: Gal. III,10. *Maudit eſt quiconque n'obſerve pas tout ce qui eſt preſcrit dans le Livre de la Loi.*

Cette Loi des œuvres ſe rencontre, com-me nous l'enſeigne le Nouveau Teſtament, dans la Loi qui a été donnée aux hommes par le miniſtére de Moyſe. *La Loi,* dit St.
Jean

* Δικαιοσύνη.

Jean ', 17. a été donnée par Moyſe: la Grace &
la Verité eſt venuë par Jeſus-Chriſt; & auCha-
pitre VII, 19. Moiſe ne vous a-t-il pas donné la
Loi, dit notre Seigneur, & neanmoins nul
de vous n'accomplit la Loi C'eſt de cette même Loi dont parle ce divin Sauveur dans St.
Luc X, 26. lors qu'il dit à un Docteur de
la Loi, Que porte la Loi? Qu'y liſez-vous?
& un peu plus bas, (vſ. 28) Faites cela, &
vous vivrez C'eſt encore la même que St.
Paul appelle ſi ſouvent la Loi, ſans aucune
autre diſtinction, Rom. II, 13. Ceux qui é-
coutent la Loi, ne ſeront pas pour cela juſtes
devant Dieu: mais ce ſont ceux qui pratiquent
la Loi, qui ſeront juſtifiez. Il ſeroit inutile
d'alleguer pour cela d'autres paſſages, car
on en trouve à tout moment dans les Ecrits
de ce ſaint Apôtre. & particulierement dans
ſon Epître aux Romains.

Mais comme la Loi de Moyſe n'a pas été
donnée à tout le Genre Humain, comment
eſt-ce que tous les hommes ſont Pécheurs,
puis que ſans Loi, il ne ſauroit y avoir de
tranſgreſſion? St. Paul répond lui-même à
cetteQueſtion dans ſon Epître aux Romains,
Chap II. vſ. 14. & 15. Lors, dit-il, que les
Gentils qui n'ont point la Loi, font naturellement (c'eſt-à-dire, jugent qu'il eſt raiſonnable
de faire) les choſes que la Loi commande, n'ayant
point de Loi, ils ſont Loi à eux-mêmes; car ils

 mon-

montrent l'œuvre de la Loi écrite dans leur cœur, *leur confcience leur rendant témoignage,* & *leurs penfées s'accufant entr'elles, ou auffi s'ex-* *cufant.* Par ce paffage, & par plufieurs au-tres qu'on trouve dans le Chapitre fuivant, il paroit évidemment que la Loi de la Nature, que les hommes peuvent connoître par le moyen de la Raifon, doit être comprife fous la Loi des Oeuvres, auffi bien que la Loi de Moyfe: *car,* dit ce même Apôtre *Rom* III,9. 23, *nous avons déja convaincu* & *les Juifs* & *les Gentils d'être tous dans le Péché: parce que tous ont péché,* & *font entiérement privez de la gloire de Dieu,* ce qui n'auroit pu convenir aux Gen-tils, s'ils n'euffent point connu de Loi.

En un mot, ce que Dieu exige des hom-mes, fans aucune indulgence en confideration de leur Foi, quoi que ce foit, & quel-que part que ce puiffe être, tout cela doit être compris fous la Loi des Oeuvres. Ainfi la défenfe que Dieu fit à Adam de manger de l'Arbre de Science faifoit partie de la Loi des Oeuvres. Il faut feulement remarquer ici, que parmi les commandemens pofitifs de Dieu, il y en a quelques-uns qu'il ne fait que pour des fins particuliéres, & par rap-port à quelques circonftances de temps, de lieux, & de perfonnes; & qu'ainfi ces fortes de commandemens n'obligent que pour un tems préfix & déterminé, en vertu de l'or-

dre

dre pofitif de Dieu. Telle étoit cette partie de la Loi de Moyſe qui concernoit le Culte exterieur ou le Gouvernement politique
du Peuple Juif, & qu'on appelle communément la Loi Céremonielle & Politique, pour
la diſtinguer de l'autre partie de cette même
Loi qui ne regarde que la Morale, & qui
étant conforme aux régles éternelles du Juſte
eſt d'une obligation éternelle, & par conféquent demeure encore dans toute ſa force
ſous l'Evangile, bien loin d'être abrogée
par la *Loi de la Foi*, comme quelques-uns
vouloient ſe le perſuader du temps de St.
Paul. Mais ce même Apôtre condamne cette penſée d'une maniere ſi expreſſe, qu'on
ne peut l'adopter ſans le contredire viſiblement: *Eſt-ce donc*, dit-il Rom III, 31.
*que par la Foi nous détruiſons la Loi? A Dieu
ne plaiſe: mais au contraire nous l'établiſſons.*
Et cela ne ſauroit être autrement, car s'il
n'y avoit point de Loi des œuvres, il ne pourroit point y avoir de Loi de la Foi. La raiſon de cela eſt, que la Foi ne ſeroit pas néceſſaire pour tenir lieu de Juſtice aux hommes, s'il n'y avoit une Loi qui fût la regle
& la meſure de la Juſtice, dont les hommes auroient manqué à remplir exactement
tous les devoirs. Là où il n'y a point de Loi,
il n'y a point de Péché: de ſorte que tous
ceux qui ſont ſans Loi, ſont également juſtes,

B 4

ſoit

foit qu'ils ayent de la Foi ou qu'ils n'en ayent point.

Les regles du Jufte font donc les mêmes qu'elles ont toûjours été, auffi bien que l'obligation de les obferver. Toute la difference qu'il y a entre la *Loi des Oeuvres*, & la *Loi de la Foi* fe reduit à ceci : que la Loi des Oeuvres ne fait aucune grace fi l'on vient à violer quelqu'un de fes préceptes. A la verité, ceux qui exécutent ce qu'elle prefcrit, font juftes : mais ceux qui la tranfgreffent par quelque endroit, font reputez injuftes, & n'ont rien à prétendre à la vie, qui eft la recompenfe de la Juftice. Au contraire, par la *Loi de la Foi*, la Foi eft donnée pour fuppléer au défaut d'une entiére obeïffance : de forte que ceux qui croyent, font mis en poffeffion de la vie & de l'immortalité, comme s'ils étoient véritablement juftes. Il faut feulement prendre garde ici, que, lors que St. Paul dit que l'Evangile * *établit* la Loi, il veut parler de cette partie de la Loi de Moyfe qui concerne la Morale. Or que dans cet endroit il n'ait pas eu en vûë la Loi Cérémonielle ou Politique, c'eft ce qui paroît évidemment par un autre paffage de fon Epître aux Romains que nous avons déja cité, dans lequel il dit, Rom. II, 14. *que lors que les Gentils*

tils

---

* Rom. III, 31.

*tils font naturellement les chofes que la Loi com-
mande, leur confcience leur en rend témoignage.*
Car les Gentils n'ont jamais penfé aux préceptes politiques ou ceremoniels de la Loi
de Moyfe, bien loin de s'attacher à les mettre en pratique ; & ce n'étoit qu'à ce que
cette Loi renferme de Moral que leur confcience pouvoit s'intereffer. Du rette, St.
Paul dit expreffément aux Galates, (*Ch. IV.*)
qu'ils ne font point affujettis à cette partie
de la Loi qui conlifte en cérémonies, qu'il
appelle (vf. 3.) *les premiéres & les plus groffié-
res inftructions que Dieu ait données au Monde*, & (vf 9.) *des rudimens foibles & défec-
tueux.* Enfin Jefus-Chrift lui-même déclare
à fes Auditeurs dans cet admirable Sermon
qu'il fit fur la Montagne, *Matth.* V, 17.
que quelque idée qu'ils puffent avoir de lui,
il n'étoit pas venu pour relâcher la Loi,
mais pour en refferrer l'obligation ; car que
ce foit là ce qu'emporte le * mot de l'original employé dans cet endroit, c'eft ce qui
paroît clairement par la fuite de ce Chapitre, où Jefus-Chrift propofe des préceptes
auxquels il donne un fens plus rigide que
celui qu'on leur donnoit auparavant. Or ces
préceptes auxquels il communique, pour
ainfi dire, une nouvelle force, font tous
préceptes de Morale. Et pour ce qui eft de
B 5

la

______

* Πληρῶσαι.

la Loi Cérémonielle, ce divin Docteur apprend à la Femme Samaritaine ce qui en devoit arriver : *Le temps va venir*, lui dit-il, *que vous n'adorerez plus le Pére, ni sur cette Montagne, ni dans Jerusalem. Mais les vrais adorateurs adoreront le Pére en esprit & en verité, car ce sont là les adorateurs que le Pére cherche*, Jean IV, 21. 23.

Voici maintenant en peu de mots ce qu'on doit penser de la Loi de Moyse. Ce qu'il y a dans cette Loi qui regarde simplement la police & le culte cérémoniel de la Religion, n'oblige point les Chrétiens. Mais à l'égard des Juifs c'étoit une partie de la Loi des Oeuvres, car c'est une maxime fondée sur la Loi Naturelle, que l'homme est tenu d'obéïr à tout commandement positif qui émane de Dieu, quelque addition que ce Souverain Legislateur juge à propos de faire par ce moïen à la Loi de la Nature. Quant à l'autre partie de la Loi de Moyse qui concerne la Morale, comme elle est par tout la même, c'est-à-dire, la regle éternelle de la Justice, elle oblige les Chrétiens, & tous les hommes, en quelque endroit du Monde qu'ils vivent. Elle leur tient lieu à tous d'une Loi des œuvres qui ne peut jamais être changée. Mais les Chrétiens fideles ont, outre cela, le privilege d'être sous la Loi de la Foi : Loi par laquelle Dieu justifie un homme à cause qu'il

croit,

croit, bien qu'à confiderer fes actions il ne
foit point jufte, c'eft-à-dire, bien qu'il ait
manqué d'accomplir exactement la Loi des
œuvres. Il n'y a que Dieu qui juftifie ou
qui puiffe juftifier ceux qui ne font pas juftes
par le moïen de leurs œuvres : ce qu'il fait
en imputant leur foi à juftice, c'eft-à-dire
en lui faifant tenir la place d'une parfaite
,obfervation de la Loi. *Abraham crut à Dieu*,
dit St Paul Rom. IV, 3. *& fa foi lui fut
impurée à juftice.* vf. 5. *Lorsqu'un homme croit
en celui qui juftifie le Pécheur, fa foi lui eft
impurée à juftice.* vf 6. *David exprime le bonheur de l'homme à qui Dieu impute la juftice
fans les œuvres,* (c'eft à dire fans cette mefure complette de bonnes œuvres que fait une
exacte & parfaite obéïflance) vf. 7. *quand
il dit, Bienheureux font ceux dont les iniquitez
font pardonnées, & dont les Péchez font couverts.* vf. 8. *Heureux celui à qui Dieu n'aura
point imputé de Péché.*

Mais, en quoi confiftoit cette Foi par laquelle Abraham fut juftifié devant Dieu? A
croire Dieu, lors qu'il s'engagea à ce bon
Patriarche par des promeffes pofitives, en
traitant alliance avec lui. Cela paroîtra vifiblement à quiconque confiderera enfemble
les paffages où il eft parlé de cette Foi d'A-
braham. Moïfe la repréfente dans la Gé-
nefe *Chap.* XV. vf. 6. par cette expreffion,

* *il crut à l'Eternel*, ou *il crut l'Eternel*. Or la phrafe hébraïque *croire à* ne fignifie autre chofe que *croire ce qu'on dit, y ajoûter foi*, comme on peut le conclurre évidemment de la maniére dont St. Paul propofe ce paffage dans fon Epître aux Romains (IV, 3.) où il le cite ainfi, † *Abraham crut à Dieu*; ce qu'il explique enfuite par ces paroles, vf. 18---22. *Lequel Abraham ayant efperé contre toute efpérance, crut fous efpérance qu'il deviendroit le Pére de plufieurs Nations, felon ce qui lui avoit été dit; Ainfi fera ta femence. N'étant pas foible en la Foi, il n'eut point d'égard à fon corps qui étoit déja amorti, parce qu'il avoit près de cent ans, ni auffi à l'amortiffement de la matrice de Sara. Il n'hefita point & n'eut pas la moindre défiance que la promeffe de Dieu ne dût s'accomplir; mais il fe fortifia par la foi, rendant gloire à Dieu, & étant pleinement perfuadé que celui qui lui avoit promis, avoit bien le pouvoir d'executer fa promeffe. Et c'eft pour cette raifon que cela lui fut imputé à juftice.* D'où il s'enfuit manifeftement, que la Foi que Dieu imputa à juftice à Abraham n'étoit autre chofe

* הֶאֱמִן בַּיְהֹוָה

† Dans la Verfion Angloife il y a pofitivement, *Abraham crut Dieu*, & dans celle de Mrs. de Port-Royal, *Abraham crut ce que Dieu lui avoit dit.*

chose qu'une forte persuasion qu'avoit ce bon Patriarche, que ce que Dieu lui disoit étoit veritable, & une ferme confiance qu'il mettoit en lui, dans l'esperance que ce qu'il lui avoit promis, auroit son accomplissement.

Or ce n'est pas pour Abraham seul, ajoûte St. Paul, vs. 23. 24 *que l'Ecriture marque que la Foi lui a été imputée à justice, mais pour nous;* par où elle nous enseigne, que comme Abraham fut justifié à cause de sa Foi, de même notre Foi nous sera imputée à justice, si nous nous confions en Dieu comme fit Abraham. Et par là tout le monde voit sans peine qu'en cet endroit notre Foi n'est mise en comparaison avec celle d'Abraham, qu'entant qu'elle doit être ferme & exempte de tout doute; & non pas parce qu'elle doit avoir pour objet les mêmes choses que la Foi d'Abraham, savoir, que, quoi que lui & sa femme fussent fort âgez & hors d'état de pouvoir esperer d'avoir des Enfans, cependant il auroit de sa femme un Fils, par le moyen duquel il deviendroit Pere d'un grand Peuple; & que ce Peuple possederoit en heritage le Païs de Canaan. C'étoit-là ce que crut Abraham, & qui lui fut imputé à justice : mais personne, je pense, ne s'avisera de dire, que qui croiroit cela présentement, jouïroit dès-

là

là du même privilege qu'Abraham, c'eſt-à-dire, que cette créance particuliére lui feroit auſſi imputée à juſtice. Donc, pour tout dire en peu de mots, la Loi de la Foi renferme, d'un côté, à l'égard de chaque homme en particulier, une obligation de croire ce que Dieu lui impoſe de croire, comme une condition de l'alliance qu'il fait avec lui & de l'autre, une confiance aux promeſſes de Dieu qui l'empêche de douter de leur accompliſſement. C'eſt ce que St. Paul nous apprend au Chapitre IV. de ſon Epître aux Romains, car après avoir dit, comme nous venons de le voir, que ce n'étoit pas pour Abraham ſeul que l'Ecriture marque que ſa Foi lui avoit été imputée à juſtice, il ajoûte, vſ. 24. *mais auſſi pour nous, à qui elle ſera imputée de même, ſi nous croyons en celui qui a reſſuſcité d'entre les morts Jeſus-Chriſt notre Seigneur.* Cela étant, nous ſommes obligez d'examiner ce que c'eſt que Dieu veut que nous croyions préſentement ſous l'Evangile, car la créance d'un Dieu inviſible, éternel, tout-puiſſant, Créateur du Ciel & de la Terre, &c. étoit impoſée aux hommes avant la publication de l'Evangile auſſi bien qu'à préſent. Et c'eſt ce que nous allons faire dans la ſuite de cet Ouvrage.

C H A-

Chapitre IV.

Où l'on prouve par des Passages tirez des E-
vangelistes, que ce qu'on est obligé de croire
sous l'Evangile, c'est, que Jesus-Christ est
le Messie.

CE que nous sommes préfentement obligez de croire pour obtenir la Vie éternelle, est proposé fort clairement dans l'E-
vangile. *Celui qui croit au Fils,* nous dit
St. Jean *Chap.* III, 36. *a la Vie éternelle, &*
celui qui ne croit point au Fils, ne verra point
la Vie Le même Apôtre nous enseigne ce
que c'est que *croire au Fils* dans le Chapitre
fuivant, où après avoir rapporté une partie
de l'entretien que Jesus Christ eut avec une
femme de *Samarie,* il continuë de la forte:
Cette femme lui dit, Je fai que le Messie qui
est appellé le Christ doit venir; & lors qu'il fe-
ra venu, il nous annoncera toutes chofes. Je-
fus lui dit, C'est moi-même, qui vous parle.
Après quoi cette femme s'en retourna à la Vil-
le, & dit aux hommes de ce lieu-là, Venez
voir un homme qui m'a dit tout ce que j'ai fait,
ne feroit-ce point le Messie? Or plufieurs Sama-
ritains de cette Ville-là crurent en lui fur le rap-
port de cette femme, qui les affûroit qu'il lui
avoit

avoit dit tout ce qu'elle avoit fait. Les Sama-
ritains étant enſuite venus le trouver, *il y en*
eut beaucoup plus qui crurent en lui pour l'a-
voir entendu parler; *de ſorte qu'ils diſoient à*
cette femme, Ce n'eſt plus à cauſe de ce que vous
nous en avez dit que nous croyons, car nous l'a-
vons ouï nous-mêmes; *& nous ſavons qu'il eſt*
véritablement le Meſſie, *le Sauveur du Mon-*
de, Jean IV, 25, 26, 29, 39, 40, 41, 42.

Il eſt clair par cet endroit, que *croire au*
Fils, c'étoit *croire que Jeſus étoit le Meſſie*,
ajoûter foi aux miracles qu'il faiſoit, & à ce
qu'il diſoit lui-même de ſa perſonne. Car
ceux dont il eſt dit QU'ILS CRURENT EN
LUI ſur le rapport de cette femme, vſ. 39.
lui diſent enſuite à elle même, que ce n'eſt
plus à cauſe de ce qu'elle leur en avoit dit
qu'ils croyent, mais parce qu'eux-mêmes
l'ayant ouï, *ſavent*, c'eſt-à-dire, CROYENT
certainement, QU'IL EST LE MESSIE.

C'étoit-là le grand point ſur lequel on
étoit alors en diſpute touchant *Jeſus de Na-*
zareth, ſavoir s'il étoit le Meſſie ou non;
& c'étoit en ſe déclarant pour l'affirmative
de cette propoſition, que les Croyans ou Fidèles étoient diſtinguez des Incredules. Ainſi, lors que pluſieurs des Diſciples de Jeſus
l'eurent abandonné, à l'occaſion de ce qu'il
leur avoit déclaré qu'il étoit le Pain de vie
deſcendu du Ciel, *il dit aux douze Apôtres*;

Et

Et vous, ne voulez-vous point aussi me quitter? Mais Simon Pierre lui répondit, A qui irions-nous, Seigneur? Vous avez les paroles de la vie éternelle. Nous croyons & nous savons que vous êtes le Messie, le Fils du Dieu vivant, Jean VI. 69. C'étoit-là la créance qui les distinguoit des Apostats, & des Incrédules; & qui suffisoit pour les maintenir dans la dignité de l'Apostolat. Ce fut encore sur cette même proposition, *Que Jesus étoit le Messie, le Fils du Dieu vivant,* reconnuë par St. Pierre, que notre Seigneur dit qu'il bâtiroit son Eglise, *Matth. XVI.* 16-18.

C'étoit pour convaincre les hommes de cette verité que Jesus-Christ faisoit des miracles; & c'étoit en conséquence de ce qu'ils croyoient, ou qu'ils refusoient de croire, qu'ils étoient admis dans son Eglise, ou qu'ils en étoient exclus, qu'ils étoient déclarez Fidèles, ou Infidèles. *Les Juifs,* dit St. Jean X. 24. 26. *s'assemblérent autour de lui, & lui dirent: Jusques à quand nous tiendrez-vous l'esprit en suspens? Si vous êtes le Messie, dites-le nous clairement. Jesus leur répondit, Je vous l'ai dit, & vous ne me croyez pas. Les œuvres que je fais au nom de mon Pere, rendent témoignage de moi, mais pour vous, vous ne croyez pas, parce que vous n'êtes pas de mes Brebis.* Conformément à ce-

la, *St. Jean* nous dit dans fa feconde Epître vf. 7. 9, 10. *Que plufieurs Impofteurs fe*
font élevez dans le Monde, lefquels ne confef-
fent point que Jefus, le Meffie, foit venu en
chair. Celui qui ne confeffe point cela, ajoûte ce faint Apôtre, *eft un feducteur & un*
Antechrift. Quiconque ne demeure point atta-
ché à la Doctrine du Meffie ne poffede point
Dieu; & quiconque demeure attaché à la Doc-
trine du Meffie, c'eft-à-dire à la Doctrine qui établit que Jefus eft ce Meffie, *celui-*
là poffede le Pére & le Fils. Que ce foit là
le veritable fens de ces paffages, cela paroît
évidemment par cet endroit de la prémiére
Epître de ce même Apôtre, *Quiconque croit*
que Jefus eft le Meffie, eft né de Dieu, 1.
Jean V. 1. C'eft encore dans la même vûë
que ce faint Apôtre étant fur le point de
conclurre fon Evangile; & voulant faire voir
pour quelle fin il l'avoit écrit, dit en propres termes: *Jefus a fait, à la vûë de fes Dif-*
ciples, plufieurs autres miracles qui ne font pas
écrits dans ce Livre, mais ceux-ci font écrits,
AFIN QUE VOUS CROYIEZ QUE JESUS EST
LE MESSIE, *le Fils de Dieu; & qu'en croyant*
vous ayiez la vie par fon nom, Jean XX. 30,
31. D'où il paroît que l'Evangile a été écrit
pour engager les hommes à croire cette propofition, *Jefus de Nazareth eft le Meffie;* &
que s'ils y donnent leur confentement, *ils*
auront la vie. Auf-

Auſſi, la grande Queſtion qu'il y avoit parmi les Juifs à l'occaſion de Notre Seigneur, c'étoit de ſavoir, s'il étoit le Meſ- ſie ou non : & le point capital que l'Evangile preſſe, & annonce avec le plus de ſoin, c'eſt que Jeſus eſt effectivement le Meſſie. Les agréables nouvelles de ſa naiſſance, dont des Bergers furent informez les prémiers par un Ange, leur furent annoncées en ces termes : *Ne craignez point, car je viens vous apporter une nouvelle qui ſera pour tout le Peuple le ſujet d'une grande joye, c'eſt qu'aujourd'hui dans la Ville de David, il vous eſt né un Sauveur qui eſt le Meſſie, le Seigneur*, Luc II. 11. Notre Seigneur s'entretenant avec *Marthe* des moyens d'acquerir la Vie éternelle, lui dit, *Quiconque croit en moi, ne mourra jamais : Croyez-vous cela ? Elle lui répondit, Oui Seigneur, je croi que vous êtes le Meſſie, le Fils de Dieu, qui devoit venir au Monde*, Jean XI. 27. Cette réponſe de Marthe fait voir clairement comment il faut croire en Jeſus-Chriſt pour avoir la Vie éternelle, ſavoir, croire qu'il eſt le Meſſie, le Fils de Dieu, dont la venuë avoit été prédite par les Prophêtes. Et voici comment *André* & *Philippe* expriment la même choſe, au rapport de St. Jean : *André ayant rencontré ſon frére Simon, lui dit : Nous avons trouvé le Meſſie, c'eſt-à dire le Chriſt*; & un peu

C 2

plus

plus bas, *Philippe ayant rencontré Nathanaël,
lui dit: Nous avons trouvé celui de qui Moyſe
a écrit dans la Loi, & que les Prophêtes ont
prédit, ſavoir Jeſus de Nazareth, fils de Joſeph,* Jean I. 41,45. J'avertirai ici qu'en
vertu de ce que cet Evangeliſte dit en cet
endroit, j'ai toûjours mis le mot de *Meſſie*
à la place de celui de *Chriſt*, dans les paſſages de l'Ecriture où ce dernier mot ſe rencontre, afin qu'on eût une idée plus nette
du ſens qu'ils renferment, car au fond le
mot de *Chriſt* eſt un mot Grec qui répond
préciſément à celui de *Meſſie* qui eſt Hé-
breu; & l'un & l'autre ſignifie *oint*.

Enfin, la grande verité dont Jeſus-Chriſt
prit à tâche de convaincre ſes Diſciples &
ſes Apôtres, après ſa Reſurrection, c'eſt
qu'il étoit le Meſſie, comme on peut le voir
au Chapitre XXIV. de St. Luc, que nous
examinerons plus particuliérement ailleurs.
C'eſt-là qu'on peut apprendre quel eſt l'E-
vangile que Jeſus-Chriſt prêcha à ſes Diſciples & à ſes Apôtres, auſſi-tôt après ſa reſurrection, & cela pendant deux fois, le
propre jour qu'il reſſuſcita.

Chapitre V.

Où l'on fait voir que les Apôtres ne proposoient non plus autre chose à croire, sinon que Jesus étoit le Messie.

SI par les choses que les Apôtres prêchoient à toutes les Nations, l'on peut connoître à quoi se reduisoit ce qu'elles étoient obligées de croire en faisant profession de la Religion Chrétienne, nous pouvons ajoûter, que toutes les prédications des Apôtres, telles qu'elles nous font rapportées dans les *Actes*, tendent toutes à ce but, qui est de prouver que *Jesus étoit le Messie*. Et c'est pour cela qu'aussi-tôt après sa mort ils commencérent à proposer sa Resurrection comme un Article de Foi absolument nécessaire à salut; & souvent même ils n'insistoient que sur ce point. Comme c'étoit-là une marque certaine & évidente que Jesus étoit le Messie, il étoit nécessaire que tous ceux, qui le regardoient comme tel, crussent qu'il étoit ressuscité. Car puis que le Messie devoit être Sauveur & Roi, & qu'il devoit donner la vie & un Royaume à ceux qui le recevroient, comme nous le verrons bien-tôt, on n'auroit eû aucun droit

C 3

de

de faire paſſer Jeſus pour le Meſſie, & d'impoſer aux hommes la néceſſité de croire qu'il
le fût effectivement, ſi l'on eût crû qu'il fût
demeuré ſous la puiſſance de la Mort, &
dans la corruption du ſepulchre. Il falloit
donc que ceux qui croyoient que Jeſus étoit
le Meſſie, cruſſent auſſi qu'il étoit reſſuſcité; & ceux qui croyoient qu'il étoit reſſuſcité, ne pouvoient point douter qu'il ne fût
le Meſſie. Mais nous parlerons ailleurs de
cela plus au long.

Voyons donc à préſent comment les Apôtres prêchoient Chriſt, & ce qu'ils propoſoient à croire à leurs Auditeurs. Dès le ſecond Chapitre des Actes nous voyons St.
Pierre qui convertit dans Jeruſalem trois mille ames, par le premier Sermon qu'il fait.
Pour ſavoir quelle fut *cette parole que ſes*
Auditeurs *reçurent avec tant de joye, & qui*
les porta à ſe faire baptiſer, Act II. vſ. 41. on
n'a qu'à lire le verſet 22. juſques au 36.
Mais voici en peu de mots tout le précis
du Diſcours de cet Apôtre, renfermé dans
ces paroles, qui en font la Concluſion; &
ſut quoi il inſiſte comme ſur une choſe que
ſes Auditeurs doivent croire néceſſairement:
Que toute la Maiſon d'Iſraël ſache donc cer-
tainement, que Dieu a fait Seigneur & Meſ-
ſie ce JESUS *que vous avez crucifié*, vſ.
35.

Le

Le Difcours que St. Pierre fit aux Juifs dans le Temple de Jerufalem, (*Act.* III.) tend à prouver la même chofe, comme on peut le voir par ces paroles qui en font comme l'abregé, vf. 18. *Mais Dieu a accompli de cette forte ce qu'il avoit prédit par la bouche de tous fes Prophetes, favoir que le Meffie devoit fouffrir.*

Dans le Chapitre fuivant *Act.* IV. Pierre & Jean ayant été citez devant le Senat des Juifs, pour rendre raifon d'un Miracle qu'ils avoient fait en faveur d'un homme boiteux, ils déclarérent, qu'il avoit été gueri au nom de Jefus de Nazareth, qui étoit le Meffie, & par lequel feul on pouvoit être fauvé, vf. 10-12. Ces deux Apôtres foûtinrent encore la même chofe devant une pareille Affemblée, *Act.* V. 29--32. *Et ils ne ceffoient tous les jours d'enfeigner, & de prêcher au Temple & de maifon en maifon, que Jefus étoit le Meffie,* vf. 42.

Le Difcours que S. Etienne prononça dans le Confeil, (*Act.* VII.) n'eft autre chofe qu'un reproche qu'il fait aux Juifs, d'avoir trahi & mis à mort *le Jufte*; titre par lequel il défigne clairement le Meffie, dont la venuë avoit été prédite par les Prophetes, vf. 51, 52. Il paroît d'ailleurs, en comparant le verfet 22. du Ch. IX. de St. Jean avec le 24. du même Ch. que c'étoit une opinion répanduë parmi les

C 4

Juifs,

Juifs, Que le Meſſie devoit être ſans péché: ce qui eſt le veritable ſens du mot *Juſte*.

Nous apprenons dans le Chapitre VIII. des *Aĉtes*, que Philippe commença d'annoncer l'Evangile dans la Ville de Samarie. *Alors Philippe étant deſcendu à Samarie, leur prêcha:* & qu'eſt-ce qu'il leur prêcha? Le voici renfermé dans ce ſeul mot, *le Meſſie*, vſ. 5. La ſeu'e choſe qu'il exigea d'eux, ce fut qu'ils cruſſent, que Jeſus étoit le Meſſie; & dès qu'ils l'eurent crû, ils reçurent le Baptême: *Et quand ils eurent crû Philippe qui leur annonçoit ce qui appartient au Royaume de Dieu & au nom de Jeſus le Meſſie, ils furent baptiſez tant hommes que femmes,* vſ. 12.

Philippe ayant été envoyé de là en un autre endroit, par un ordre exprès de Dieu, afin de convertir à la Foi Chrétienne un Eunuque, qui étoit l'un des prémiers Officiers de *Candace* Reine d'Ethiopie: il prit occaſion d'un Paſſage d'Eſaïe, de lui annoncer *Jeſus*, vſ. 35. Or pour ſavoir ce qu'il lui en dit, il ne faut que voir la profeſſion de foi que fit l'Ennuque, lors qu'il fut ſur le point d'être baptiſé. La voici en propres termes, vſ. 37. *Je croi que Jeſus-Chriſt eſt le Fils de Dieu:* ce qui eſt autant que s'il eût dit, ,, Je croi que celui que vous ,, nommez Jeſus-Chriſt, eſt réellement & ,, veritablement le Meſſie, qui avoit été pro-

mis

,, mis". Car croire que Jesus étoit le *Fils de Dieu*, & croire qu'il étoit le *Messie*, c'étoit une seule & même chose, comme on peut le voir en comparant le vs. 45 du premier Chapitre de Saint Jean avec le 49. où *Nathanaël* confessant que Jesus est le Messie, s'exprime ainsi, en s'addressant à lui-même: *Vous êtes le Fils de Dieu, vous êtes le Roi d'Israël.* Ainsi, lors que les Juifs demandent à Jesus-Christ, (*Luc* XXII. 70.) s'il est le *Fils de Dieu*, il est visible qu'ils lui demandent simplement, s'il est le Messie. On n'a pour s'en convaincre, qu'à comparer cet endroit avec les trois versets précedens. Dès le verset 67. ils lui demandent en termes exprès, s'il est le Messie : *Si vous êtes le Messie, dites-le nous* : & Jesus leur répond, *Si je vous le dis, vous ne me croirez point.* Mais il leur déclare en même temps, que désormais il va prendre possession du Royaume destiné au Messie, ce qu'il exprime en ces termes, vs. 69. *Desormais le Fils de l'Homme sera assis à la droite de la Puissance de Dieu.* Sur quoi ils se prirent tous à crier, *Vous êtes donc le Fils de Dieu?* c'est-à-dire, Vous avoûez donc vous-même, que vous êtes le *Messie?* Et Jesus-Christ repliqua tout aussi-tôt, *Vous dites vous-mêmes que je le suis.* Nous pouvons encore conclurre, que dans ce temps-là les Juifs employoient communément le títre de

C 5

Fils

Fils de Dieu pour défigner le *Meſſie*, de ce qu'ils dirent à Pilate, pour l'obliger à condamner Jeſus-Chriſt à la mort, *Jean* XIX. 17. *Nous avons une Loi, & ſelon notre Loi il doit mourir, parce qu'il s'eſt fait Fils de Dieu:* c'eſt-à-dire, „parcequ'il a foûtenu qu'il étoit „ le Meſſie, le Prophete qui devoit venir, „ car comme c'eſt à faux tître qu'il s'attri-„ buë cette qualité, il merite la mort en „ vertu de la Loi, *Deut.* XVIII. 20. Que ce fut-là la ſignification ordinaire du tître de *Fils de Dieu*, c'eſt ce qui paroît encore bien clairement par ce que les Principaux Sacrificateurs diſoient à Jeſus, pour ſe moquer de lui, lors qu'il étoit ſur la Croix *Matt.* XXVII. 42. *Il a ſauvé les autres; & il ne ſauroit ſe ſauver lui-même. S'il eſt le Roi d'Iſraël, qu'il deſcende préſentement de la Croix, & nous croirons en lui. Il met ſa confiance en Dieu: ſi donc Dieu l'aime, qu'il le délivre maintenant, car il a dit, Je ſuis* LE FILS DE DIEU: Ce qui revient à ceci, „ il a dit qu'il étoit le Meſſie, „ ce qui eſt viſiblement faux, car s'il l'étoit, „ Dieu ne manqueroit pas de le délivrer. Le „ Meſſie doit être *le Roi d'Iſraël*, le Sauveur „ du Monde: mais cet homme-ci ne ſauroit „ ſe ſauver lui-même". Dans cet endroit, les Souverains Sacrificateurs employent, comme vous voyez, deux tîtres, qui étoient alors en uſage; & dont les Juifs ſe ſervoient

com-

communément pour défigner le Meffie, favoir *Fils de Dieu*, & *Roi d'Ifraël*. Et pour celui de *Fils de Dieu*, on le donnoit fi ordinairement au Meffie, qui étoit alors le principal objet de l'attente des Juifs, & le fujet
le plus ordinaire de leurs entretiens, qu'il
femble que les Romains qui vivoient parmi
les Juifs, avoient appris de le nommer ainfi,
comme on peut le conclurre de ces paroles
de S. Matthieu *Ch. XXVII. 54. Le Centenier & ceux qui étoient avec lui pour garder
Jefus, ayant vû le tremblement de terre, &
tout ce qui fe paffoit, furent faifis d'une extrême crainte, & dirent : Veritablement celui-ci
étoit* le Fils de Dieu : c'étoit cette Perfonne extraordinaire qu'on attendoit.

Dans le *Ch.* IX. des Actes, nous voyons S. Paul qui commence à exercer la charge qui lui avoit été donnée de prêcher l'E-
vangile, après l'avoir appris d'une maniére
miraculeufe : *Et auffi-tôt*, dit St. Luc vf.
20. *il prêcha Chrift dans les Synagogues, as-
furant qu'il étoit le Fils de Dieu,* c'eft à-dire,
que Jefus-Chrift étoit le *Meffie*, car il eft
vifible que dans cet endroit *Chrift* eft un
nom propre. Or que ce fut-là le précis
des Prédications de Saint Paul, c'eft
ce qui paroît encore par le verfet 22.
du même Chapitre, où il eft dit expreffément, Que *Saul fe fortifioit de plus en plus;*
&

& confondoit les Juifs qui demeuroient à Da-
mas, leur montrant que Jesus étoit le Christ,
c’eſt-à-dire, le *Meſſie.*

S. Pierre étant allé à Ceſarée pour voir
le Centenier *Corneille,* qui avoit été averti,
par le moyen d’une Viſion, d’envoyer vers
lui, comme St. Pierre avoit été chargé par
une ſemblable voye de l’aller trouver, tout
ce que cet Apôtre lui dit, ſe reduiſit à lui
apprendre (*Act.* X.) ce que Dieu avoit commandé aux Apôtres *de prêcher au Peuple,*
ſavoir, *de témoigner que c’étoit lui* (Jeſus) *qui*
avoit été établi de Dieu pour être le Juge des
vivans & des morts; & que *tous les Prophetes*
lui rendent ce témoignage, que quiconque croira
en lui, recevra par ſon nom la remiſſion
de ſes péchez, vſ. 42. *&* 43. *C’eſt-là,* dit
S. Pierre, (a) *la Parole que Dieu a fait en-*
tendre aux Enfans d’Iſraël, laquelle (b) Parole *a été publiée par toute la Judée, en com-*
mençant par la Galilée après le Baptême que
Jean a prêché, vſ. 36, 37. Et c’étoient là (c)
les paroles par leſquelles Corneille devoit
être ſauvé, lui & toute ſa Maiſon, comme
il lui avoit été promis, *Act.* XI, 14. Ces
paroles ne contenoient autre choſe, ſinon
que

(a) *v.* 36. τὸν λόγον ὃν ἀπέςειλε τοῖς υἱοῖς Ἰσραήλ.
(b) *v.* 37 ῥῆμα. (c) ῥήματα ἐν οἷς σωθήσῃ σὺ
καὶ πᾶς ὁ οἶκός σου.

que *Jesus étoit le Messie*, le Sauveur qui avoit
été promis. Et dès qu'ils eurent crû cet
Article, qui renfermoit tout ce qui leur fut
enseigné, le Saint Esprit descendit sur eux,
après quoi ils furent baptisez. Mais il est à
remarquer, qu'en cette occasion le Saint Esprit descendit sur eux avant qu'ils fussent baptisez, au lieu qu'en d'autres rencontres l'É-
criture remarque expressément, que ceux qui
se convertissent à la Foi Chrétienne, ne reçoivent le Saint Esprit qu'après avoir reçû
le Baptême. Et voici, ce semble, la raison
de cette difference : Dieu en répandant le
Saint Esprit sur Corneille & sur toute sa famille, voulut déclarer par là du haut des
Cieux, que les Gentils qui croiroient que
Jesus est le Messie, devoient être admis dans
l'Eglise par le moyen du Baptême, aussi
bien que les Juifs. Pour entrer dans cette
pensée, il ne faut que lire ce que St. Pierre dit pour sa défense, *Act.* XI. lors qu'il
fut accusé par les Fidèles de la Circoncision,
de ne s'être pas éloigné, comme il devoit,
du commerce des incirconcis : on n'a qu'à
voir en particulier ce que cet Apôtre dit dans
les versets 15, 16, & 17. pour reconnoître
que cette raison-là fut comme une autorité
irrefragable, qui le détermina à recevoir
les Gentils dans la communion de l'Eglise,
dès qu'ils feroient profession de croire en
Jesus-

Jeſus-Chriſt, quoi que cela dût paroître fort étrange aux Juifs qui étoient encore alors les ſeuls Membres de l'Egliſe Chrétienne. C'eſt pourquoi St. Pierre étant ſur le point de baptiſer le Centenier Corneille avec toute ſa famille, *Act* X. fait auparavant cette queſtion *aux Fidèles circoncis qui étoient venus avec lui, & qui parviſſoient tout étonnez de voir que le don du Saint Eſprit étoit auſſi répandu ſur les Gentils : Peut-on refuſer le Baptême à ceux qui ont déja reçû le Saint Eſprit comme nous?* vſ. 47. Et dans la ſuite (*Act.* XV.) quelques perſonnes de la Secte des *Phariſiens* qui avoient embraſſé la Foi Chrétienne, ayant ſoûtenu, *qu'il falloit circoncire les Gentils, & leur ordonner de garder la Loi de Moyſe,* Pierre ſe leva *& leur dit : Mes fréres, vous ſavez qu'il y a long-temps que Dieu m'a choiſi d'entre nous, afin que les Gentils,* ſavoir Corneille, & ceux qui ſe convertirent avec lui, *entendiſſent par ma bouche la parole de l'Evangile, & qu'ils cruſſent. Et Dieu qui connoit les cœurs, leur a rendu témoignage, leur donnant le Saint Eſprit, auſſi bien qu'à nous; & il n'a point fait de difference entre eux & nous, ayant purifié leurs cœurs par la Foi,* vſ. 7---9. Ainſi tous ceux qui croyoient que Jeſus étoit le Meſſie, Juifs ou Gentils, recevoient dès-là le ſceau du Baptême, par où ils étoient reconnus

pour

pour Difciples de Jefus-Chrift; & étoient
diftinguez des Infidèles. Au refte, nous pouvons conclurre de ce que nous avons dit ci-
deffus, que prêcher que Jefus eft le Meffie,
c'eft ce que les Auteurs du Nouveau Teftament défignent fouvent par ces mots, *la Parole*, & *la Parole de Dieu*; & que croire cet article
particulier, c'eft, dans leur langage, *recevoir la Parole de Dieu* : Voyez *Act.* X. 36,
37. & XI. 1. 19, 20. Ils marquent encore
la même chofe par cette expreffion, *la Parole de l'Evangile*, Act. XV. 7. Et dans l'Hiftoire de l'Evangile, ce que St. Marc appelle fimplement *la Parole*, Chap. IV. 14, 15.
St. Luc le nomme *la Parole de Dieu*, Chap.
VIII. 11. & St. Matthieu Chap. XIII. 19.
la Parole du Royaume : de forte que ces differens termes ne fignifient apparemment
qu'une feule & même chofe dans les Ecrits
du Nouveau Teftament; & par conféquent
nous devons les prendre tous dans le même
fens.

Mais continuons à faire voir que ce que
les Apôtres exigeoient particuliérement de
ceux qui embraffoient la Religion Chrétienne, fe reduifoit à croire que Jefus étoit le
Meffie. Dans le Chapitre XIII. des Actes,
Saint Paul fe trouvant à *Antioche*, prêche
dans la Synagogue pour perfuader aux Juifs,
que *Dieu, felon fa promeffe, a fufcité Jefus de*

la femence de David pour Sauveur à Ifraël, vſ. 23. & il dit expreſſément que Jeſus eſt celui-là même, dont les Prophetes avoient écrit, vſ. 25-29. c'eſt-à-dire, le Meſſie; & que pour faire voir qu'il l'étoit effectivement, Dieu l'a reſſuſcité des morts, vſ. 30. Sur quoi S. Paul raiſonne de cette ſorte, vſ. 32, 33. *Ainſi nous vous annonçons l'accompliſſement de la promeſſe qui a été faite à nos Péres: Dieu nous en ayant fait voir l'effet, à nous qui ſommes leurs Enfans, en reſſuſcitant Jeſus, ſelon qu'il eſt écrit dans le ſecond Pſaume, Tu es mon Fils, je t'ai aujourd'hui engendré.* Il continue enſuite à prouver que Jeſus eſt le Meſſie, par la raiſon qu'il eſt reſſuſcité d'entre les morts; & il conclud par ces paroles, vſ. 38, 39. *Sachez donc, mes frères, que c'eſt par lui que la remiſſion des péchez vous eſt annoncée; & que quiconque croit en lui, eſt juſtifié par lui de toutes les choſes dont vous n'avez pû être juſtifiez par la Loi de Moyſe.* Or cette doctrine particuliere eſt appellée pluſieurs fois dans ce Chapitre *la Parole de Dieu*, comme on peut s'en convaincre en comparant le verſet 42. avec les 44, 46, 48, 49. & le 24. du *Chap.* XII. *Act.* XVII. 2--9. S. Paul ſe trouvant à Theſſalonique, *entra ſelon ſa coûtume dans une Synagogue des Juifs; & diſputa avec eux durant trois jours de Sabbat, leur découvrant & leur faiſant voir qu'il avoit fallu que le Meſſie ſouf-*

frît,

frit, & qu'il reſſuſcitât d'entre les morts : & ce Jeſus, leur diſoit-il, que je vous annonce, c'eſt le Meſſie. Quelques-uns d'eux crurent & ſe joignirent à Silas : mais les Juifs qui refuſerent de croire, émûrent toute la Ville. On voit clairement par-la que les Fidèles étoient diſtinguez des Infidèles, en ce qu'ils recevoient pour veritable cette propoſition, Jeſus eſt le Meſſie. Car, comme il eſt remarqué fort expreſſément dans le paſſage que nous venons d'alleguer, ce fut-là la ſeule choſe que St. Paul tâcha de perſuader aux Juifs de Theſſalonique, durant trois jours de Sabbat.

De là St. Paul alla à Berée, & y prêcha la même choſe ; & les habitans de cette derniére Ville ſont louëz, vſ. 11. de ce qu'ils examinoient les Ecritures afin de voir par eux mêmes, ſi ce qu'on leur diſoit, vſ. 2, 3. pour leur prouver que Jeſus étoit le Meſſie, étoit veritable, ou non.

Nous trouvons que St. Paul prêche encore la même Doctrine à Corinthe, Act. XVIII. 4-6. Il diſputoit dans la Synagogue tous les jours de Sabbat, & perſuadoit les Juifs & les Grecs. Or quand Silas & Timothée furent venus de Macedoine, Paul rempli d'une nouvelle ardeur, témoignoit aux Juifs, que Jeſus étoit le Meſſie. Mais les Juifs le contrediſant avec des paroles de blaſpheme, il ſecoua ſes habits ; & leur dit, Que votre ſang ſoit ſur votre tête : Pour

Tom. I.Dmoi,

moi, j'en suis innocent ; & dès maintenant je m'en irai vers les Gentils. Ce fut dans une semblable occasion que ce même Apôtre dît aux Juifs d'*Antioche*, *Act.* XIII. 46. *Vous étiez les prémiers à qui il falloit annoncer la Parole de Dieu : mais puis que vous la rejettez, nous nous tournons vers les Gentils.*

Il est tout visible qu'ici St. Paul rejette sur les Juifs la cause de leur perdition, parce qu'ils combattent cette verité particuliere, *que Jesus est le Messie* ; & qu'ainsi c'est en recevant, ou en rejettant cette verité, qu'on peut avoir part au salut, ou se perdre entierement. Cela étant, je pense être en droit d'assûrer, que c'est là tout ce que sont obligez de croire ceux qui reconnoissent déja un Dieu éternel & invisible, Créateur du Ciel & de la Terre, comme faisoient les Juifs : mais nous verrons dans la suite qu'il est nécessaire pour être sauvé de faire autre chose que croire. Du reste il ne sera pas hors de propos de remarquer ici en passant que les Apôtres dans les prédications, qu'ils font aux Juifs & aux *gens* * *dévots & craignans Dieu*, ne les avertissent point de croire au seul vrai Dieu, qui a fait le Ciel & la Terre, parce
qu'il

* C'est ainsi qu'on a traduit le mot Grec Σεβȣμε-νοι, titre qu'on donnoit aux Proselytes de la Porte, & à ceux qui adoroient un seul Dieu, éternel & invisible. *Parenthese de l'Auteur, renvoyée ici.*

qu'il étoit inutile de parler de cet article à des personnes qui en étoient déja persuadées, & qui en faisoient une profession ouverte, comme il paroît par la plûpart des discours que nous avons vûs jusqu'ici. Cependant, lors que ces mêmes Apôtres ont à faire à des Payens Idolâtres, qui n'étoient point encore parvenus à la connoissance du seul vrai Dieu, ils commencent par les instruire de l'*Unité de Dieu*, comme d'un Point qu'ils doivent croire nécessairement, qui est le fondement sur lequel est bâti ce qu'ils ont à leur apprendre du Messie ; & sans quoi ce dernier article ne signifieroit rien.

Ainsi St. Paul parlant aux habitans de *Lystre* qui étoient Idolâtres ; & qui vouloient lui sacrifier aussi bien qu'à *Barnabas*, leur dit, *Act* XIV. 14, 15, 16. *Nous vous annonçons que vous vous convertissiez de ces vaines superstitions au Dieu vivant qui a fait le Ciel & la Terre, la Mer & tout ce qu'ils contiennent, qui dans les Siécles passez a laissé marcher toutes les Nations dans leurs voyes ; & néanmoins il n'a point cessé de rendre toujours témoignage de ce qu'il est, en faisant du bien aux hommes, en disposant les pluyes du Ciel & les saisons favorables pour les fruits, en nous donnant la nourriture avec abondance, & remplissant nos cœurs de joye.*

Il en usa de même avec les *Atheniens* qui

s'adons'adonnoient auſſi à l'Idolatrie, *Act.* XVII. car à l'occaſion d'un Autel dédié *au Dieu Inconnu*, il leur dit, *C'eſt ce Dieu que vous adorez ſans le connoître, que je vous annonce: Dieu qui a fait le Monde & tout ce qui eſt dans le Monde, étant le Seigneur du Ciel & de la Terre, n'habite point dans les Temples bâtis par les hommes:* —— *& puis que nous ſommes les Enfans & la race de Dieu, nous ne devons pas croire que la Divinité ſoit ſemblable à de l'or, à de l'argent ou à de la pierre, dont l'art & l'induſtrie des hommes a fait des figures. Or Dieu ayant diſſimulé ces tems d'ignorance, fait maintenant annoncer à tous les hommes, & en tous lieux, qu'ils ſe repentent, parce qu'il a arrêté un jour, auquel il doit juger le Monde ſelon la juſtice, par l'Homme qu'il a deſtiné à en être le Juge, dont il a donné à tous les hommes une preuve certaine, en le reſſuſcitant d'entre les morts.* Et par là nous voyons que, lors qu'il étoit néceſſaire de propoſer quelque nouvel Article de Foi, comme il falloit le faire à l'égard des Payens Idolâtres, les Apôtres n'avoient garde d'y manquer.

Act. XVIII. 4, 5. St. Paul étant allé à Corinthe, *prêchoit dans la Synagogue tous les jours de Sabbat; & témoignoit aux Juifs que Jeſus étoit le Meſſie.* vſ. 11. *Et il demeura là un an & demi, leur annonçant la Parole de Dieu,* c'eſt-à-dire, l'heureuſe nouvelle, que Jeſus
étoit

étoit le Messie , car , comme nous l'avons déja montré, c'est ce qu'emporte cette expression, *la Parole de Dieu.*

Apollos, autre Prédicateur de l'Evangile, ayant été instruit plus amplement dans la voye de Dieu , s'attacha dès-lors à enseigner précisément la même Doctrine, comme on peut le voir par ce que Saint Luc nous dit de lui au Chapitre XVIII. des Actes vers. 27, & 28. savoir, que *lors qu'il fut arrivé en Achaïe , il servit beaucoup aux Fidèles par la grace dont il étoit rempli : car il convainquoit les Juifs publiquement avec grande force , leur montrant par les Ecritures que Jesus étoit le Messie.*

St. Paul ayant été apellé à rendre compte de sa conduite devant *Festus* & *Agrippa*, déclare que ce seul Point renfermoit tout ce qu'il avoit enseigné depuis sa conversion: car, dit-il, *Act.XXVI.22. par l'assistance que Dieu m'a donnée j'ai subsisté jusqu'à aujourd'hui, rendant témoignage aux petits & aux grands; & ne disant autre chose , que ce que les Prophetes & Moyse ont prédit devoir arriver, savoir, que le Messie devoit souffrir, & être le premier qui ressusciteroit d'entre les morts, & qui annonceroit la lumiere au Peuple & aux Gentils.* Ce qui n'étoit autre chose que prouver, que Jesus étoit le Messie. Et c'est là ce qui est apellé *la Parole de Dieu* comme nous l'a-

vons

vons déja remarqué * : on n'a pour s'en convaincre qu'à comparer *Act.* XI. 1. avec le Chapitre précedent depuis le vſ. 34. juſques à la fin : Et le vſ. 42 du Chap. XIII. avec les verſets 44. 46. 48. 49. & le vſ. 13. du *Ch.* XVII. avec les verſets 11. & 3. Cet article particulier eſt encore appellé *la Parole de l'Evangile*, *Act.* XV. 7. Or c'eſt cette *Parole de Dieu* & cet *Evangile* que nous voyons prêcher aux Apôtres dans tous les endroits du Nouveau Teſtament où leurs Diſcours ont été tranſcrits ; & c'étoit par la foi que les Juifs & les Gentils ajoûtoient à cette importante verité, qu'ils devenoient autant de Fidèles, & de Membres de l'Egliſe de Jeſus-Chriſt : C'étoit cette foi qui purifioit leurs cœurs, *Act.* XV. 9. & qui amenoit à ſa ſuite la Remiſſion des péchez, *Act.* X. 43. Et par conſéquent, tout ce qu'il falloit croire pour être juſtifié, ſe reduiſoit à cette ſimple propoſition, *Que Jeſus de Nazareth étoit le Chriſt, ou le Meſſie.* C'étoit-là, dis-je, tout ce qu'il falloit *croire* pour être juſtifié : car du reſte nous verrons dans la ſuite, que tout ce qu'il falloit faire pour obtenir la Juſtification, n'étoit pas renfermé dans ce ſeul Devoir.

* Ci-deſſus. *p.* 47.

Chapitre VI.

*Où l'on continuë de prouver par quelques expres-
sions répanduës dans l'Evangile que ce qu'il
faut croire pour devenir Chrétien, se reduit
à ceci, que Jesus est le Messie.*

NOus avons appris dans le Chapitre
Quatriéme par la propre déclaration
de notre divin Sauveur, *Que celui qui croit
au Fils, a la Vie éternelle ; & que celui qui ne
croit point au Fils, ne verra point la Vie, mais
que la colére de Dieu demeure sur lui*, Jean
III. 36. Nous avons vû de même par le verset 39. du *Chap.* IV. de St. Jean, comparé
avec le 42. *Que croire en Jesus-Christ, c'est
croire qu'il est le Messie, le Sauveur du Monde;*
& que la Confession que fit St. Pierre, *Matth.*
XVI. 16. que Jesus étoit *le Messie, le Fils
du Dieu vivant*, est comme la pierre fondamentale, sur laquelle Notre Seigneur a promis de bâtir son Eglise. Tout cela, joint à
quelques autres passages des Evangelistes que
nous avons déja citez, pourroit suffire pour
nous faire voir, à quoi se reduit ce que nous
devons croire sous l'Evangile, afin d'obtenir
la Vie éternelle, sans qu'il eût été nécessaire
d'y ajoûter, comme nous avons fait, des

 extraits

extraits des Prédications des Apôtres. Cependant, pour mettre encore cette matiére dans un plus grand jour, il ne fera pas hors de propos, de confiderer avec un peu de foin, les differens termes dont les Evangeliftes fe fervent en parlant fur cet article, afin de connoître par-là ce qu'ils en penfent. Cet examen eft d'autant plus néceffaire, que cette diverfité d'expreffions eft peut-être caufe qu'en général on ne les examine guére dans cette vûë.

Nous avons déja remarqué en comparant les paroles d'*André* & de *Philippe*, que *le Meffie*, & *celui de qui Moyfe a écrit dans la Loi, & que les Prophetes ont prédit*, fignifient une feule & même chofe. Examinons préfentement cet endroit un peu plus à fond: *Jean* I. *v.* 41. *André dit à Simon, Nous avons trouvé le Meffie*, & Philippe dans une pareille occafion, *v.* 45. *dit à Nathanaël, Nous avons trouvé Celui de qui Moyfe a écrit dans la Loi, & que les Prophetes ont prédit, favoir, Jefus de Nazareth, fils de Jofeph.* D'abord Nathanaël n'en voulut rien croire, mais dès que Jefus Chrift lui eut parlé, il en fut convaincu, ce qu'il lui fit connoître par ces paroles, *Maître, vous êtes le Fils de Dieu, vous êtes le Roi d'Ifraël.* D'où il paroît évidemment, que croire que Jefus eft *celui dont Moyfe & les Prophetes ont écrit*, ou *le Fils de Dieu*,

Dieu, ou bien *le Roi d'Ifraël*, c'eft purement la même chofe , que de croire qu'il eft le Meffie ; & que Jefus-Chrift mettoit au nombre des Croyans ceux qui recevoient cet article. Car Nathanaël n'eut pas plûtôt fait cette Confeffion , *Vous êtes le Fils de Dieu, vous êtes le Roi d'Ifraël*, que Jefus lui répondit : *Parce que je vous ai dit , que je vous ai vû fous le Figuier , vous* CROYEZ : *Vous verrez bien de plus grandes chofes, v.* 50. Je fouhaiterois auffi qu'on prît la peine de lire avec attention la derniére partie du premier Chapitre de St. Jean depuis le 25. verfet, & qu'on me dît , s'il n'eft pas évident , que cette expreffion, *le Fils de Dieu*, eft déterminée par l'ufage à fignifier *le Meffie*. A quoi l'on peut ajoûter la déclaration par laquelle Marthe fit connoître fa foi en difant à Jefus-Chrift , *Jean* XI. 27. *Je croi que vous êtes le Meffie*, LE FILS DE DIEU , *qui devoit venir au Monde :* & cet autre paffage de St. Jean , XX. 31. *Ces chofes font écrites, afin que vous croyiez que Jefus eft le Meffie,* LE FILS DE DIEU; *& qu'en croyant vous ayiez la vie par fon nom.* Qu'on examine , dis-je , tous ces paffages avec foin ; & je fuis fûr qu'on ne pourra point douter , qu'en ce temps-là le titre de *Meffie* & celui de *Fils de Dieu* ne fuffent des termes fynonymes parmi les Juifs.

D 5　　　　　　La

La Prophetie de Daniel, (*Chap.* IX. 25.)
où le Messie est apellé expressément le * *Mes-*
sie, *le Conducteur*, ou *le Prince* : Ce qu'*Esaïe*
& Daniel avoient dit de son Gouvernement,
de son Royaume, & de la délivrance qu'on
obtiendroit par son moyen, & d'autres Propheties qu'on lui appliquoit, tout cela étoit
si bien connu aux Juifs, & leur avoit fait
naître dans l'esprit une si forte esperance de
sa venuë environ ce temps-là, (qui, selon
leur calcul, étoit justement le temps auquel
il devoit venir pour rétablir le Royaume d'Israël) qu'*Herode* n'eût pas plûtôt appris que
les Mages cherchoient *celui qui étoit né Roi*
des Juifs, (Matth. II.) qu'il s'enquit tout
aussi-tôt *des principaux Sacrificateurs & des*
Scribes, où devoit naître le Messie, vs. 4. per-
suadé, que s'il étoit né un Roi aux Juifs,
ce devoit être *le Messie*, dont la venuë étoit
alors le sujet de l'esperance générale des
Juifs, c'est ce qui paroît par ces paroles de
Saint Luc, *Chap.* III. 15. *Cependant le Peu-*
ple attendoit ; & tous pensoient à Jean en leurs
cœurs, s'il ne seroit point le Messie Et lors
que les Sacrificateurs & les Levites envoyérent vers Jean pour lui demander qui il étoit,
ce saint homme connoissant leur pensée, leur
répondit, (*Jean* I. 19.) *Qu'il n'étoit point le*
Messie : mais, *ajoûte l'Evangeliste*, vs. 34.
il

* מָשִׁיחַ נָגִיד :

il rendit témoignage que Jefus étoit *le Fils de Dieu*, c'eft-à-dire, *le Meffie*.

Cette efperance de la venuë du Meffie, dont on étoit alors tout occupé, paroît encore par ce qui eft rapporté de *Simeon*, dont S. Luc dit expreffément, *Qu'il vivoit dans l'attente de la confolation d'Ifraël*, Ch. II. 25. car dès qu'il eut le petit Enfant Jefus entre fes bras, il fe prit à dire, *qu'il avoit vû le Salut du Seigneur*, vf. 30. Et *dans ce même inftant la Propheteffe Anne étant furvenuë, elle fe mit à louer le Seigneur, & à parler de lui à tous ceux de Jerufalem qui attendoient la Redemption d'Ifraël*. De même, il eft dit de *Jofeph d'Arimathée*, Marc XV. 43. *qu'il attendoit auffi le Regne de Dieu :* Toutes expreffions qui défignoient la venuë du Meffie, que St. Luc exprime par un tour un peu different lors qu'il dit *Chap. XIX. 11.* que les Juifs *croyoient que le Regne de Dieu devoit paroître bien-tôt*.

Cela pofé, voyons ce que *Jean Baptifte* prêcha, lors qu'il commença de faire les fonctions de fon Miniftére. St. Matthieu nous l'apprend par ces paroles *Chap. III. 1, 2. En ce temps-là Jean Baptifte vint prêcher au defert de Judée, en difant, Repentez-vous, car le Royaume des Cieux eft proche.* Il annonçoit par-là la venuë du Meffie : car *le Royaume des Cieux* & *le Royaume de Dieu* font deux expreffions qui marquent une même chofe,
com-

comme il paroît par plufieurs endroits de l'E-
vangile; & toutes deux fignifient le Regne
du Meffie. La déclaration que fit Jean Baptifte lors que les Juifs députérent vers lui
pour favoir qui il étoit, (*Jean* I. 19.) ce
fut qu'il n'étoit pas le Meffie, mais que c'é-
toit à Jefus que cette qualité appartenoit veritablement. C'eft ce qu'on reconnoîtra fans
peine, fi l'on compare le vf. 26. du *Ch.* I. de
St. Jean jufques à la fin du 34. avec les vf.
27. *&* 30. du *Chap.* III. du même Evangelifte. Les Juifs ayant fait paroître une extrême envie de favoir fi Jean étoit le Meffie,
il le nia pofitivement; & leur dit, qu'il n'é-
toit que fon Précurfeur; & qu'il y en avoit
un au milieu d'eux qui viendroit après lui,
& dont il n'étoit pas digne de denouër les
cordons des fouliers. Le lendemain voyant
Jefus, il fe prit à dire, que c'étoit là l'homme dont il avoit voulu parler; & que pour
lui il n'étoit venu baptifer dans l'eau, qu'a-
fin que Jefus fût manifefté au Monde, mais
qu'il ne l'avoit connu qu'après qu'il eut vû
le Saint Efprit defcendre fur lui. Celui qui
l'avoit envoyé baptifer , lui ayant dit que
celui, fur qui il verroit defcendre & demeurer le Saint Efprit, feroit celui qui baptife-
roit par le Saint Efprit, il témoigna à caufe
de cela que *celui-là étoit le Fils de Dieu*, vf.
34. c'eft-à-dire, *le Meffie.* Et nous voyons
au

au Chapitre III. vſ. 26. &c. que quelques perſonnes étant allé trouver Jean Baptiſte pour
lui dire, que Jeſus baptiſoit; & que tous alloient à lui, Jean leur répondit, „ Que Je-
„ ſus avoit une autorité qui venoit du Ciel :
„ & vous ſavez vous-mêmes , *ajoûte-t-il*,
„ que je n'ai jamais dit que je fuſſe le Meſ-
„ ſie, mais ſeulement que j'avois été envo-
„ yé devant lui. Il faut qu'il croiſſe , & que
„ je diminuë, car c'eſt Dieu qui l'a envoyé,
„ & il annonce les paroles de Dieu : or Dieu
„ lui a tout mis entre les mains, de ſorte que
„ *celui qui croit au Fils, a la Vie éternelle.* Ce
qui ne renferme aucune autre doctrine que
celle que les Apôtres prêcherent dans la ſuite : car comme nous l'avons vû par un examen ſuivi du Livre des *Actes*, tout ce qu'ils
propoſoient étoit contenu dans cet article
particulier, *Que Jeſus étoit le Meſſie.* Et
c'étoit ſur cela même que Jean rendoit témoignage à Jeſus-Chriſt , comme ce divin
Seigneur le dit lui-même, *Jean* V. 33.

La déclaration qui fut faite en ſa faveur,
durant ſon Batême, par cette voix qui vint du
Ciel, *c'eſt mon Fils bien-aimé , auquel j'ai pris
mon bon plaiſir.* Matth. III. 17. cette déclaration, dis-je, tendoit à faire voir la même
choſe, ſavoir, *qu'il étoit le Meſſie :* car alors
le titre de *Fils de Dieu*, étoit employé dans l'u-
ſage ordinaire pour ſignifier le Meſſie, com-

me

me nous l'avons déja montré. A cela nous pouvons ajoûter ce qui eſt dit de Jeſus pour la premiére fois après ſa conception, dans les propres termes dont l'Ange ſe ſervit en parlant à Joſeph, *Matth.* I. 21. *Tu appelleras ſon nom Jeſus,* ou Sauveur, *car il ſauvera ſon Peuple de leurs péchez.* C'étoit une opinion reçuë parmi les Juifs, qu'à la venuë du Meſ-ſie, tous leurs péchez leur ſeroient pardon-nez : ainſi nous pouvons regarder ces paroles de l'Ange comme une déclaration, que Jeſus étoit le Meſſie, ce qui eſt encore marqué plus expreſſément par ces mots, *ſon Peuple*, car cela ſuppoſe qu'il a un Peuple, & par conſéquent qu'il eſt Roi.

C H A P I T R E VII.

*Comment la Venuë du Meſſie eſt déſignée
dans l'Evangile.*

DEs que Jeſus eut été baptiſé, il commen-ça à faire les fonctions de ſon Miniſ-tére. Mais avant que de voir ce qu'il pro-poſoit à croire à ceux qui vouloient recevoir ſa Doctrine, il eſt néceſſaire de remar-quer, qu'on pouvoit s'aſſûrer de la venuë du Meſſie par trois differentes voyes.

I. Prémiérement par les Miracles. Dans

ce temps-là l'Efprit de Prophetie ne fe trouvoit plus parmi les Juifs depuis plufieurs
fiécles; & bien que leur République ne fût
pas entiérement détruite, mais qu'ils vê-
cuffent encore fous leurs propres Loix, ils
étoient pourtant foûmis à une Domination
Etrangére, c'eft-à-dire aux *Romains*. Reduits dans cet état, & s'imaginant que le
temps de la venuë du Meffie étoit échu felon leur calcul, ils attendoient le Meffie
avec impatience, efperant d'être délivrez
par fon moyen du joug auquel ils étoient
foûmis, pour vivre fous le glorieux Empire
qu'il devoit établir, felon ce qui avoit été
prédit de lui dans leurs Anciennes Propheties. Tout cela leur faifoit efperer qu'il
viendroit encore de la part de Dieu un homme extraordinaire, qui par une puiffance furnaturelle & divine, & par des miracles devoit prouver fa Miffion, & les mettre en
liberté. Et ils attachoient uniquement à
leur Meffie ce caraétére d'une perfonne extraordinaire qui devoit faire des miracles.
Ils attendoient un grand Prophete qui devoit fe rendre illuftre par fes miracles, mais
ils n'en attendoient qu'un feul de cet ordre;
& qui devoit être le Meffie. C'eft pourquoi nous voyons dans l'Evangile qu'en
confidération des miracles que Jefus faifoit,
le Peuple *croyoit en lui*, c'eft-à-dire,

croyoit

croyoit qu'il étoit le Meſſie; *Et pluſieurs du Peuple*, dit S. Jean *Ch.* VII. 31. *crurent en lui, & diſoient entr'eux, Quand le Meſſie viendra, fera-t-il plus de miracles que n'en a fait celui-ci?* Et pendant la Fête de la Dédicace, les Juifs s'aſſemblérent autour de lui, & lui dirent, *Jean* X. 24, 25. *Juſques à quand nous tiendrez-vous l'eſprit en ſuſpens? Si vous êtes le Meſſie, dites-le nous clairement. Jeſus leur répondit: Je vous l'ai dit, & vous ne me croyez pas. Les Oeuvres que je fais au nom de mon Pére, rendent témoignage de moi.* Et (*Jean* V. 36.) Jeſus dit encore aux Juifs, *J'ai un témoignage plus grand que celui de Jean, car les œuvres que mon Pére m'a donné pouvoir de faire, les œuvres, dis-je, que je fais, rendent témoignage pour moi, que c'eſt le Pére qui m'a envoyé.* Et ici nous pouvons remarquer en paſſant, que lors que Jeſus dit qu'*il eſt envoyé par le Pére*, il ne fait qu'exprimer en d'autres termes, *qu'il eſt le Meſſie*, ce qui paroît évidemment par ce paſſage, *Jean* V. 36. comparé avec celui que nous venons de citer du *Chap.* X. du même Evangeliſte. Car dans ce *dernier Chapitre il eſt dit expreſſément, que les œuvres que Jeſus fait,

ren-

* vſ. 24. & 25.

rendent témoignage de lui. Et que portoit ce témoignage? Rien autre chose, sinon que *Jesus étoit le Messie*, comme le texte le dit formellement. Or dans cet autre passage, *Jean* V. 36. Jesus dit encore, que ses œuvres rendent témoignage de lui. Et comment cela? En montrant; *Que c'est le Pere qui l'a envoyé.* D'où nous pouvons conclurre sûrement, qu'*être envoyé par le Pere,* & *être le Messie* signifioient la même chose dans la bouche de Jesus-Christ. Et en effet nous voyons dans le Chapitre IV. de *St. Jean* vs. 53. dans le XI. vs. 45. & ailleurs, que plusieurs voyant les miracles que Jesus faisoit, l'écouterent, reçurent son témoignage; & crurent en lui.

II. Un second moyen par lequel la venuë du Messie étoit désignée dans l'Evangile, c'étoit par des phrases & des circonlocutions qui l'exprimoient, ou la faisoient connoître, sans marquer directement la Personne. Celles qui y sont employées le plus ordinairement sont celles-ci, *le Royaume de Dieu,* & *le Royaume des Cieux*; & cela, parce que dans le Vieux Testament la venuë du Messie étoit désignée le plus souvent par ces mêmes expressions; & que d'ailleurs ce que les Juifs attendoient & souhaitoient avec le plus d'ardeur, c'étoit un Royaume. Ainsi dans cet endroit si connu d'Esaïe, *Ch.*

IX. il est dit: L'EMPIRE *sera posé sur son épaule: il sera appellé le* PRINCE *de Paix: Il n'y aura point de fin à l'avancement de l'EM-PIRE, & à la prosperité, sur le* THRONE *de David & sur son* REGNE, *pour l'affermir & l'établir en jugement & en justice, dès maintenant & à toûjours.* Michée nous donne la même idée du Messie, *Ch.* V. 2. *Et toi Bethlehem de devers Ephrath, quoi que tu sois petite entre les Milliers de Juda, cependant de toi me sortira quelqu'un pour être* DOMINATEUR *en Israël.* Et Daniel non seulement l'appelle *le Messie* LE PRINCE, *Ch.* IX. 25. mais en rapportant comment il avoit vû en vision le *Fils de l'homme, Ch.* VII. 13, 14. il dit, *Qu'il lui fut donné Seigneurie, honneur, &* REGNE; *que tous les Peuples, Nations, & Langues le serviroient. Sa* DOMINATION, ajoûte-t-il, *est une Domination éternelle, qui ne passera point; & son* REGNE *ne sera point dissipé.* D'où il paroît, que ces expressions, *le Royaume de Dieu,* & *le Royaume des Cieux,* étoient communes parmi les Juifs, pour signifier le temps auquel le Messie paroîtroit dans le Monde. Et c'est ce qu'on peut voir encore par plusieurs endroits de l'Evangile: *Luc* XIV. 15. *Un des Juifs qui étoient à table, ayant entendu ces paroles, lui dit, Heureux celui qui mangera du pain dans le Royaume de Dieu.* Le

même

même Evangeliste rapporte, *Ch. XVII. 20.* que les Pharifiens demandoient un jour à Jefus-Chrift, *Quand viendroit le Royaume de Dieu.* Et Jean Baptiste parut dans le Monde, en difant, *Repentez-vous, car le Royaume des Cieux eft proche.* Si cette expreffion n'eût pas été entenduë, il ne l'auroit pas employée dans fes Prédications.

Il y a encore d'autres expreffions dans l'Evangile qui défignent le Meffie & fa Venuë dans le Monde, mais nous les examinerons à mefure qu'elles fe préfenteront à nous dans la fuite de cet Ouvrage.

III. Le troifiéme & dernier moyen de faire connoître le Meffie, c'étoit, de dire en termes clairs & formels, quelle étoit fa Doctrine ; & de déclarer nettement que c'étoit Jefus à qui cette qualité appartenoit veritablement : & c'eft de ce moyen que les Apôtres fe fervirent lors qu'ils allérent prêcher l'Evangile, après la Refurrection de nôtre divin Sauveur. C'étoit-à effectivement la voie la plus claire & la plus expreffe, ce qui porteroit d'abord à croire, que le Meffie y auroit eû recours lui-même, dès qu'il vint au Monde ; & fur tout fi l'on fuppofe qu'il importoit fi fort aux hommes de le reconnoître pour le Meffie, que la remiffion de leurs péchez dût dépendre entiérement de là. Cependant nous

 voyons

voyons qu'au lieu de se servir de ce moyen, il n'employa pour l'ordinaire, du moins dans la *Judée*, & au commencement de son Ministère, que les deux prémiers, qui étoient beaucoup plus obscurs, car ce divin Docteur ne donnoit à entendre qu'il fût le Messie, qu'autant qu'on pouvoit le conjecturer par les Miracles qu'il faisoit, & par la conformité que sa vie & ses actions avoient avec ce qui étoit dit de lui dans les Propheties du Vieux Testament, ou bien par quelques discours généraux qu'il faisoit sur le Regne du Messie, comme étant déja arrivé; & cela, sous le nom de *Royaume de Dieu* & de *Royaume des Cieux*. Que dis-je? bien loin d'avouër publiquement lui-même, qu'il fût le Messie, il défendit que d'autres le publiassent. Un jour se trouvant avec ses Disciples, *Marc* VIII. 27. 30. *il leur fit cette question, Qui disent les hommes que je suis? Et ses Disciples lui répondirent: Les uns disent que vous êtes Jean Baptiste, les autres Elie, les autres quelqu'un des Prophetes.* (Ce qui fait voir que ceux-là mêmes qui le croyoient une personne extraordinaire, ne savoient point encore qu'il fût le Messie, ou qu'il voulût passer pour tel: c'étoit pourtant alors la troisiême année de son Ministère; & de là à sa mort il n'y eût pas tout-à-fait un an.) Jesus continuant le même discours, *dit à ses*

Disci-

Difciples, Mais vous, qui dites-vous que je fuis? Pierre lui répondit, Vous êtes le Meſſie. *Et il leur défendit très-expreſſement de le dire à perſonne. Les Démons,* dit St. Luc *Ch.* IV. 41. *fortoient du corps de pluſieurs, criant, Vous êtes le* Meſſie, *le Fils de Dieu, mais il les cenſuroit, & ne leur permettoit pas de dire qu'ils fuſſent qu'il étoit le Meſſie.* Marc III. 11, 12. *Et quand les Eſprits impurs le voyoient, ils ſe proſternoient devant lui, en criant, Vous êtes le Fils de Dieu, mais il leur défendoit avec de grandes ménaces de le découvrir.* Au reſte, nous pouvons remarquer encore ici, en comparant ces deux derniers paſſages, que ces expreſſions, *vous êtes le Fils de Dieu,* & *vous êtes le Meſſie,* s'employoient indifferemment pour ſignifier une ſeule & même choſe.

Mais voyons pourquoi Jeſus-Chriſt évitoit de dire ouvertement qu'il fût le Meſſie. La choſe merite bien ſans doute d'être examinée; & c'eſt ce que nous allons faire, avec toute l'exactitude dont nous ſommes capables.

CHA-

CHAPITRE VIII.

*Pourquoi Jesus-Christ ne disoit pas ouverte-
ment*, qu'il étoit le Messie.

LE soin que Jesus-Christ prenoit de se ca-
cher, paroît étrange dans une personne comme lui, qui étoit venu dans le Monde pour y apporter la Lumiére ; & qui devoit souffrir la mort pour rendre témoignage à la Verité. On diroit d'abord qu'il eut cette retenuë dans le dessein de se cacher effectivement, afin de n'être pas connu dans le Monde pour le Messie ; & que les hommes ne crussent pas en lui entant que revêtu de cette qualité. Mais si nous examinons la chose de plus près, nous en jugerons tout autrement ; & nous conclurrons au contraire, qu'en cela ce divin Sauveur agît selon les regles d'une sagesse toute divine ; & qu'il devoit nécessairement en user ainsi, pour faire mieux connoître au Monde, qu'il étoit le Messie. Nous entrerons, dis-je, dans cette pensée, si nous considerons que Jesus devoit accomplir le temps destiné à son Minis-tère ; & qu'après avoir mené une vie illustre en miracles & en bonnes œuvres, une vie dont l'humilité, la douceur, la patience, & les
souf-

fouffrances fuffent le principal ornement, &
qui répondît exactement à l'idée que les Prophêtes en avoient donné dans leurs Ecrits,
il devoit être conduit à la boucherie comme
une innocente brebis ; & avec une moderation & une foûmiffion parfaites fouffrir la
mort fur une Croix, quoi qu'on n'eût trouvé ni crime ni défaut en lui. Or tout cela
n'auroit pû fe faire, fi dès que Jefus parut en
public, & commença à prêcher, il eût déclaré ouvertement qu'il étoit le Meffie, le
Roi de ce Royaume qu'il difoit être proche.
Car le Sanhedrin auroit pris occafion de là,
de fe rendre maître de fa perfonne, pour lui
ôter enfuite la vie. Il auroit du moins tra-
verfé fon Miniftère par ce moyen ; & l'auroit empêché d'executer l'ouvrage qu'il
avoit en main. Que ce fût pour ces confidéra-
tions que Jefus fut fi refervé à fe faire connoître ; & qu'il évita autant qu'il pût, d'irriter les Principaux d'entre les Juifs & de tomber entre leurs mains, cela paroît évidemment par cet endroit de St. Jean *Ch.* VII.
1. *Depuis cela Jefus demeuroit en Galilée,*
éloigné des Principaux Sacrificateurs & des
Docteurs de la Loi, *ne voulant pas demeurer
en Judée, parce que les Juifs cherchoient à le
faire mourir.* Et par-là il juftifioit ce qu'il
leur avoit prédit à Jerufalem durant la premiére Fête de Pâque qu'il célébra après avoir

com-

commencé à prêcher l'Evangile : car alors ayant gueri un homme auprès du Lavoir de Betheída ; & les Juifs cherchant à le faire mourir, *Jean* V. 16. il leur dit, vſ. 38. *La Parole de mon Pére ne demeure point parmi vous, parce que vous ne croyez point à celui qu'il a envoyé.* Ces paroles s'adreſſoient particuliérement aux Juifs de Jeruſalem, gens entreprenans, & animez à ſa perte ; & par-là Jeſus vouloit dire, qu'à cauſe de leur incredulité, & de la réſiſtance qu'ils lui faiſoient, *la Parole de Dieu*, c'eſt-à-dire, la Prédication du *Royaume du Meſſie*, qui eſt ſouvent appellée *la Parole de Dieu* dans le N. Teſtament, *ne demeuroit point parmi eux*, parce qu'il ne pouvoit être avec eux pour leur parler du Regne du Meſſie, & leur en expliquer la nature. Or que par *la Parole de Dieu* il faille entendre ici cette Parole qui devoit leur faire connoître Jeſus pour le Meſſie, cela paroît par toute la ſuite du Diſcours ; & d'ailleurs l'évenement a fait voir que c'étoit là le veritable ſens de ce Paſſage. Car depuis que Jeſus eut parlé ainſi aux Juifs à Jeruſalem, nous n'entendons plus dire, qu'il ait paru dans cette Ville juſques à la Pentecôte prochaine, un an après. Ce n'eſt pas pourtant qu'on puiſſe douter qu'il n'y ait été auſſi à la Pâque ſuivante & aux autres Fêtes qui s'écoulérent entre deux, mais ce fut en ſecret.

secret. Et même, lors qu'il parut dans Jerusalem à la Fête de·la Pentecôte, environ
quinze mois après celle de Pâque où il
guerit cet homme qui ne pouvoit entrer
dans le Lavoir de Bethesda, il ne dit que
très-peu de chose; & ne parla point du tout
du Royaume des Cieux entant qu'arrivé ou
prêt d'arriver; & il n'y fit aucun miracle. Il
revint ensuite à Jerusalem durant la Fête des
Tabernacles; & il est clair que depuis ce
temps-là jusqu'à cette Fête, ce qui com-
prenoit l'espace d'un an & demi, Jesus n'a-
voit point enseigné les Juifs dans Jerusalem.

Car premiérement, il est dit, *Jean* VII.
2. 15. que Jesus s'étant mis à enseigner au
Temple durant la Fête des Tabernacles, les
Juifs en étoient étonnez & disoient: *Com-*
ment celui-ci sait-il les Ecritures, vû qu'il ne
les a point apprises? Ce qui fait voir qu'ils
n'étoient point accoûtumez· à l'entendre
prêcher, car autrement, ils n'auroient pas
été alors dans cette surprise.

En second lieu, Jesus leur parle ainsi, au
vs. 19. *Moïse ne vous a-t-il pas donné la Loi,*
& néanmoins nul de vous n'accomplit la Loi?
Pourquoi cherchez-vous à me faire mourir?
J'ai fait une œuvre, ou un miracle ici au mi-
lieu de vous, *& vous en êtes tous surpris.*
Moïse vous ayant donné la Loi de la Circonci-
sion, vous ne laissez pas de circoncire au jour

du

du Sabbat. Si un homme reçoit la circoncifion le jour du Sabbat, afin que la Loi de Moyfe ne foit point violée, pourquoi êtes-vous irritez contre moi, parce que j'ai gueri un homme tout entier au jour du Sabbat? Par ces paroles Jefus-Chrift défend directement ce qu'il avoit fait à Jerufalem un an & demi auparavant, la derniere fois qu'il leur y annonça l'Evangile. Le Miracle dont il parle en cet endroit, eft rapporté au Chap. V. de St. Jean vf. 1-16. Jefus-Chrift n'avoit point prêché aux Juifs dans Jerufalem depuis ce temps-là jufques à préfent, mais il avoit juftifié ce qu'il leur dit à cette heure, vf. 38. *La parole de mon Pére ne demeure point parmi vous, parce que vous ne croyez point à Celui qu'il a envoyé.* Par où il veut marquer, à ce que je croi, qu'il ne demeuroit & ne paroiffoit guères parmi eux à Jerufalem pour leur prêcher l'Evangile du Royaume, parce que leur extrême incredulité, & la maniére violente & malicieufe avec laquelle ils s'oppofoient à fon Miniftère, l'en empêchoient.

Il eft évident, que la chofe étoit effectivement ainfi. Car le prémier miracle que Jefus fit à Jerufalem, (à la feconde Pâque après fon Baptême) le mit en danger de perdre la vie; & ce fut-là ce qui l'empêcha d'y prêcher de nouveau jufqu'à la Fête des Tabernacles, qui préceda immémédiatement la derniére Pâque qu'il célebra à Jerufalem; de forte que jufques aux fix derniers mois qui précederent fa paffion, il ne fit qu'un feul miracle à Jcrufalem; & n'y prêcha qu'une feule fois en public. Il fit là ces effais pour engager les Habitans de cette Ville à recevoir fa doctrine: mais il trouva en eux un fi grand fonds d'incredulité, que s'il eût demeuré plus long temps dans Jerufalem, & qu'il eût perfifté à leur annoncer les bonnes Nouvelles du Royaume des Cieux, & à fe faire connoitre à eux par des miracles, il n'auroit pû avoir le temps & la liberté de faire les œuvres que fon Pére lui avoit donné pouvoir d'accomplir, comme il le dit lui-même au *Ch.* V. de St. Jean vf. 36. Ils l'attaquoient par tous les moyens dont ils pouvoient s'avifer, mais il éludoit promptement toutes leurs attaques avec une vivacité furprenante, & avec une prudence & une fageffe incomparables. Pendant cette Fête des Tabernacles, *les Scribes & les Pharifiens lui ayant amené une Femme furprife en adultére, lui dirent, Maître, Moyfe nous a ordonné dans la Loi, de lapider de telles perfonnes, quel eft fur cela votre fentiment? Ce qu'ils difoient en le tentant pour avoir dequoi l'accufer,* Jean VIII. 3-6. Il eft vifible qu'ils efperoient que la caufe de cette Femme qu'on venoit de prendre fur le fait,

étant

étant portée devant lui en prefence du Peuple, l’engageroit à prononcer fur cette affaire, s’il vouloit paffer dans leur efprit pour le *Meffie*, leur Roi; & que l’exercice d’une telle autorité leur fourniroit une occafion de le citer devant le Gouverneur Romain. C’eft-là fans doute ce qu’ils fe propofoient de faire, lors qu’ils lui amenerent cette Femme: mais ils ne purent jamais avoir aucune prife fur lui de ce côté-là. Il renverfoit d’abord leurs deffeins d’une maniére tout-à-fait admirable; & fans fe rabaiffer lui-même, il leur fermoit la bouche, & les renvoyoit tout couverts de confufion.

Jefus ayant gueri au jour du Sabbat un homme qui avoit la main feche, *auffi-tôt les Pharifiens tinrent confeil contre lui avec les Herodiens pour le perdre: Mais Jefus fe retira avec fes Difciples vers la Mer; & une grande foule de peuple l’y fuivit de Galilée, & de Judée, de Jerufalem, de l’Idumée, de delà le Jourdain; & ceux des environs de Tyr & de Sidon ayant ouï parler des chofes qu’il avoit faites, vinrent en grand nombre le trouver, & il les guerit tous, & LEUR COMMANDA DE NE LE POINT DECOUVRIR, afin que cette parole du Prophête Efaïe fût accomplie:* ,, *Voici mon Serviteur que j’ai* ,, *élu, mon bien aimé dans lequel mon ame a* ,, *pris fon bon plaifir. Je ferai repofer fur lui*
,, *mon*

„ *mon Efprit ; & il annoncera la juftice aux*
„ *Nations. Il ne difputera point, ni ne criera*
„ *point, & perfonne n'entendra fa voix dans*
„ *les ruës,* Matth. XII. & Marc III.

Et nous voyons dans le Chapitre XI. de
Saint Jean, vf. 47. que dès qu'on eut appris à Jerufalem que Jefus avoit reffufcité Lazare, *les principaux Sacrificateurs & les Pha-*
rifiens tinrent confeil enfemble, & dirent, Que
faifons-nous? Cet homme fait plufieurs mira-
cles. vf. 53. *C'eft pourquoi ils ne fongeoient*
plus depuis ce jour-là qu'à trouver le moyen de le
faire mourir. vf. 54. *Et c'eft ce qui fit que*
Jefus ne fe montroit plus en public parmi les
Juifs. Ses miracles avoient fi bien fait connoître qu'il étoit le Meffie, que les Juifs ne
pouvoient plus le fouffrir ; ni lui, s'expofer davantage à demeurer parmi eux : *c'eft*
pour cela qu'il fe retira dans une contrée qui eft
auprès du Defert, en une Ville nommée É-
phraïm, où il fe tint avec fes Difciples. Ce
n'étoit que peu de temps avant fa derniére
Pâque, comme il paroît par ce qui fuit, vf.
55. *Et la Pâque des Juifs étoit proche.* En
effet, Jefus étant auffi connu qu'il l'étoit,
par les miracles qu'il avoit déja faits, il n'auroit pû être en fûreté pendant le peu de
temps qui lui reftoit à paffer fur la Terre
jufques à ce que fon heure fut arrivée, fi
par un effet de fa prudence ordinaire il ne

fe

ſe fût retiré lors qu'il falloit ; & *qu'il n'eût cessé de se montrer en public parmi les Juifs*, jufques à ce que ſon temps fut entiérement venu, c'eſt-à-dire, jufques à la Pâque ſuivante ; car alors il recommença de paroître publiquement parmi eux.

Les Romains ne l'auroient pas non plus toleré, s'il fût allé prêcher ouvertement, qu'il étoit le Roi que les Juifs attendoient. Les Juifs lui en auroient d'abord fait un crime auprès des Magiſtrats, s'ils le lui euſſent entendu dire à lui-même ; & que ſes Sectateurs euſſent prêché publiquement la même doctrine, qui fut enſuite prêchée ouvertement par les Apôtres, après qu'il fut mort, & qu'il eut ceſſé de paroître ſur la Terre. Et en effet les Apôtres furent déferez pour cela même aux Magiſtrats Romains, *Les Juifs, qui n'avoient point crû*, dit S. *Luc*, Act. XVII. ʒ-9. *étant pouſſez d'un faux zele, prirent avec eux quelques méchans hommes de la lie du Peuple ; & ayant excité un tumulte, ils troublérent toute la Ville. Ils vinrent pour forcer la maiſon de Jaſon, voulant enlever* Paul *& Silas, & les mener devant tout le Peuple, mais ne les ayant point trouvez, ils traînerent Jaſon & quelques-uns des frères devant les Magiſtrats de la Ville, en criant : Ce ſont là ces gens qui troublent toute la Terre, & qui ſont venus nous troubler ici ; & Jaſon les*

a reçus chez lui. Ils font tous rebelles aux Or-
donnances de Céfar, en foûtenant qu'il y a un
autre Roi, qu'ils nomment Jefus. Ils émûrent
donc la Populace, & même les Magiftrats de
la Ville, qui les écoutoient. Mais Jafon &
les autres ayant donné caution, les Magiftrats
les laifférent aller.

Quoi que les Magiftrats de l'Empire Romain ne fe miffent pas fort en peine de ce
qu'on pouvoit dire d'un Roi, qui avoit été
mis à mort, & qui ne paroiffoit plus nulle
part ; cependant fi Nôtre Seigneur fe fût at-
tribué ouvertement cette qualité durant fa
vie ; & qu'il eût eu à fa fuite une troupe de
Difciples & de Sectateurs qui euffent publié
par tout qu'il étoit leur Roi : le Gouverneur de la Judée, qui étoit Romain, n'auroit pû s'empêcher d'en prendre connoiffance, & de le reprimer à force ouverte. C'eft
ce que les Juifs ne manquérent pas de prévoir ;
& pour cet effet lors qu'ils deferérent Jefus-
Chrift à Pilate, ils firent de cet article le
principal chef de leur accufation, rien n'é-
tant plus propre à engager ce Gouverneur
à le faire mourir : car fe déclarer Roi, c'é-
toit dans l'efprit des Romains un attentat &
une offenfe irremiffible, de forte qu'un Gouverneur Romain ne pouvoit éviter de punir
demort quiconque ofoit en venir là, fans s'expofer lui-même à perdre la vie. Voici donc
comment

comment les Juifs accusérent Jesus devant Pilate, *Luc* XXIII. 2. *Nous avons trouvé cet homme*, lui dirent-ils, *qui pervertit notre Nation, & qui empêche de payer le tribut à César, en disant qu'il est le Messie, le Roi,* ou plûtôt, *le Messie qui est Roi.* Mais alors ce divin Sauveur considerant, que son heure étoit venuë; & qu'étant en prison, & abandonné de tout le monde, il n'y avoit plus sujet de craindre qu'il se fît aucune sedition ni aucun tumulte à son occasion, il confessa lui-même à Pilate qu'il étoit Roi, après lui avoir dit auparavant, *Jean* XVIII. 36. *Que son Regne n'étoit point de ce Monde :* Et Pilate voyant qu'il s'agissoit d'un Royaume dans un autre Monde, connut par-là que cette affaire n'interessoit en aucune maniére l'Empereur son Maître. Mais s'il y eût eu la moindre apparence de verité à ce que les Juifs disoient, *que Jesus pervertissoit la Nation, en défendant de-payer le tribut à Cesar, ou en attirant le Peuple à lui, en qualité de leur veritable Roi,* Pilate n'auroit pas été si prompt à le déclarer innocent. Car voici ce qu'il dit à ses accusateurs, *Luc* XXIII. 13, 14. *Pilate ayant fait venir les Principaux Sacrificateurs, les Gouverneurs & le Peuple, leur dit: Vous m'avez présenté cet homme comme portant le Peuple à la revolte; & néanmoins l'ayant interrogé en votre présence, je ne l'ai trouvé coupable*

pable d'aucun des crimes dont vous l'accufez, ni Herode non plus, car je vous ai renvoyez à lui, & cependant à fon jugement même, il n'a rien fait qui fût digne de mort. D'où il paroît que Pilate ne voyant en Jefus qu'un homme d'une baffe condition, dont la vie étoit irreprochable, qui ne fongeoit nullement à exciter des feditions, à troubler le repos public, & qui n'avoit ni amis ni Sectateurs, l'auroit voulu renvoyer comme un Roi fans conféquence, & comme une perfonne innocente, fauffement & malicieufement accufée par les Juifs.

Mais pour reconnoître encore mieux, combien il étoit néceffaire que Notre Seigneur eût la précaution de ne rien dire ou faire, qui pût choquer juftement le Gouverneur Romain, ou le rendre fufpect dans fon efprit ; & que s'il eût donné par ce moyen la moindre prife fur lui, les Juifs en auroient profité avec joye pour le perdre, il ne faut que voir cet endroit de St. Luc, *Chap. XX. v. 20. Comme les principaux Sacrificateurs & les Scribes l'obfervoient, ils lui envoyérent des perfonnes qui contrefaifoient les gens de bien, pour lui tendre des piéges & le furprendre dans fes paroles, afin de le livrer au Magiftrat & au pouvoir du Gouverneur.* La chofe fur quoi ils efperoient de le furprendre dans cette rencontre, c'étoit fur la Queftion, s'il falloit

payer le tribut à Céfar; & ce fut précifément fur cela qu'ils l'accuférent enfuite
fauffement devant Pilate. Que n'auroient-
ils point fait, fi Jefus eût dit ouvertement
devant eux, qu'il étoit le Meffie, leur Roi,
& leur Liberateur?

Et ici nous pouvons remarquer la mer-
veilleufe providence de Dieu, qui dans le
temps que fon Fils devoit venir au Monde,
avoit difpofé de telle forte de l'Etat des
Juifs, que quoi que leur Police & le culte
de leur Religion fubfiftaffent encore alors,
ils avoient été privez du droit de vie & de
mort, ce qui donna moyen à Notre Seigneur de publier le Regne du Meffie, c'eft-
à-dire, fa propre Royauté, fous le nom de
Royaume de Dieu & de *Royaume des Cieux*. Car
les Juifs, qui comprenoient affez bien ce que
cela vouloit dire, n'auroient pas manqué d'en
prendre occafion de le mettre à mort, s'ils
euffent eû le Pouvoir & l'Autorité en main.
Mais comme il n'y avoit pas là dequoi intenter une accufation contre Jefus - Chrift
auprès des Romains, ce divin Seigneur ne fit
pas difficulté de parler du *Royaume des Cieux*,
tantôt par rapport à fa venuë dans le Monde
& à la croyance que certaines perfonnes particuliéres avoient en lui, tantôt par rapport
à la Puiffance qui lui feroit donnée par le
Père après fa Refurrection ; & tantôt par
rap-

rapport au dernier Jour auquel il devoit venir juger le Monde, dans la glorieuse & parfaite consommation de son Regne. C'étoient là des moyens que Jesus employoit pour se faire connoître, desquels les Juifs ne pouvoient point se prévaloir pour l'accuser devant Pilate, & engager ce Gouverneur à se saisir de sa personne, & à le mettre à mort.

Une autre raison qui servit autant que celle que nous venons de voir, à empêcher que Jesus ne declarât en termes exprès qu'il étoit le Messie, ce fut, que comme les Juifs attendoient alors la venuë de leur Messie & esperoient d'être délivrez par son moyen de la Domination Etrangére à laquelle ils étoient soûmis, si Jesus eût dit que c'étoit lui qui étoit leur Messie & leur Roi, dès ce moment-là le Corps du Peuple se seroit soulevé infailliblement, & l'auroit mis à leur tête. Et en effet, quoi qu'il fût comme caché sous l'obscurité d'une basse condition, & d'une vie tout-à-fait simple & commune, quoi qu'il passât pour Galiléen, (car on ignoroit alors qu'il fût né en Bethlehem) & qu'il ne s'attribuât aucun pouvoir ni aucune autorité, pas même le nom de *Messie*, cependant les miracles qu'il fit, disposérent si fort le Peuple à croire qu'il étoit le Messie, qu'à peine pût-il éviter d'être enlevé tumultuairement, &

d'être

d'être proclamé Roi. C'eſt ce que St. Jean nous apprend au Chap. VI. de ſon Evangile, vſ. 14. & 15. *Ces perſonnes*, dit-il, *ayant vû le miracle qu'avoit fait Jeſus, diſoient, C'eſt là ſans doute le Prophete qui doit venir dans le Monde. Mais Jeſus ſachant qu'ils devoient venir le prendre pour le faire Roi, s'enfuit & ſe retira encore ſeul ſur une Montagne.* Cela arriva lors que Jeſus eut raſſaſié 5000. hommes avec cinq pains d'orge & deux poiſſons. D'où l'on peut conclurre, qu'en faiſant les miracles qu'il devoit faire néceſſairement pour prouver ſa miſſion ; & qui attiroient ſouvent après lui de grandes troupes de peuple, *Matth.* IV. 25. il lui étoit fort difficile d'empêcher la Populace, naturellement fougueuſe & emportée, de tomber dans ces ſortes de déſordres, qui pouvoient lui cauſer de l'embarras à lui-même, interrompre & abreger le cours de ſon Miniſtère, le faire paſſer pour un perturbateur du repos public, & lui faire perdre la vie ſous cette odieuſe qualité : ce qui étoit entierement contraire au deſſein pour lequel Jeſus étoit venu dans le Monde : qui étoit, d'être offert comme un agneau ſans tache, & ſans défaut, en ſorte que ſon innocence parût à tout le monde, à celui-là même qui devoit le condamner à être crucifié. Mais il lui auroit été abſolument impoſſible d'éviter ces inconveniens, s'il ſe fût

donné

donné ouvertement le titre de *Meſſie*, par tout où il auroit prêché. Il n'en auroit pas fallu davantage pour porter à la rebellion le Peuple Juif, qui attiré par les miracles qu'il lui voyoit faire, & par l'eſperance de trouver un Liberateur dans une perſonne ſi extraordinaire, alloit déja en foule après lui. Il eſt parlé à tout moment dans l'Evangile des grandes troupes qui le ſuivoient; & St. Luc fait mention (*Ch.* XII. 1.)* d'une multitude innombrable qui étoit aſſemblée autour de lui. Cette foule de Peuple, ainſi diſpoſée, ne lui auroit pas plûtôt entendu dire qu'il étoit le Meſſie, qu'elle ſe feroit ſoulevée, & l'auroit choiſi par force pour être leur Roi.

Il eſt donc aiſé de voir par les deux raiſons que nous venons de propoſer, Pourquoi Jeſus ne ſe fait pas une affaire de perſuader aux hommes, que c'eſt lui qui eſt le Meſſie; & Pourquoi dans ſes prédications publiques il ne déclare pas poſitivement que cette qualité lui appartient : quoi qu'il fût venu dans le Monde pour prêcher l'Evangile aux hommes & pour les engager à croire qu'il étoit le Meſſie; & quoi qu'il parle très-ſouvent de ſon Royaume, ſous le nom de *Royaume de Dieu*, & de *Royaume des Cieux*. Il inculque au Peuple, dans toutes

F 3

les

* Ἐπισυναχθεισῶν τῶν μυριάδων τȣ ὄχλȣ.

les occafions qui s'en préfentent, *que le Royaume de Dieu eft arrivé.* Il montre par quels moyens on peut être admis dans ce Royaume, favoir par la Repentance & par le Baptême : il enfeigne les Loix qu'on y doit obferver, qui fe reduifent à une bonne vie, conforme aux Règles les plus étroites de la Vertu & de la Morale. Mais il ne dit point qui eft le Roi de ce Royaume, il en laiffe la demonftration à fes miracles par rapport à ceux qui voudroient pour lors examiner fes actions, dans le deffein de faire un bon ufage de cet examen : ou bien il remet la preuve de ce même Article au témoignage des Apôtres à l'égard de ceux qui voudroient les écouter dans la fuite, lors qu'après fa Refurrection ils prêcheroient ouvertement cette Verité ; & qu'ils exhorteroient les hommes à la croire : alors, dis-je, qu'il n'y auroit plus à craindre qu'elle caufât aucun trouble dans les Societez Civiles, & dans les Gouvernemens du Monde. Quant à Jefus-Chrift, il ne pouvoit pas fe donner à connoître lui-même pour le Meffie, fans un danger manifefte d'exciter des troubles & des feditions. Et fes miracles le faifoient fi fort connoître fous cette qualité, qu'il fut fouvent obligé de fe cacher, & de fuïr le concours du Peuple. St. Marc nous parle (*Chap. I.*) d'un Lepreux que Jefus guerit, &

auquel

auquel il défendit d'en rien dire, mais (vf. 45.) *cet homme le publia par tout, de forte que Jefus ne pouvant plus paroître dans la Ville, fe tenoit dans des lieux deferts ; & on venoit à lui de tous côtez.* Il fut obligé plus d'une fois de faire la même chofe.

CHAPITRE IX.

Ce que Jefus-Chrift propofoit à croire aux hommes, en leur annonçant l'Evangile : Par où l'on voit encore qu'il avoit foin de ne pas dire ouvertement qu'il fût le Meffie.

APRE's avoir vû les raifons qui engagerent Jefus-Chrift à ne pas declarer ouvertement qu'il fût le Meffie, confiderons la maniére dont il annonçoit lui-même l'Evangile : voyons à quoi fe reduit ce qu'il enfeignoit aux hommes, & ce qu'il vouloit qu'ils cruffent pour pouvoir être reçus au nombre de fes Difciples.

La prémiére fois que Jefus fe fit connoître en commençant d'exercer fon Miniftère, ce fut, ce femble, bien tôt après fon Baptême, lors qu'il étoit à *Canà* en Gàlilée, où il changea l'eau en vin, car voici comme St. Jean parle de cette action, *Chap.*

II.11. *Ce fut là*, dit-il, *le prémier des miracles de Jésus; & par là il fit connoître sa gloire; & ses Disciples crurent en lui*. Là ses Disciples crurent en lui, mais nous ne voyons nulle part dans l'Evangile, qu'il ait commencé de se faire connoître à eux autrement que par ce miracle, par lequel *il manifesta sa gloire*, c'est-à-dire, donna à entendre qu'il étoit le Messie, le Roi. Ainsi Nathanaël, sans avoir rien ouï dire à ce divin Seigneur, sinon qu'il l'avoit connu d'une maniére extraordinaire, le reconnut aussi-tôt pour le Messie; & lui dit, *Maître, vous êtes le Fils de Dieu, vous êtes le Roi d'Israël*.

De-là Jésus alla à *Capernaüm*; & après y avoir demeuré peu de jours, il s'en alla à Jérusalem pour y célébrer la Pâque; & ce fut alors qu'il chassa les vendeurs du Temple, *Jean* II. 12-15. en disant, *Ne faites pas de la Maison de mon Pére une Maison de trafic*, vs. 16. où nous voyons qu'il se sert d'une phrase qui emporte dans sa signification, qu'il étoit le *Fils de Dieu*, quoi qu'on n'y fît pas reflexion dans ce temps-là. Sur cela les Juifs lui dirent, vs. 18, 19. *Par quel miracle nous montrez-vous que vous ayiez droit de faire de telles choses? Et Jésus leur répondit, Détruisez ce temple, & je le rebâtirai en trois jours.* Voilà un exemple de la maniére dont Jésus en usoit pour se faire connoître, d'où il paroît qu'il

pre-

prenoit foin de ne pas fe montrer à vifage découvert, car il eft évident par ce que les Juifs lui repliquerent, qu'ils ne comprirent point ce qu'il vouloit dire, ni fes Difciples non plus, comme il paroît par ce que S. Jean ajoûte enfuite, vf. 22. *Après donc qu'il fut reffufcité, fes Difciples fe reffouvinrent qu'il leur avoit dit cela ; & ils crurent à l'Ecriture, & à la parole que Jefus avoit dite.*

Nous pouvons donc confiderer cette prémiére démarche de J. C. comme le modèle de fes Prédications, & de la maniére dont il fe faifoit connoître aux Juifs; car en général il a fuivi dans la fuite la même methode : c'eft-à-dire que nous pouvons conclurre de là, que ce divin Seigneur fe manifeftoit d'une telle forte, que tout le monde ne pouvoit pas le reconnoître pour lors aux caractères qu'il s'attribuoit, quoi que ces caractères fuffent accompagnez d'une telle évidence à l'égard de ceux qui avoient, en ce temps-là, l'efprit bien difpofé, ou qui voudroient les examiner avec foin lors qu'il auroit achevé le cours de fon Miniftère, qu'ils fuffifoient par eux-mêmes pour leur perfuader, qu'il étoit le Meffie.

Du refte, l'Ecriture nous apprend la raifon pourquoi Jefus en ufa ainfi, cette prémiére fois qu'il parut en public après fon inftallation dans fon Miniftère, afin que nous
F 5

l'apl'appliquions à tout ce que nous lui verrons faire de femblable dans tout le cours de fa charge. Car St. Jean ayant dit dans le verfet fuivant (23.) que plufieurs crurent en lui à caufe des Miracles qu'il faifoit, (c'étoit là tout ce qu'il leur avoit propofé pour les y déterminer) il ajoûte, vf. 24. *Mais Jefus ne fe confioit point à eux, parce qu'il les connoiffoit tous*: c'eft-à-dire qu'il ne declaroit pas, qu'il fût le Meffie & leur Roi, d'une maniére fi ouverte, que par cet aveu il fe livrât au pouvoir des Juifs & s'exposât entiérement à leur malice: fachant bien que, s'il fe fût fait connoître plus ouvertement, ils n'auroient pas manqué d'en prendre occafion de l'accufer, car comme il eft dit dans le verfet fuivant (25.) Jefus connoiffoit affez ce qui étoit en eux. Au refte, nous pouvons remarquer ici, que *croire en fon nom*, fignifie croire *qu'il eft le Meffie*. C'eft ce que nous apprenons par le verfet 23. où il eft dit, que *dans le tems que Jefus étoit à Jerufalem pendant la fête de Pâque, plufieurs perfonnes crurent en fon nom, voyant les miracles qu'il faifoit.* Quelle autre croyance ces miracles auroient-ils pû produire en eux, finon que cette Perfonne extraordinaire étoit celui dont l'Ecriture difoit qu'il feroit leur Liberateur?

Lors que Jefus étoit encore à Jerufalem,
Nico-

Nicodeme, qui étoit Docteur de la Loi parmi les Juifs, l'alla trouver, *Jean* III. 1--21. & Jesus lui déclara que quiconque croiroit au Messie, auroit la Vie éternelle, vf. 15. & · 6. mais en termes généraux, fans dire que c'étoit lui qui étoit *le Messie*, quoi que tout fon Difcours tendît à cela. C'est là tout ce que l'Evangile nous apprend que ce divin Sauveur aît fait la prémiére année de fon Miniftère, fi vous y ajoûtez fon Baptême, fon Jeûne, & fa Tentation dans le Defert : évenemens qu'il faut rapporter au commencement de cette même année. Pour le refte du temps qui s'écoula après la Féte de Pâque, il le paffa avec fes Difciples dans la Judée, où il baptizoit, comme dit St. Jean *Chap.* III. 22. *Mais ayant fû*, ajoûte cet Evangelifte, *Chap.* IV. *v.* 1. 3. *que les Pharifiens avoient appris qu'il faifoit plus de Difciples, & qu'il baptizoit plus de perfonnes que Jean, il quitta la Judée, & s'en alla de nouveau en Galilée.*

En s'en retournant comme il fe fut arrêté auprès du Puits de *Sichar*, il eut un entretien avec une femme de Samarie, qui vint dans ce temps-là pour puifer de l'eau : Et après qu'il lui eut parlé ouvertement du temps qui alloit venir, auquel on ferviroit Dieu en efprit & en verité, ce que cette Femme entendit tout auffi-tôt de la venuë

du

du Meſſie qu'on attendoit alors, elle lui répondit ainſi, vſ. 25. *Je ſai que* le Meſſie *doit
venir: & lors qu'il ſera venu, il nous inſtruira de toutes choſes.* Sur quoi Notre Seigneur
lui confeſſa en termes clairs & formels, que
lui-même qui parloit avec elle, étoit *le Mes-
ſie,* v. 26. ce que nous ne voyons pas qu'il
ait déclaré ſi expreſſément à Jeruſalem, ou
dans la Judée, ni même en parlant à Nicodeme.

Il y auroit lieu d'être ſurpris, que Jeſus
s'ouvrît plus librement à une femme Samaritaine, qu'aux Juifs, ſi la raiſon de cette
conduite ne paroiſſoit clairement par tout
ce que nous avons remarqué ci-deſſus. Il
n'étoit pas néceſſaire que Jeſus gardât en
cette occaſion, les mêmes ménagemens
qu'il gardoit avec les Juifs, parce qu'il étoit
hors de la Judée, au milieu d'un Peuple
avec qui les Juifs n'avoient aucun commerce, vſ. 9. & qui n'étoit pas porté, comme
eux, à le faire mourir, ni à ſe rebeller en choi-
ſiſſant un Juif pour être leur Roi Or voici à
quoi aboutit l'entretien que Jeſus-Chriſt eut
avec cette Samaritaine, vſ. 28. 39-42. *Cette
femme laiſſa ſa cruche, s'en retourna à la Ville, & dit aux Habitans: Venez voir un homme
qui m'a dit tout ce que j'ai jamais fait : ne
ſeroit-ce point* le Meſſie? *Or pluſieurs Samaritains de cette Ville-là* CRURENT EN LUI

ſur

ur le raport de cette femme, qui les affûroit,
qu'il lui avoit dit tout ce qu'elle avoit fait.
Les Samaritains donc étant venus le trouver,
le priérent de demeurer chez eux: & il y de-
meura deux jours. Et il y en eut beaucoup plus
qui crurent en lui pour l'avoir entendu parler.
De forte qu'ils difoient à cette femme: Ce n'eft
plus fur ce que vous nous en avez dit que nous
croyons en lui: car nous l'avons ouï nous-mê-
mes, & nous favons, (c'eft·à-dire, nous fommes entiérement perfuadez) *qu'il eft vérita-*
blement le Meffie, *le Sauveur du Monde.* En
comparant le verfet 39. avec les 41. & 42. il
paroît évidemment que *croire en lui* ne fignifie autre chofe que *croire qu'il eft le Meffie.*

De Sichar Jefus alla à *Nazareth* où il a-
voit été élevé ; & ayant lû dans la Synago-
güe une Prophetie tirée du Chapitre LXI.
d'Efaïe, laquelle concernoit *le Meffie,* il leur
dit, *Luc* IV. 21. *Ce que vous entendez au-*
jourd'hui de vos oreilles eft l'accompliffement de
cette parole de l'Ecriture.

Mais étant en danger de perdre la vie à
Nazareth, il quitta ce lieu pour aller à *Ca-*
pernaüm ; & *ce fut alors,* comme nous l'apprenons de St. Matthieu, Ch. IV. 17. *que*
Jefus commença à prêcher, en difant : Repen-
tez-vous, car le Royaume des Cieux eft proche:
Ou, comme dit St. Marc, *Ch.* I. 14. 15. *qu'il*
fe mit à prêcher l'Evangile du Royaume de
Dieu,

Dieu, & à dire: Le temps est accompli, & le Royaume de Dieu est proche: Repentez-vous, & croyez à l'Evangile, c'est-à-dire, croyez ces bonnes nouvelles que je vous annonce. Au reste la raison pourquoi Jesus se retira vers *Capernaüm*, & s'arrêta sur les confins de *Zabulon* & de *Nephtali*, ce fut, comme St. Matthieu le dit expressément, *Ch.IV.13.16.* afin qu'une Prophetie d'Esaïe fût accomplie. Et par ce moyen ses actions, & les circonstances de sa vie s'accordoient avec les Propheties, & donnoient à connoître qu'il étoit le Messie. Il paroît d'ailleurs par ce que St. Marc dit dans l'endroit * que nous venons de citer, que l'Evangile que Jesus prêchoit, & qu'il vouloit faire croire aux hommes, n'étoit autre chose que l'heureuse nouvelle de l'avenement du *Messie* & de son Regne, dont le temps étoit alors accompli.

En allant à Capernaüm il passa à *Cana*, & un homme de qualité de Capernaüm l'y vint trouver, *Jean* IV. 47. *& le pria de vouloir venir chez lui pour guerir son fils qui s'en alloit mourir.* vs. 48. *Et Jesus lui dit: si vous ne voyez des prodiges, & des miracles, vous ne croyez point.* Alors cet homme étant retourné chez lui, & ayant appris que son Fils avoit commencé *de se trouver mieux à la même heure que Jesus lui avoit dit, votre Fils*

* *Ch. I. 14. & 15.*

Fils vit: il crut, lui & toute sa famille, vf. 53.

L'Evangeliste met ici cet homme de qualité au nombre des *Croyans.* Et qu'est-ce qu'il *crut?* Il crut précisément ce que Jesus dit, (vf. 48.) que les Juifs *ne vouloient point* CROIRE, à moins qu'ils ne vissent des signes & des miracles: ce qui ne peut être autre chose que ce que St. Jean remarque dans le même Chapitre que les Samaritains crurent, savoir, *que Jesus étoit le Messie.* Car nous ne voyons nulle part dans l'Evangile, qu'aucun autre Point leur ait été proposé pour être l'objet de leur foi.

Après que Jesus eut fait des miracles à Capernaüm, & qu'il eut gueri tous leurs malades, il dit, *Allons aux Villages & aux Bourgs voisins, afin que j'y prêche aussi, car c'est pour cela que je suis venu,* Marc I. 38. ou bien, comme le rapporte St. Luc *Chap.* IV. 43. il dit au Peuple, qui s'efforçoit de le retenir ne voulant point qu'il les quitât, *Il faut que j'évangelise,* ou que j'annonce les bonnes nouvelles *du Royaume de Dieu aux autres Villes, car j'ai été envoyé pour cela.* Et St. Matthieu nous apprend comment ce divin Seigneur executa cette commission, Ch. IV. 23. *Et Jesus,* dit-il, *parcouroit toute la Galilée, enseignant dans leurs Synagogues, prêchant l'Evangile du Royaume, & guérissant toutes sortes de maladies & de langueurs parmi le Peuple.*

Peuple. C'étoit juftement pour cela qu'il avoit été envoyé, je veux dire, pour prêcher, par tout, l'Evangile du Royaume du Meffie, & pour faire connoître, par fes miracles & par le bien qu'il faifoit, *Qu'il étoit le Meffie.*

De là Jefus s'en alla à *Jerufalem,* à la Fête de Pâque, qui étoit la feconde depuis le commencement de fon Miniftère. Et là parlant aux Juifs, qui cherchoient à le faire mourir parce qu'il venoit de guerir un homme auquel il avoit ordonné d'emporter fon lit un jour de Sabbat; & qu'il difoit que Dieu étoit fon Père: il leur dit, „ Qu'il „ faifoit ces chofes par la puiffance de Dieu, „ & qu'il en feroit encore de plus grandes: „ Que les morts mêmes reffufciteroient un „ jour par fon ordre, & qu'il les jugeroit en „ vertu du pouvoir que fon Père lui avoit „ donné: Qu'il avoit été envoyé de la part „ de fon Père, & que celui qui écouteroit „ fa parole, & croiroit à celui qui l'avoit en„ voyé, auroit la Vie éternelle". Quoi que ce foit là une Defcription manifefte du *Meffie,* nous pouvons pourtant remarquer qu'en cette occafion Jefus confiderant qu'il parloit à des Juifs mal-intentionnez contre lui, & qui ne cherchoient qu'un prétexte pour le faire mourir, ne leur dit pas un mot de fon Regne; & ne fait pas même entrer dans fon Difcours

le

le mot de *Meſſie*. Il ſe contente de dire qu'il eſt le *Fils de Dieu*, & qu'il eſt *envoyé de la part de Dieu*. Du reſtc, il les renvoye au témoignage que Jean Baptiſte a rendu de lui, au témoignage de ſes propres Miracles, & à celui que Dieu lui-même a prononcé en ſa faveur par une Voix du Ciel; & enfin au témoignage des Ecritures, & de Moyſe lui-même. Et de tout cela il leur laiſſe conclurre la verité qu'ils devoient croire, ſavoir, qu'il étoit *le Meſſie* envoyé de la part de Dieu. C'eſt ce qu'on peut voir plus au long dans le Chapitre V. de St. Jean, vſ. 1-47.

La prémiére fois que nous trouvons que Jeſus aît prêché après cela, ce fut ſur la Montagne, *Matth.* V. & *Luc* VI. C'eſt là le plus long Sermon que nous ayons de lui; & ſelon toutes les apparences, il a été prononcé devant le plus nombreux Auditoire, qu'ait jamais eû ce divin Docteur. Car il paroît qu'il a été fait devant une grande foule de Peuple, qui étoit venuë à lui de *Galilée*, de *Judée*, de *Jéruſalem*, de delà le *Jourdain*, de *l'Idumée* & des environs de *Tyr* & de *Sidon*, comme il eſt remarqué dans St. Marc *Ch.* III. 7, 8. & dans St. Luc *Ch.* VI. 17. Mais dans tout ce Sermon Jeſus ne dit pas un mot de ce qu'il faut croire; c'eſt pourquoi il n'y fait aucune mention du *Meſſie*, & n'avance rien qui puiſſe inſinuër au Peuple que ce

<table><tr><td>*Tom. I.*</td><td>G</td><td>tître</td></tr></table>

tître lui appartienne. La raiſon pourquoi Jeſus-Chriſt en uſe ainſi dans cette rencontre, ſe peut recueuillir de cet endroit de St. Matthieu, *Ch.* XII. 16. où ce divin Seigneur *défend* au Peuple qui le ſuivoit, *de le faire connoître;* ce qui ſuppoſe qu'ils ſavoient déja qui il étoit. Car que ce Chapitre XII. de Saint Matthieu doive préceder le Sermon que Jeſus-Chriſt fit ſur la Montagne, c'eſt ce qui paroît clairement, ſi l'on prend la peine de le comparer avec le ſecond de St. Marc depuis le verſet 13. de ce même Evangeliſte; & que l'on compare en même temps ces deux Chapitres de S. Marc avec le VI. de St. Luc. Et ici j'avertirai mon Lecteur une fois pour toutes, que * j'ai toûjours obſervé l'ordre des temps en parlant des Diſcours de Notre Seigneur, leſquels j'ai rapportez exactement dans cet Ouvrage ſans en oublier un ſeul, ſi je ne me trompe. Dans celui-ci Jeſus-Chriſt enſeigne ſeulement à ſes Auditeurs, quelles ſont les Loix de ſon Royaume; & ce qu'on doit faire pour

y

---

* M. *Locke* s'eſt ſervi, pour la compoſition de cet Ouvrage, de l'Harmonie des quatre Evangiles, dresſée par M. *Toinard,* & publiée en 1707. après la mort de l'Auteur. M. *Toinard* en avoit fait imprimer quelques exemplaires, pluſieurs années auparavant; & comme ami particulier de M. *Locke,* il lui avoit fait préſent d'un de ces Exemplaires.

y être admis; & c'est de quoi nous aurons occasion de parler plus au long dans un autre endroit, car nous ne recherchons présentement que ce que Notre Seigneur propose à croire pour être simplement l'objet de la Foi.

Pour revenir à notre sujet: après que Jesus-Christ eut fait ce Sermon au Peuple,nous apprenons de St. Luc (*Chap.* VII. 19.) que Jean Baptiste lui envoya faire cette question, *Etes-vous celui qui doit venir, ou devons-nous en attendre un autre?* c'est-à-dire en peu de mots, ,, Etes-vous *le Messie?* Et si vous ,, l'êtes, pourquoi me laissez-vous languir ,, dans une prison, moi qui suis votre Précurseur? Dois-je attendre ma délivrance ,, de quelque autre"? A quoi Jesus fit cette réponse, vs. 22, 23: *Allez dire à Jean ce que vous avez vû & ouï: Que les Aveugles voyent: que les Boiteux marchent: que les Lepreux sont gueris: que les Sourds entendent: que les Morts ressuscitent: que l'Evangile est annoncé aux Pauvres; & que bienheureux est celui qui n'aura point été scandalisé en moi.* Pour savoir ce que signifie cette expression, *être scandalisé en lui,* il ne faut que comparer *Matth.* XIII. 21. & * *Marc* IV. 17. avec *Luc* VIII. 13. car ce que ces deux premiers Evangelistes appellent

G 2

être

---

* Εὐθίως σκανδαλίζονται.

être scandalisé en lui, St. Luc l'exprime par
* *se retirer d'avec lui,* ou *l'abandonner:* c'est-
à dire, ne pas le recevoir pour *le Messie,*
(Voi. *Marc* VI. 1, 6) ou quitter son parti.
Ici Jesus renvoye Jean Baptiste, comme il
avoit fait les Juifs, au témoignage de ses
miracles, pour savoir qui il étoit; & en
general c'est par ce moyen-là qu'il donnoit
à entendre qu'il étoit *le Messie,* c'est-à-dire
le seul Prophete dont les Juifs attendoient
la venuë, car ils n'esperóient pas qu'aucun
autre que *le Messie* dût leur être envoyé de
la part de Dieu avec le pouvoir de faire des
miracles. Ainsi l'on peut conclurre de la
réponse que Jesus fait à Jean Baptiste, que
ce divin Seigneur croyoit, que faire des
miracles devant les Juifs, c'étoit leur faire
assez connoître qu'il étoit *le Messie.* Et en
effet, un jour ayant gueri un Possedé qui
étoit aveugle & muet, le Peuple, qui fut
témoin de ce miracle, se prit à dire, *Matth.*
XII. 23. *N'est-ce pas là le Fils de David?*
ce qui est autant que s'ils eussent dit, *N'est-*
ce pas là le Messie? De quoi les Pharisiens
ayant été choquez, se prirent à dire *que*
c'étoit par Beelzebub qu'il chassoit les Dé-
mons. Mais Jesus faisant voir la fausseté &
la foiblesse de cette accusation blasphema-
toire, justifie la conséquence que le Peuple
avoit

* Ἀφίσανται.

avoit tiré de ce miracle, en difant vf. 28. *Que puis qu'il chaffoit les Démons par l'Efprit de Dieu, c'étoit une preuve que le Regne du Meffie étoit arrivé.*

Dans les Miracles que faifoient les Difciples de Jefus-Chrift, il y avoit une autre circonftance qui prouvoit qu'il étoit le Meffie: c'eft qu'ils les faifoient en fon nom. *Levez-vous au nom de Jefus de Nazareth, & marchez,* dit St. Pierre à cet homme boiteux qu'il guerit dans le Temple de Jerufalem, *Act.* III. 6. Il femble même que les Apôtres étoient furpris de voir que la puiffance de ce Nom s'étendît fi loin, *Luc* X. 17. *Or les foixante & dix Difciples s'en revinrent avec joye, lui difant: Seigneur, les Démons même nous font foûmis à caufe de votre Nom.*

Au refte, Jefus-Chrift prend occafion de ce meffage qui lui avoit été fait de la part de Jean Baptifte, de dire au Peuple, que Jean étoit le Précurfeur du *Meffie:* que le Regne du *Meffie* avoit commencé depuis le temps de Jean Baptifte; & que tous les Prophetes auffi bien que la Loi avoient eû en vûë ce temps-là, *Luc* VII & *Matth.* XI. *Après cela,* dit St. Luc *Ch.* VIII. *v.* 1 *Jefus alloit de Ville en Ville, & de Village en Village, prêchant & annonçant les bonnes nouvelles du Royaume de Dieu.* Par où nous voyons en quoi confiftoient fes Prédica-

G 3

tions;

tions; & par conféquent à quoi fe reduifoit ce qu'il vouloit qu'on crût pour être reçu au nombre de fes Difciples.

Peu de temps après, il fe mit à prêcher au Peuple, près de la Mer, après être monté dans une Barque. On peut voir fon Sermon au long dans Saint Matthieu *Ch.* XIII. dans St. Marc *Ch.* IV. & dans St. Luc *Ch.* VIII. Mais une chofe bien remarquable, c'eft que ce Difcours eft tout-à-fait différent de celui que Jefus avoit fait auparavant fur la Montagne. Car au lieu que le Sermon que Jefus prononça fur la Montagne, étoit fi clair & fi intelligible en tout, qu'il ne pouvoit l'être davantage, celui-ci eft fi enveloppé par les paraboles, dont il eft rempli, que les Apôtres eux-mêmes ne l'entendoient pas. Si nous voulons favoir la raifon de cette différence, il faut examiner les divers fujets qui font traitez dans ces deux Sermons, ce qui nous donnera peut-être quelque éclairciffement là-deffus. Dans le Sermon que Jefus fit fur la Montagne il n'entretint le Peuple que de chofes morales, s'attachant uniquement à demêler les préceptes de la Loi d'avec les fauffes explications qu'on leur donnoit dans ce temps-là : à faire voir qu'il eft d'une abfoluë néceffité de pratiquer les devoirs qui regardent la bonne vie ; & à montrer que

ces

ces devoirs s'étendent au delà de ce que pouvoient exiger les Loix Politiques des Ifraëlites, ou les Loix civiles de quelque Païs que ce fût. Mais dans le Sermon que ce divin Docteur fit fur le bord de la Mer, il ne parle que du Regne du *Meffie*, & cela par de continuelles Paraboles. Une des raifons pourquoi il fe fervit de cette methode pour entretenir le Peuple, c'eft, dit St. Matthieu *Ch. XIII. 35. afin que cette parole du Prophete fût accomplie : Je parlerai en paraboles, je publierai des chofes qui ont été cachées depuis la création du Monde.* Jefus lui-même parlant à fes Difciples, leur en rend une autre raifon, vf. 11, 12. *Pour vous autres,* leur dit-il, *il vous a été donné de connoître les myftères du Royaume des Cieux, mais pour eux, il ne leur a pas été donné. Car quiconque a, on lui donnera encore, & il fera dans l'abondance. Mais pour celui qui n'a point,* c'eft-à-dire, qui ne fait pas valoir les talens qu'il a, *on lui ôtera même ce qu'il a.*

Il ne fera pas hors de propos de remarquer, qu'ici Notre Seigneur donnant à fes Apôtres l'explication de la prémiere des Paraboles qu'il avoit fait entrer dans fon Difcours, donne fimplement le nom de *Parole* à la publication du *Royaume du Meffie*, & dans St. Luc Ch. VIII. 21. celui de *Pa-*

role

role de Dieu. D'où vient que St. Luc, dans les *Actes* des Apôtres, en parle souvent sous le nom de *Parole* & de *Parole de Dieu,* comme nous l'avons déja remarqué. A quoi j'ajoûterai cet endroit des Actes, *Ch.* VIII. 4. *Ceux qui étoient disperfez annonçoient la Parole de Dieu dans tous les lieux où ils pasfoient :* car cette Parole ne renfermoit autre chofe, finon que *Jefus étoit le Meffie,* ainfi que nous l'avons vû en examinant pié à-pié tout ce que prêchoient les Apôtres, autant qu'on peut le favoir par leur Hiftoire. Et c'étoit-là, fi je ne me trompe, tout ce qu'ils propofoient à croire à leurs Auditeurs. Car du refte, leur doctrine, auffi bien que celle de Notre Sauveur, contenoit quantité d'autres chofes, mais qui regardoient la pratique & non pas la créance. C'eft pourquoi Jefus-Chrift dit dans un endroit que nous venons de citer, Luc VIII. 21. *Ma Mére & mes Freres font ceux qui écoutent la Parole de Dieu, & qui la mettent en pratique :* ce qui veut dire qu'ils n'étoient pas moins obligez d'obéïr aux Loix du *Meffie,* qu'ils regardoient comme leur Roi, que de croire que Jefus étoit *le Meffie,* le Roi & le Liberateur qui leur avoit été promis.

St. Matthieu parle encore de ces Prédications où Jefus-Chrift expofoit aux hommes

mes

mes ce qu'ils devoient croire pour être du nombre de ses Disciples. C'est au Chapitre IX. vs. 35. où il nous représente ce que ce divin Docteur proposoit à croire, & la maniére dont il le faisoit: *Et Jesus*, dit-il, *parcouroit toutes les Villes & les Villages, enseignant dans leurs Synagogues, & prêchant l'Evangile du Royaume, guerissant toutes sortes de maladies & de langueurs.* Où vous voyez que Jesus-Christ les avertit que le Regne du *Messie* étoit arrivé, & qu'il laisse, pour ainsi dire, à ses miracles le soin de leur faire voir & de leur persuader, que c'est lui qui étoit *le Messie.*

Matth. X. Lors qu'il envoya ses Apôtres pour prêcher de lieu en lieu, il leur en donna l'ordre en ces propres termes, vs. 7, & 8. *Dans les lieux où vous irez, préchez, en disant: Le Royaume des Cieux est proche. Rendez la santé aux malades, &c.* D'où il paroît que tout ce qu'ils devoient prêcher, c'étoit, que le Regne du *Messie* étoit arrivé. Et Jesus leur déclare en même temps, que tous ceux qui ne les recevront pas comme messagers de cette bonne nouvelle, ou qui refuseront d'écouter leurs paroles, seront traitez, au jour du jugement, avec plus de rigueur que Sodome & Gomorrhe, vs. 14, 15. Mais au contraire, vs. 32. *Que quiconque le confessera devant les hommes, il*

G 5 *le*

*le confessera aussi devant son Pére qui est
dans le Ciel.* Pour savoir ce que c'est que
confesser Christ, il ne faut que comparer le
vs. 42. du *Ch.* XII. de St. Jean avec le vs.
22. du *Ch.* IX. du même Evangeliste.
Quelques-uns des Senateurs mêmes, dit St.
Jean dans le premier de ces passages, *crurent en lui, mais à cause des Pharisiens, ils
ne* (a) LE CONFESSOIENT *point, de
crainte d'être chassez de la Synagogue.* Et au
Ch. IX. *v.* 22. *La crainte que son Père & sa
Mère avoient des Juifs, les faisoit parler de
la sorte. Car les Juifs avoient déja résolu
ensemble, que si quelqu'un* (b) CONFES-
SOIT QU'IL FUT LE MESSIE, *il seroit chassé de la Synagogue.* Il est évident
par ces deux endroits, que *confesser Jesus-
Christ*, c'étoit confesser *qu'il étoit le Messie.*
A propos dequoi permettez-moi de faire
une autre remarque sur le sens de cette expression (c) *croire en lui.* J'ai deja prouvé
ce sens par d'autres passages, mais on ne sauroit l'inculquer trop souvent à cause de tant
d'explications différentes qu'on a données à
cette expression. Je dis donc que *croire en Jesus-Christ*, signifie croire *qu'il étoit le Messie.*

Plu-

(a) Οὐχ ὡμολόγυν.
(b) Αὐτὸν ὁμολογήτη Χριϛὸν.
(c) Πιϛεῦσαι εἰς αὐτὸν.

Plufieurs des Senateurs, dit le Texte, *cru-*
rent en lui, mais ils n'ofoient confeffer ce
qu'ils croyoient, *de crainte d'être chaffez*
de la Synagogue. Or la raifon pourquoi il
avoit été réfolu dans le Confeil des Juifs,
qu'on feroit chaffé de la Synagogue, c'é-
toit *fi l'on venoit à confeffer que Jefus fût le*
Meffie, comme il paroît par le paffage de
St. Jean (*Ch.* IX. *v.* 22.) que nous venons
de citer. Et cela peut fervir à nous donner une claire intelligence de deux autres
paffages, dont le premier eft contenu dans
l'Epître de St. Paul aux Romains, & dans
lequel cet Apôtre dit pofitivement quelle
eft la Foi qu'il leur prêche, *Rom.* X. 8,9.
C'eft ici, dit-il, *la Parole de la Foi que nous*
vous prêchons, favoir que fi vous confeffez de
bouche le Seigneur Jefus, & fi vous croyez
de cœur que Dieu l'a reffufcité, vous ferez
fauvé. L'autre paffage eft tiré de la 1. Epître de St. Jean *Ch.* IV. 14 & 15. *Nous*
avons vû & nous rendons témoignage, que le
Pére a envoyé le Fils pour être le Sauveur du
Monde. Quiconque donc aura confeffé que
Jefus eft le Fils de Dieu, Dieu demeure en
lui, & lui en Dieu. Dans cet endroit,
confeffer que Jefus eft *le Fils de Dieu*, c'eft
la même chofe que confeffer qu'il eft *le*
Meffie, car ces deux expreffions ne figni-
fioient parmi les Juifs qu'une feule &
même

même chofe , comme nous l'avons déja montré.

Il ne feroit pas difficile de faire voir comment le nom de *Fils de Dieu* qu'on donnoit à Jefus-Chrift, vint à fignifier qu'il étoit *le Meffie.* Mais il fuffit qu'il paroiffe évidemment que c'étoit-là l'ufage de cette expreffion, & que les Juifs la prenoient alors dans ce fens. Que fi quelqu'un veut s'en convaincre d'une maniére plus expreffe, il n'a qu'à ajoûter aux endroits que nous avons déja citez par occafion, ceux qui fuivent, *Matth.* XXVI.63.*Jean* VI.70.*&* XI.27.*&* XX.31.

Nous avons vû ci-deffus comment Jefus donna ordre à fes Apôtres d'aller prêcher; & nous apprenons de St. Luc qu'ils executérent exactement leur commiffion. *Etant donc partis*, dit-il *Ch.* IX. 6. *ils alloient de bourgade en bourgade prêchant l'Evangile, & gueriffant par tout les malades.* Jefus leur avoit ordonné de prêcher, *en difant*, *Le Royaume des Cieux eft proche*; & St. Luc nous dit qu'ils s'en alloient de lieu en lieu prêchant * *l'Evangile*, mot qui en François répond

exacte-

---

* Il y a dans l'Anglois, *Gofpel, qui en Saxon répond fort bien au mot Grec* εὐαγγέλιον. J'ai mis à la place de *Gofpel*. notre mot François *Evangile*, qui ne répond pas feulement au mot Grec, mais en vient directement, & excite juftement la même idée dans l'efprit, à qui en fait la veritable fignification.

exactement au mot Grec εὐαγγέλιον, & fignifie *une bonne nouvelle*, auffi bien qu'en
Grec. De forte que ce que les Ecrivains
facrez appellent *Evangile*, n'eft autre chofe que l'heureufe nouvelle de la venuë du
Meffie, & de fon Regne. Ainfi c'eft dans
ce fens-là qu'il faut entendre ce mot dans
le Nouveau Teftament; & c'eft auffi ce
que l'Ange voulut exprimer lors qu'appor-
tant les prémiéres nouvelles de la Naiffance
de Notre Sauveur, il dit qu'il annonce *une*
bonne nouvelle, laquelle fera le fujet d'une
grande joie, Luc II. 10. Et il femble que
tout ce que Jefus ordonna alors à fes Difciples d'aller prêcher, fe reduit effectivement
à cela.

Ce divin Seigneur dit de même à celui
qui s'excufoit de le fuivre fur l'heure, parce
qu'il vouloit aller auparavant enfevelir fon
Pére, *Laiffez aux morts le foin d'enfevelir*
leurs morts: pour vous, allez annoncer le
Royaume de Dieu, Luc IX. 59, 60. Quand
je dis que c'étoit là tout ce que les Difciples de Jefus-Chrift devoient prêcher, il faut
entendre par-là, qu'ils ne propofoient autre
chofe aux hommes pour être l'objet de leur
foi, mais qu'en même temps ils leur re-
commandoient d'obeïr au Meffie qu'ils reconnoiffoient pour leur Roi.

Enfin, lors que Jefus envoya les foixante

&

& dix Dîſciples pour aller prêcher, la commiſſion qu'il leur donna, fut conçuë en ces
termes, *Luc* X. 9. *Gueriſſez les málades,* &
*dites-leur : Le Royaume de Dieu eſt approché
de vous.*

Après que les Apôtres furent revenus
vers Jeſus, il ſe retira avec eux ſur une
Montagne , & une grande multitude de
Peuple l'y vint joindre tout auſſi-tôt, comme nous l'apprenons de St. Luc *Chap.* IX.
v. 11. *Le Peuple,* dit-il, *ayant appris qu'il
étoit là, le ſuivit; & Jeſus les ayant reçus,
leur parloit du Royaume de Dieu, & gueris-
ſoit ceux qui avoient beſoin d'être gueris.* C'eſt
là ce qu'il prêchoit à cette Aſſemblée, qui
étoit compoſée de cinq mille hommes, ſans
compter les Femmes & les petits Enfans.
Ce fut cette même multitude de perſonnes
qu'il raſſaſia avec cinq pains & deux pois-
ſons, *Matth.* XIV. 21. Et voici quel fut
l'effet que ce miracle produiſit ſur leurs
eſprits, au rapport de Saint Jean, *Ch.* VI.
14, 15. *Ces perſonnes,* dit-il, *ayant vû le
miracle qu'avoit fait Jeſus, diſoient :* C'eſt-
*là ſans doute le Prophete qui doit venir dans
le monde,* c'eſt-à-dire, *le Meſſie.* Car *le
Meſſie* étoit la ſeule perſonne que les Juifs
attendoient de la part de Dieu; & c'étoit
juſtement dans ce temps-là qu'ils l'attendoient. De là vient que Jean Baptiſte l'appelle

pelle (*Matth.* XI. 3.) *celui qui doit venir* ; &
que dans d'autres endroits de l'Evangile il
eſt deſigné par *celui qui vient*, ou *qui eſt
envoyé de la part de Dieu*.

Au reſte, nous voyons ici, que Notre
Seigneur obſerve la méthode qu'il avoit
accoûtumé de garder, lors qu'il prêchoit
au Peuple. Il leur parle du *Royaume de
Dieu*, & fait des miracles en leur préſence,
afin qu'ils puiſſent comprendre par-là, qu'il
étoit lui-même *le Meſſie*, dont il leur annonçoit le Royaume. Nous voyons encore
ici la raiſon, pourquoi Jeſus ſe tenoit ſi fort
caché, & défendoit de publier qu'il fût *le
Meſſie:* Car il étoit d'une dangereuſe conſéquence que cette foule de Peuple qui s'étoit
aſſemblé auprès de lui, vînt à le regarder
ſous cette qualité, comme St. Jean nous l'apprend immediatement après, *Chap.* VI. *vſ.*
15. *Mais*, dit-il, *Jeſus ſachant qu'ils devoient venir le prendre & l'enlever pour le
faire Roi, s'enfuit, & ſe retira encore ſeul
ſur la Montagne.* S'ils étoient ſi diſpoſez
à l'établir pour leur Roi, ſeulement parce
qu'ils concluoient des miracles qu'ils lui
voyoient faire, qu'il étoit *le Meſſie*, quoi
qu'il ne dît pas lui-même qu'il le fût, que
n'auroit point fait le Peuple, ſi ce divin
Seigneur eût déclaré ouvertement qu'il
étoit *le Meſſie*, ce Roi, dont ils attendoient

la venuë? Et avec quelle ardeur les Scribes & les Pharifiens n'auroient-ils pas profité de cet aveu pour l'accufer auprès du Gouverneur Romain? Mais cela a déja été remarqué ci-deffus.

De là Jefus s'en alla à Capernaüm, où il fut fuivi d'une bonne partie du Peuple qu'il avoit nourri le jour précedent d'une maniére fi miraculeufe. Comme il voyoit qu'ils ne venoient après lui qu'à caufe qu'il leur avoit donné du pain à manger, il prit occafion de les exhorter *à chercher une nourriture qui demeure jufques dans la Vie éternelle.* Et fur cela il leur déclare (*Jean* VI. 29--69.) qu'il a été envoyé de la part du Père, & que ceux qui croiront en lui, resfufciteront pour joüir d'une Vie éternelle. Mais tout fon difcours eft extremement enveloppé fous des expreffions allegoriques, fondées fur le manger, fur le pain, fur un Pain de Vie defcendu du Ciel, *&c.* de forte pourtant que tout ce qu'il dit, fe reduit à ce peu de paroles, très-aifées à comprendre, vf. 47. & 54. *En verité, en verité je vous dis que celui qui croit en moi, a la Vie éternelle; & je le reffufciterai au dernier jour.* Ainfi, le précis de tout le Difcours que Jefus-Chrift fit en cette occafion, c'eft, Qu'il étoit *le Meffie* envoyé de la part de Dieu; & que ceux qui le croiroient tel,

reffuf-

reffufciteroient au dernier jour pour vivre éternellement. Comme ceux à qui ce Difcours s'addreffoit, étoient du nombre de ceux qui le jour précédent l'avoient voulu faire Roi par force, il ne faut pas s'étonner que Jefus leur parlât de fa Perfonne, de fon Royaume, & de fes Sujets en des termes obfcurs, myfterieux, & tels qu'ils devoient neceffairement choquer des gens qui ne regardoient le Regne du Meffie, que comme un Regne purement temporel, enrichi de tout ce que les Grandeurs mondaines ont de plus pompeux, & fous lequel ils efperoient jouïr d'une puiffante Protection, & d'une agréable Profperité. Pleins de ces magnifiques efperances, ayant trouvé un Homme qui faifoit des miracles, & concluant de là, que c'étoit le Liberateur qu'ils attendoient, peu s'en étoit fallu que le jour précedent ils n'en fuffent venus à une rebellion ouverte; & qu'ils n'y euffent enveloppé Jefus lui-même. Comme ils continuoient de le fuivre, apparemment dans le même deffein, il trouva à propos de couper cours à une telle entreprife. Et c'eft pour cela que, quoi qu'il leur parle de fon Regne dans cette occafion, il le fait d'une maniére qui détruit fi vifiblement l'idée qu'ils en avoient conçûë, que ce Peuple voyant qu'il renverfoit toutes leurs vaines efperances, & qu'il leur parloit de manger fa chair & de boire fon fang pour avoir la Vie, il fe prit à dire, vſ. 52. *Comment celui-ci peut-il donner fa chair à manger? Et pluſieurs même de fes Difciples dirent, Ces paroles font bien dures, qui peut les écouter?* De forte qu'ils furent fcandalifez fur fon fujet, & * l'abandonnérent, vſ. 60. *&* 66. Mais le véritable fens de ce Difcours de J. C. paroît clairement par la Confeffion de S. Pierre qui comprit beaucoup mieux la penfée de ce divin Docteur, comme il paroît par la réponfe qu'il lui fit au nom de tous les autres Apôtres : car Jefus ayant dit à ceuxci, vſ. 67. *Et vous, ne voulez-vous point auſſi me quitter? Simon Pierre lui répondit, A qui nous en irions-nous, Seigneur? Vous avez les paroles de la Vie éternelle,* c'eft-à-dire, vous nous enfeignez le moyen de parvenir à la Vie éternelle; c'eft pourquoi *nous croyons & nous favons que vous êtes* le Meffie, *le Fils du Dieu vivant.* Croire cela, c'étoit manger fa chair & boire fon fang; & c'étoit par ce moyen qu'on obtenoit la Vie éternelle : Jefus-Chrift ne vouloit dire autre chofe par ces expreffions figurées.

Quel-

---

* Ἐκ τούτου πολλοὶ ἀπῆλθον τῶν Μαθητῶν αὐτοῦ εἰς τὰ ὀπίσω, καὶ οὐκέτι μετ' αὐτοῦ περιεπάτει : J E A N VI. vſ. 66.

Quelque temps après, il demanda à ses Difciples, *Marc* VIII. 27. Qui dit-on que je fuis? Ils lui répondirent, Jean Baptifte, ou l'un des Anciens Prophêtes qui eft refufcité Après quoi il leur demanda, qui ils penfoient eux-mêmes qu'il fût. Et Pierre prenant encore la parole, lui répondit ainfi, *Marc* VIII. 29. *Vous êtes le Meffie.* Luc IX. 20. * *le Meffie de Dieu.* Et *Matth.* XVI. 16. *Vous êtes le Meffie, le Fils du Dieu vivant:* toutes expreffions qui fignifient une même chofe, comme il paroît par ces differens Paffages, qui fatisfont également à une même Queftion. Sur cela Jefus-Chrift dit à Pierre *Matth.* XVI. 17. 18. Que la verité qu'il venoit d'avancer étoit d'une telle nature, *que la chair & le fang ne la lui avoient pas revelée, mais fon Père qui étoit aux Cieux;* & que ce feroit-là le fondement fur lequel *il bâtiroit fon Eglife.* Par tout ce qui eft contenu dans ce paffage, il eft plus que probable, que Jefus-Chrift n'avoit pas encore dit à fes Apôtres en termes formels, qu'il fût *le Meffie,* mais que fa maniére de vivre & fes miracles leur avoient donné fujet de le conclurre. Et la raifon pourquoi ce divin Seigneur étoit fi retenu à leur égard, c'eft

appa-

* Τὸν Χριϛὸν τȣ̃ Θεȣ̃.

H 2

apparemment, parce que, s'il leur eût déclaré en particulier d'une maniére ouverte
& précife, qu'il étoit *le Meffie*, le Roi dont
il annonçoit publiquement le Regne, par
tout où il fe rencontroit, *Judas*, qu'il connoiffoit pour un homme diffimulé & traître, n'auroit pas manqué de profiter de cet
aveu pour porter témoignage contre lui,
d'une maniére qui l'auroit rendu veritablement criminel auprès du Gouverneur Romain Cette réflexion pourra peut-être
fervir à nous faire entendre une replique
qui paroît hors de propos, laquelle Jefus-
Chrift fit a fes Apôtres, *Jean* VI. 70. lors
qu'ils confefférer qu'il étoit le Meffie.
pour faire mieux comprendre le fens de
ce paffage, je le mettrai ici tout entier:
Pierre ayant dit, *Nous croyons & nous
favons que vous êtes le Meffie, le Fils du
Dieu vivant: Jefus lui répondit, Ne vous
ai-je pas choifi vous douze? & neanmoins
l'un de vous eft * Diable.* Cette replique
paroît d'abord ne faire rien au fujet, quoi
qu'il foit fûr que les Difcours de Notre
Seigneur étoient tous fort raifonnables &
fort juftes. Voici donc, ce femble, le fens
de ces paroles, qui pouvoient être entenduës dans la fuite par les onze Apôtres, lors
qu'ils

* Διάβολος.

qu'ils y feroient réflexion après la trahison
de Judas, comme ils comprirent après la
resurrection de Jesus-Christ ce qu'il leur
avoit dit auparavant, qu'il détruiroit le
Temple, & le releveroit en trois jours.
Voici, dis-je, le sens de cette réponse que
Jesus-Christ fit à ses Apôtres. ,, Vous avez
,, confessé & crû que j'étois *le Messie*, vo-
,, tre Roi : Mais ne soyez pas surpris de ce
,, que je ne vous ai jamais déclaré ouverte-
,, ment cette verité, car parmi vous dou-
,, ze, que j'ai choisis pour être avec moi,
,, il y en a un qui est un délateur ou * un
,, faux accusateur ; lequel n'auroit pas
,, manqué de me trahir & de porter accu-
,, sation contre moi, si j'eusse confessé en
,, termes exprès que j'étois *le Messie*, *le*
,, *Roi d'Israël*.

Que dans ce temps-là Jesus-Christ prit
garde de ne pas déclarer positivement à ses
Apôtres qu'il fût *le Messie*, c'est ce qui paroît encore par la maniére dont il dit à St.
Pierre, *Matth.* XVI. 18. que la Confession
qu'il avoit faite, qu'il étoit le Messie, seroit le fondement sur lequel il bâtiroit son
Eglise:

* C'est ce qu'emporte le mot Grec ($\delta\iota\acute{\alpha}\beta o\lambda o\varsigma$) &
peut-être seroit-il mieux de le traduire ainsi dans cet
endroit que par celui de *Diable*. *Parenthese de l'Au-*
teur qu'on a renvoyée ici.

Eglife: *Vous êtes Pierre*, lui dit-il, *& fur cette pierre je bâtirai mon Eglife. Et les portes de l'Enfcr ne prévaudront point contr'elle.* Paroles trop équivoques, pour qu'on pût s'en fervir contre lui pour prouver qu'il avoit dit, qu'il étoit *le Meffie*; & fur tout, fi nous y joignons ce qui fuit immédiatement après, vf. 19. *Et je vous donnerai les Clefs du Royaume des Cieux, & tout ce que vous lierez fur la Terre, fera lié dans le Ciel; & tout ce que vous délierez fur la Terre, fera delié dans le Ciel.* Comme ces derniéres paroles s'addreffent perfonnellement à St. Pierre, elles font, que celles qui précedent (où Jefus-Chrift déclare que le dogme fondamental de fon Eglife c'eft de croire qu'il eft *le Meffie*) font plus obfcures, plus équivoques, & par conféquent moins propres à être employées contre lui: bien qu'elles foient propofées d'une telle maniére qu'elles peuvent être entenduës dans la fuite: & c'eft pour cette même raifon que Jefus défend encore ici à fes Apôtres de dire, qu'il fût *le Meffie*, vf. 20.

Ce qui confirme combien eft probable ce que je viens de remarquer que J. C. n'avoit pas encore declaré ouvertement à fes Apôtres mêmes qu'il fût le Meffie, c'eft ce que ce divin Docteur leur dit, (Jean XV. 15.) *Déformais je ne vous appellerai*

plus

plus ferviteurs, parce que le ferviteur ne fait pas ce que fait fon Maître. Mais je vous ai *appellé mes Amis,* (dans le verfet précedent) *parce que je vous ai découvert ce que j'ai appris de mon Père.* Ces paroles font tirées de la derniére converfation que J. C. eut avec fes Difciples après que Judas l'eut quitté, & dans laquelle il leur confia le grand fecret de fa Miffion en leur parlant du Royaume des Cieux comme de *fon Royaume,* ce qu'on peut voir dans St. *Luc* Ch. XXII. 30. & en leur découvrant plufieurs autres particularitez touchant ce Royaume: d'où il l'avoit, quelle efpèce de Royaume c'étoit, comment il devoit être adminiftré; & quel rang ils y tiendroient eux-mêmes, *&c.* D'où il paroît évidemment qu'excepté un peu avant qu'il fût pris, & qu'il quittât fes Difciples pour aller à la mort, il les avoit laiffez jufqu'alors dans l'ignorance comme des *ferviteurs,* mais que dans ce moment il fe découvrit ouvertement à eux comme à fes *Amis.*

Depuis ce temps-là, (c'eft-à-dire depuis que Jefus eut demandé à fes Difciples qui ils difoient qu'il étoit) *il commença à découvrir à fes Difciples* (c'eft-à-dire, à fes Apôtres, qui font fouvent appellez Difciples) *qu'il falloit qu'il allât à Jerufalem, qu'il y fouffrit beaucoup de la part des Anciens, des*

H 4

prin-

principaux Sacrificateurs , & des Scribes,
qu'il fût mis à mort , & qu'il reſſuſcitât le
troiſiême jour , Matth.XVI. 21. Quoi que
toutes ces choſes convinſſent eſſentielle-
ment au *Meſſie*, les Apôtres ne voyoient
pas trop bien qu'on pût les lui appliquer :
ou plûtôt, ces choſes ne s'accordoient
guere avec l'idée qu'ils avoient du *Meſſie* :
c'eſt ce qui paroît clairement par la cen-
ſure que Pierre fit à Notre Seigneur, *Matth.*
XVI. 22. dès qu'il eut dit ce que nous venons de voir. Cet Apôtre avoit déja confeſſé deux fois, que Jeſus étoit *le Meſſie*,
& cependant, il ne ſauroit entendre dire préſentement qu'il doive ſouffrir, être mis à
mort, & reſſuſciter. D'où l'on peut voir,
que Jeſus n'avoit pas encore expliqué à ſes
Apôtres d'une maniére fort diſtincte, ce qui
le regardoit perſonnellement. Ils avoient
été, pendant long-temps, les témoins de ſa
vie & de ſes miracles; & s'étant par-là confirmez de plus en plus dans la croyance qu'il
étoit *le Meſſie*, ils étoient en état de reconnoître les traits particuliers qui devoient en
former le caractère, & remplir l'idée que les
Prophêtes en avoient donné ; & c'eſt ce
qu'il commença dès lors à leur découvrir,
quoi qu'il le fît d'une telle maniére, que les
Juifs ne pouvoient point en prendre occaſion de l'accuſer : Il commença, dis-je, à
leur

leur parler alors plus ouvertement de ce qui regardoit le Meffie, parce que c'étoit juftement dans ce temps-là que tout ce qui le concernoit alloit être accompli, par fes Souffrances, par fa Mort, & par fa Réfurrection. Cer c'étoit ici la derniére année de fa vie, de forte qu'il ne devoit fe trouver avec les Juifs à Jerufalem qu'une autre fois à la Fête de Pâque, où ils devoient difpofer à leur gré de fa perfonne. Voilà pourquoi il commence maintenant à parler de lui-même d'une maniére plus ouverte, mais pourtant avec les précautions, qu'il devoit garder néceffairement pour ne pas donner fujet à fes Ennemis de lui intenter aucune accufation, qui pût paroître jufte, ou importante au Gouverneur Romain.

Après qu'il eut cenfuré St. Pierre, en lui difant, *Qu'il n'avoit point de goût pour les chofes de Dieu, mais pour celles des hommes,* Marc VIII. 33. il appelle le Peuple à foi, & prépare aux fouffrances ceux qui voudront être fes Difciples: *Si quelqu'un,* leur dit-il, vf. 38. *a honte de moi & de ma parole parmi ce Peuple adultère & corrompu,* le Fils *de l'homme aura auffi honte de lui, lors qu'il viendra accompagné des Saints Anges dans la gloire de fon Père.* A quoi il ajoûte (*Matth.* XVI. 27, 28.) deux actes illuftres & folemnels,

H 5

nels, par lesquels il doit faire voir qu'il eſt *le Meſſie*, le Roi : *car*, dit-il, vſ. 28. *le Fils de l'homme doit venir dans la gloire de ſon Père avec ſes Anges, & alors il rendra à chacun ſelon ſes œuvres.* Cela doit s'entendre viſiblement de la glorieuſe manifeſtation de ſon Regne, lors qu'il viendra pour juger le Monde au dernier jour : ce qui eſt décrit plus au long, *Matth.* XXV. *Quand le Fils de l'homme viendra dans ſa Majeſté accompagné de tous ſes Saints Anges, il s'aſſerra ſur le* THRONE *de ſa gloire. Alors le* ROI *dira à ceux qui ſeront à ſa droite*, &c.

L'autre acte éclatant, par lequel Jeſus-Chriſt donne à entendre qu'il eſt le Meſſie, eſt exprimé dans la ſuite du paſſage que nous venons de citer, en ces termes, *Matth.* XVI. 28. *Je vous dis en verité qu'il y en a quelques-uns de ceux qui ſont ici qui ne goûteront point la mort, qu'ils n'ayent vû le Fils de l'homme venir en ſon Regne.* Jeſus - Chriſt parle ſans doute, dans cet endroit, de la puiſſance que quelques-uns de ceux qui l'écoutoient alors, devoient lui voir exercer contre la Nation des Juifs ; mais ces paroles étant jointes avec les précédentes (vſ. 27.) où ce divin Seigneur parle de la manifeſtation & de la gloire de ſon Regne au jour du Jugement univerſel, il étoit
fort

fort difficile d'y reconnoître ce fens-là,
quoi qu'il foit évident que dans ce verfet
28. Jefus n'a voulu dire autre chofe, finon
que la Puiffance Royale, qu'il devoit exercer dans fon Royaume d'une maniére vifible, étoit fi près d'être manifeftée, que
quelques-uns de ceux qui l'écoutoient, vi-
vroient affez long-temps pour en être les
témoins. Si ces derniéres paroles n'avoient
pas reçû quelque obfcurité de celles qui
les précédent, mais euffent été propofées
fimplement, de forte qu'on y eût vû fans
peine ce qu'elles fignifient clairement par
elles-mêmes, *favoir*, que Jefus devoit être
Roi, & que le temps de fon Regne étoit
fi proche que plufieurs de ceux qui étoient
préfens, lui en verroient faire les fonctions:
les Juifs auroient pû fe prévaloir de cette
déclaration pour l'accufer auprès de Pilate
d'une maniére plaufible, & fondée fur quelque apparence de juftice. C'eft-là, ce
femble, la raifon pourquoi Notre Seigneur
renverfe ici l'ordre de ces deux occafions
folemnelles où fa juftice & fa puiffance
doivent éclater aux yeux des hommes, rendant par-là fa penfée obfcure à l'égard du
temps préfent, & fe mettant, par même
moyen, à couvert de la malice des Juifs:
précaution d'autant plus néceffaire qu'ils
étoient continuellement aux aguets pour le

fur-

furprendre , & pour l'accufer devant le Gouverneur Romain. Et en effet , ils n'auroient pas manqué fans doute d'alleguer contre Jefus ce qu'il dit en cet endroit, *Que quelques-uns de ceux qui étoient préfens, ne goûteroient point la mort qu'ils n'euffent vû le Fils de l'Homme venir en fon Regne :* Ils auroient, dis-je, donné un fens criminel à ces paroles, fi celui qu'elles renfermoient n'eût été obfcurci par le verfet précédent ; & que dans cette fituation il n'eût été fi difficile à entendre en ce temps-là, qu'aucun de fes Auditeurs ne pouvoit les expliquer d'une maniére qui pût lui nuire auprès de *Ponce Pilate.* Car que les Principaux d'entre les Juifs ne fuffent pas fort bien intentionnez à fon égard, c'eft ce que St. Luc remarque expreffément au *Ch.* XI. de fon Evangile, vf. 53, & 54. *Les Docteurs de la Loi,* dit-il, *& les Pharifiens commencerent à le preffer, & à lui faire plufieurs queftions, lui tendant des piéges, & cherchant à tirer de fa bouche, dequoi l'accufer.* Et cela peut fuffire pour juftifier toutes les autres maniéres de parler équivoques & obfcures en apparence, dont Jefus-Chrift fe fert en d'autres rencontres : car ce divin Seigneur s'eft trouvé dans de telles circonftances, que fans cette fage retenuë il n'auroit pû executer l'œu-

vre

vre qu'il étoit venu entreprendre, ni en remplir fi bien toutes les parties, qu'en examinant les Defcriptions que les Prophetes ont faites du *Meffie*, on eût pû reconnoître exactement, après qu'il auroit quitté ce Monde, que c'étoit à lui qu'elles convenoient veritablement.

Dès lors, *Matth.* XVII. 10. *&c.* Jefus-Chrift commença, pour ainfi dire, à avouër à fes Apôtres qu'il étoit *le Meffie*, fans le dire pourtant en termes formels; en leur déclarant que, comme les Scribes avoient raifon de dire en vertu de la Prophetie de Malachie *Chap.* IV. *v.* 5. qu'*Elie* devoit préceder *le Meffie*, il étoit certain qu'Elie étoit déja venu, mais qu'il avoit été méconnu & mal-traité par les Juifs. Et par-là fes Difciples *reconnurent que c'étoit de Jean Baptifte qu'il leur parloit*, vf. 13. Peu de temps après, il leur infinua d'une maniére encore plus fenfible, qu'il étoit *le Meffie*, *Marc* IX. 41. *Quiconque vous donnera un verre d'eau* * *en mon nom, parce que vous êtes au Meffie*, &c. Et c'eft-là, fi je ne me trompe, le premier endroit où Notre Seigneur employe le nom de *Meffie*, & la premiére fois qu'il en eft venu à confeffer fi pofitivement à des Juifs de Nation, que c'étoit lui qui l'étoit.

Etant

* Ἐν τῷ ὀνόματί μυ, ὅτι Χριστῦ ἐστι.

Etant en chemin pour aller à Jerufalem il dit à un homme de le fuivre, *Luc* IX. 59. & comme celui-ci vouloit auparavant aller enfevelir ·fon Père, vf. 60. *Jefus lui dit: Laiffez aux morts le foin d'enfevelir leurs morts: mais pour vous, allez annoncer le Royaume de Dieu.* De même, lors qu'il envoya prêcher les foixante & dix Difciples, *Luc* X. 1. il leur dit, vf. 9. *Gueris-fez les malades, & dites-leur: Le Royaume de Dieu eft approché de vous.* Il ne paroît pas qu'il ait jamais chargé, ni ces Difciples-là, ni fes Apôtres, ni quelque autre perfonne que ce foit, d'annoncer autre chofe, que les bonnes nouvelles de la venuë du Regne du Meffie. Et s'il arrivoit que quelque Ville ne voulût pas les recevoir, il leur ordonne, vf. 10. *de fortir dans les ruës, & de dire, Nous fecouons contre vous la pouf-fiére même de votre Ville qui s'eft attachée à nos piés: fachez néanmoins que le Royaume de Dieu eft proche de vous.* C'eft à quoi ils devoient prendre garde avec d'autant plus de foin, qu'il leur en coûteroit cher, s'ils venoient à ne pas recevoir avec foi ces bonnes nouvelles de l'avenement du Regne du *Meffie.*

Après cela, les Frères de Jefus-Chrift lui dirent, *Jean* VII. 2, 3, 4. (comme la Fête des Tabernacles étoit proche) *Quittez*

ce

ce lieu, & allez en Judée : afin que les Disci-
ples que vous y avez, voyent aussi les œuvres
que vous faites : car personne n'agit en secret,
lors qu'il veut être connu dans le public. Si
vous faites ces choses, que ne vous faites-vous
connoître au monde ? Il semble que dans cet
endroit les Frères, qui *ne croyoient point en*
lui, comme il est remarqué au verset suivant, lui reprochent l'irregularité de sa
conduite, comme s'il avoit dessein de se
faire connoître pour *le Messie*; & que cependant il craignît de se montrer. Mais
Jesus leur fait voir dans les versets suivans,
que la conduite qu'il tient, & dont il est
parlé au premier verset de ce Chapitre, est
fondée en raison, en leur disant, *Que le*
Monde (par-là il entend particulierement
les Juifs) *le haïssoit, parce qu'il témoignoit*
contre eux que leurs œuvres étoient mauvaises;
& que son temps n'étoit pas encore venu :
temps, auquel il renonceroit à tous ces
ménagemens qu'il gardoit encore avec tant
de soin, & s'abandonneroit librement à
tous les traits de leur malice & de leur fureur. C'est pourquoi, bien qu'il allàt ensuite à la Fête, *il n'y alla pas publiquement,*
ajoûte St. Jean vs. 10. *mais comme s'il eût*
voulu se cacher. Or vers le milieu de la
Fête il monta au Temple; & fit voir qu'il
étoit envoyé de la part de Dieu, & qu'il
n'avoit

n'avoit rien fait contre la Loi en gueriſſant le jour du Sabbat un homme qu'il avoit trouvé auprès de la Piſcine de Betheſda, *Voi.* Jean V. 1-16. Car quoi qu'il y eût plus d'un an & demi que*ce miracle avoit été fait, les Juifs s'en ſervoient encore comme d'un prétexte pour le faire mourir. Je dis comme d'un prétexte, car voici la veritable raiſon pourquoi ils cherchoient à lui ravir la vie, comme St. Jean nous l'apprend dans ce même Chapitre, vſ. 25-34. *Alors quelques gens de Jeruſalem commencérent à dire : N'eſt-ce pas là celui qu'ils cherchent à faire mourir? Le voila néanmoins qui parle devant tout le monde, ſans qu'ils lui diſent rien. N'eſt-ce point que les Senateurs ont reconnu qu'il eſt veritablement* le Meſſie? *Mais pourtant nous ſavons d'où eſt celui-ci, au lieu que quand* le Meſſie *viendra, perſonne ne ſaura d'où il eſt. Jeſus cependant continuoit à les inſtruire; & diſoit à haute voix dans le Temple : Vous me connoiſſez, & vous ſavez d'où je ſuis : Et je ne ſuis pas venu de moi-même, mais Celui qui m'a envoyé eſt veritable, & vous ne le connoiſſez point. Pour moi, je le connois, parce que je ſuis venu de ſa part, & qu'il m'a envoyé. Alors ils cherchoient (l'occaſion) de le prendre; & néanmoins perſonne ne mit la main ſur lui, parce* que

* Voyez *Jean* Ch. V. 5, 6. *&c.*

que son heure n'étoit pas encore venuë. Et plusieurs du Peuple crurent en lui, & disoient entr'eux : Quand le Messie viendra, fera-t-il plus de miracles que n'en a fait celui-ci ? Des Pharisiens ayant ouï ce que ces gens disoient de lui tout bas, & s'étant joints aux principaux Sacrificateurs ils envoyérent des Archers pour le prendre. Mais Jesus leur disoit : Je suis encore avec vous pour un peu de temps, & je vais ensuite à celui qui m'a envoyé. Vous me chercherez, mais vous ne me trouverez point, & vous ne pouvez venir où je dois aller. Les Juifs disoient entr'eux : Où ira-t-il donc que nous ne pourrons le trouver ? Nous voyons par-là, que le grand crime dont Jesus-Christ étoit coupable au sens des Juifs, & qui les irritoit si fort contre lui, c'étoit d'être regardé comme *le Messie*, & de faire des choses qui portoient le Peuple à *croire en lui*, c'est-à-dire, à croire qu'il étoit effectivement *le Messie*. Ici Nôtre Seigneur déclare encore, qu'il étoit le Messie, en termes trè-aisez à entendre, du moins après sa Resurrection : car s'il étoit envoyé de la part de Dieu, comme il le dit positivement, & qu'il fit des miracles par la vertu de l'Esprit de Dieu, on ne pouvoit point douter qu'il ne fût *le Messie*. Cependant, la déclaration qu'il en fait, est exprimée d'une telle ma-

niére que les Pharifiens & les Sacrificateurs
ne pouvoient point s'en prévaloir pour lui
intenter une accufation qui les autorifât à
interrompre fon Miniftère, ou à fe faifir de
fa perfonne, quelque defir qu'ils euffent de
le faire. En effet les Archers qu'ils avoient
envoyez pour le prendre, s'en retournérent
charmez de fes difcours, fans avoir mis les
mains fur lui, vf. 45, 46. Et lors que les
principaux Sacrificateurs leur demandérent,
Pourquoi ils ne l'avoient pas amené: ils répondirent: *Jamais homme n'a parlé comme
cet homme.* A quoi les Pharifiens repliqué-
rent, *Etes-vous donc vous-mêmes feduits auffi
bien que les autres? Y a-t-il un feul des Senateurs, ou des Pharifiens qui aît crû en lui?
Car pour cette populace, qui ne fait ce que
c'eft que la Loi, ce font des gens maudits de
Dieu.* On voit par ce paffage que par
croire en lui, l'on entendoit, *croire qu'il étoit
le Meffie.* Car, difent ces principaux Sacrificateurs, ,, y a-t-il perfonne parmi les
,, Senateurs, qui font verfez dans la con-
,, noiffance de la Loi, ou parmi les Phari-
,, fiens, qui font des gens dévots & éclai-
,, rez, y en a-t-il aucun parmi eux qui le
,, reconnoiffe pour *le Meffie?* Quant à ceux
,, qui voyant le Peuple partagé à fon égard,
,, difent *qu'il eft le Meffie,* ce font des igno-
,, rans, des gens de néant, qui n'entendent
,, point

„ point les Ecritures; & qui font maudits
„ & abandonnez de Dieu pour être en
„ proye aux feductions de cet Impofteur,
„ jufques à le prendre pour le veritable
„ *Meffie*". Or Jefus voyant les chofes ainfi
difpofées, continua de fe faire voir, quelque envie que les principaux d'entre les
Juifs euffent de fe faifir de fa perfonne; Et
vf. 37, 38. *le dernier jour de la Fête, qui
étoit le plus folemnel, fe tenant debout, il
difoit à haute voix: Si quelqu'un a foif,
qu'il vienne à moi, & qu'il boive Si quelqu'un croit en moi, il fortira de fon ventre
des fleuves d'eau vive, comme dit l'Ecriture.*
Par où il déclare encore, qu'il eft *le Meffie*,
mais par des expreffions prophetiques,
comme on peut le voir par le verfet fuivant de ce même Chapitre , & par les
endroits du Vieux Teftament auxquels ces
paroles de Jefus-Chrift doivent être rapportées.

Dans le Chapitre fuivant (*Jean* VIII.)
tout ce qu'il dit de fa Perfonne, & qu'il
veut faire recevoir comme un Article de
Foi par ceux à qui il parle, fe reduit à ceci:
„ Qu'il eft envoyé de la part de Dieu, &
„ que s'ils ne croyent pas qu'il eft *le Meffie*,
„ ils mourront dans leurs péchez". Du
refte, il leur propofe tout cela d'une telle
maniére, qu'ils ne le comprirent pas trop

I 2   bien,

bien, comme le remarque St. Jean vſ. 27.
Et Notre Seigneur lui-même leur dit, vſ.
28. *lors que vous aurez élevé en haut le Fils
de l'homme, vous connoîtrez qui je ſuis.*

Jeſus étant ſorti du Temple rencontra un
homme aveugle dès ſa naiſſance & le guerit. Enſuite ayant rencontré ce même
homme que les Juifs avoient interrogé ſur
la maniére dont il avoit recouvré la vûë,
& qu'ils avoient chaſſé de la Synagogue, il
lui dit, *Jean* IX. 35--38. *Croyez-vous au
Fils de Dieu? Il lui répondit, Qui eſt-il,
Seigneur, afin que je croye en lui? Et Jeſus
lui dit, vous l'avez vû; & c'eſt celui-là même
qui vous parle: & il lui répondit, je croi,
Seigneur.* Cet homme eſt ici déclaré Fidèle, comme vous voyez; & tout ce qui
lui fut propoſé à croire, c'eſt, que Jeſus
étoit le *Fils de Dieu*, ce qui étoit autant
que croire, qu'il étoit *le Meſſie*, comme
nous l'avons déja montré.

Dans le Chapitre ſuivant (*Jean* X. 1-21.)
Jeſus déclare, que les Juifs & les Gentils
s'accorderoient à lui ôter la vie, mais il le
fait par le moyen d'une Parabole, qu'ils ne
comprirent point, vſ. 6. 20.

Jeſus s'étant trouvé enſuite à la Fête de
la Dédicace, les Phariſiens lui demandérent, *Luc* XVII. 20. *Quand viendroit le
Royaume de Dieu*, c'eſt-à-dire, du *Meſſie*.
Et

Et il leur répondit , Qu'il ne viendroit point avec une pompe & un éclat qui le fit remarquer, mais qu'il commençoit déja d'être au milieu d'eux. S'il se fût arrêté-là , le sens de cette Réponse auroit été si évident , qu'ils n'auroient guere pû s'y méprendre, ou douter que Jesus ne voulût faire entendre que *le Messie* étoit déja venu, & qu'il étoit parmi eux : ce qui les auroit porté naturellement à conclurre, qu'il s'attribuoit lui-méme cette qualité. Mais dans ce passage, aussi bien que dans celui que nous avons cité * ci dessus, il joint à ce qu'il dit de son avenement présent, la manifestation de son Regne, tant à l'égard de la vengeance qu'il devoit exercer contre les Juifs, qu'à l'égard du jugement qu'il fera de tous les hommes au Dernier Jour, il mêle, dis-je, en cet endroit ces deux différentes Venuës; & par-là il embarrasse si fort sa pensée, qu'il n'étoit pas facile de comprendre ce qu'il vouloit dire. C'est pourquoi les Juifs vinrent encore vers lui dans le Temple, *Jean X. 23.* & lui dirent, *Jusques à quand nous tiendrez-vous l'esprit en suspens? Si vous êtes* le Messie, *dites-le nous clairement. Jesus leur répondit : Je vous l'ai dit,* & *vous ne* CROYEZ *pas.*

Les

* p. 122. & suiv.

*Les œuvres que je fais au nom de mon Pere,
rendent témoignage de moi. Mais vous ne*
CROYEZ *pas, parce que vous n'étes pas de
mes Brebis, comme je vous ai déja dit.* Il eſt
viſible, que, lors que Jeſus-Chriſt reproche ici aux Juifs de ne pas CROIRE, il
veut dire, qu'ils ne CROYENT pas qu'il
ſoit le Meſſie, comme cela paroît par les
verſets précédens, & par ceux (*a*) qui ſuivent dans le même Chapitre, où le mot
de *croire* eſt manifeſtement employé dans
le même ſens.

Jeſus étant allé de Jeruſalem à *Bethabara*,
& de là à *Bethanie*, ſur la nouvelle qu'il
eut de la Mort de Lazare, *Jean* XI. 25-27.
il dit à *Marthe: Je ſuis la reſurrection & la
vie: Celui qui croit en moi, vivra, quand
même il ſeroit mort: & quiconque vit, &
croit en moi, ne mourra point pour toûjours.*
C'eſt ainſi qu'il faut entendre, à ce que je
croi, ces mots, ἀποθάνῃ εἰς τὸν αἰῶνα; conformément à cet endroit de la Geneſe *Ch.*
III. *v.* 22. que les Septante ont traduit,
ζήσεται εἰς τὸν αἰῶνα, ou bien à ces paroles de St. Jean (*Ch.* VI. *v.* 51.) qui ſont
préciſement (*b*) les mêmes, & qu'on a
fort

(a) Voyez *les verſets* 36, 37, *&* 38.
(b) Car il y a dans le Grec, ζήσεται εἰς τὸν
αἰῶνα.

fort bien traduit dans la Verſion (a) An-
gloiſe par, *il vivra pour toûjours.* C'eſt
pourquoi l'on peut douter, ſi dans cet endroit les paroles de Notre Seigneur peuvent être traduites de cette ſorte, (b) *Qui-*
conque vit, & croit en moi, ne mourra ja-
mais. Mais pour reprendre l'entretien de
Jeſus-Chriſt avec Marthe: *Croyez-vous ce-*
la, lui dit ce divin Docteur? Et *elle lui*
répondit: Oui, Seigneur, je croi que vous
êtes le Meſſie, *le Fils du Dieu vivant, qui*
devoit venir dans le Monde. Elle fait cette
réponſe à Jeſus-Chriſt comme pour ſatisfaire pleinement à ſa demande, cette croyance étant telle que quiconque l'avoit, étoit
par cela ſeul veritable Fidèle.

Mais nous pouvons voir encore plus particuliérement, dans cette Hiſtoire de la
Reſurrection de Lazare, quelle étoit la Foi
que Jeſus-Chriſt exigeoit des hommes, nous
pouvons, dis-je, le reconnoître par la
Priére qu'il addreſſe à ſon Père avant que
de faire ce grand miracle, *Mon Père,* lui
dit-il, vſ. 41. & 42. *je vous rends graces de*
ce que vous m'avez exaucé: Je ſai bien que
vous m'exaucez toûjours; mais je dis ceci pour

ce

____

(a) *He ſhall live for ever.*
(b) C'eſt ainſi que les Traducteurs de *Geneve* &
de *Mons* ont rendu ce paſſage.

I 4

ce Peuple qui m'environne, afin qu'ils croyent que c'est vous qui m'avez envoyé. Et voici l'effet qui s'en ensuivit : *C'est pourquoi,* dit l'Evangeliste, vs. 45. *plusieurs d'entre les Juifs qui étoient venus voir Marie, & qui avoient vû ce que Jesus avoit fait, crurent en lui,* c'est-à-dire, qu'ils crurent *qu'il avoit été envoyé de la part du Père,* ce qui signifioit en d'autres termes, *qu'il étoit le Messie.* Or que dans les Evangelistes, ce soit là le sens de cette expression *croire en lui,* nous en avons une preuve sensible dans les paroles suivantes, vs. 47, 48. *Alors les Principaux Sacrificateurs & les Pharisiens tinrent conseil ensemble, & dirent : Que faisons-nous? Cet homme fait beaucoup de miracles. Si nous le laissons faire, tous* CROIRONT EN LUI. Ceux qui disent ici, que tous CROIROIENT EN LUI, étoient, comme vous voyez, les principaux Sacrificateurs & les Pharisiens, c'est-à-dire, les ennemis déclarez de Jesus Christ, lesquels cherchoient à lui ôter la vie; & ne pouvoient, par conséquent, regarder la foi qu'on avoit en lui, de laquelle ils parlent en cet endroit, que comme une croyance qui le faisoit recevoir pour *le Messie.* Il paroît que c'étoit-là leur veritable pensée, par les paroles qui suivent immédiatement après : *Si nous le laissons faire de la sorte,*

tous

tous croiront en lui, c'eſt-à-dire, tous croiront qu'il eſt *le Meſſie: Et les Romains viendront*, ajoûtent-ils, *& ruïneront notre Ville & notre Nation.* Tout leur raiſonnement n'eſt fondé que ſur cela; & c'eſt comme s'ils euſſent dit: „ Si nous laiſſons faire ce „ nouveau Docteur; & que nous permet„ tions au Peuple *de croire en lui*, c'eſt·à„ dire, de le recevoir pour *le Meſſie*, ils „ le mettront à leur tête pour être leur „ Roi , dans l'eſperance d'être délivrée „ par ſon moyen de la Domination Etran„ gére ; ce qui attirera ſur nous les Armes „ des Romains, d'où s'enſuivra notre pro„ pre perte & celle de notre Païs". La croyance que Jeſus étoit *le Meſſie*, étoit la ſeule choſe à quoi l'on pouvoit s'imaginer que les Romains duſſent prendre intérêt. Sous quelque autre idée que le Peuple le regardât, cela leur étoit tout-à-fait indifférent. D'où il s'enſuit évidemment, que *croire en lui*, ſignifie, dans le langage des Evangeliſtes, *croire qu'il eſt le Meſſie. C'eſt pourquoi le Sanhedrin*, ajoûte St. Jean Ch. XI. vſ. 53, 54. *ne ſongeoit depuis ce jour-là qu'à trouver moyen de le faire mourir. Ce qui fit que Jeſus * ne ſe montra pas encore*

(car

* Il y a dans le Grec: Ἰησοῦς οὖν οὐκ ἜΤΙ παρρησίᾳ περιεπάτει ἐν τοῖς Ἰουδαίοις.

(car c'eſt-là ce qu'emporte le mot ἔτι *encore*, & je croi qu'il faut le traduire ainſi dans cet endroit) *en public*, ou à découvert, *parmi les Juifs*, c'eſt-à-dire les Juifs de Jeruſalem. Je dis qu'on ne ſauroit bien traduire * ce paſſage par, *il* N E *ſe montroit* P L U S ; parce que très-peu de temps après, Jeſus parut ouvertement à la Fête de Pâque ; & ſe fit connoître par ſes miracles & par ſes diſcours d'une maniére plus libre qu'il n'avoit jamais fait. Ajoûtez à cela, que durant toute la ſemaine qui précéda ſa Paſſion, il enſeigna tous les jours dans le Temple, *Matth.* XX. 17. *Marc* X. 32. *Luc* XVIII. 31, *&c.* Voici donc, ce me ſemble, quel eſt le veritable ſens de ce paſſage : c'eſt, Que le temps de ce divin Sauveur n'étant pas encore venu, il n'oſoit point ſe montrer encore ouvertement & avec confiance devant les Scribes, les Phariſiens, & ceux qui compoſoient le Conſeil de Jeruſalem, leſquels étoient animez contre lui, & avoient réſolu de le perdre : *C'eſt pourquoi*, ajoûte l'Evangeliſte, *il ſe retira dans une Contrée qui eſt auprès du Deſert, en une Ville nommée Ephraïm, où il ſe tint avec ſes Diſciples*, pour ſe cacher juſques à la Fête de Pâque, *qui étoit proche*, vſ. 55.

En

* Οὐκ ἜΤΙ περιεπάτει.

En partant de là, il prit à part les douze Apôtres, & leur expofa par avance ce qui lui devoit arriver à Jerufalem où ils alloient alors. Il leur dit, ,, que tout ce qui avoit ,, été écrit par les Prophetes touchant le ,, Fils de l'Homme, alloit être accompli, ,, qu'il feroit livré aux principaux Sacrifi- ,, cateurs & aux Scribes, qui le condam- ,, neroient à la mort & le livreroient aux ,, Gentils, qu'il feroit moqué, qu'on lui ,, cracheroit au vifage, qu'il feroit fouet- ,, té, & mis à mort; & qu'il reffufciteroit ,, le troifiéme jour''. Mais St. Luc nous apprend *Ch. XVIII. 34. Que les Apôtres ne comprirent rien à tout cela, que ce difcours leur étoit caché; & qu'ils n'entendoient point ce qu'il leur difoit.* Ils croyoient bien que Jefus étoit le Fils de Dieu, *le Meffie* envoyé de la part du Pére, mais du refte l'idée qu'ils avoient du Meffie, étoit la même que celle qu'en avoient le refte des Juifs, c'eft-à-dire, qu'ils s'imaginoient qu'il feroit un Prince & un Liberateur temporel. Nous voyons dans St. Marc, (*Ch. X. 35.*) que même dans ce dernier voyage qu'ils firent avec lui à Jerufalem, deux d'entr'eux, *Jac- ques & Jean,* vinrent à lui, & fe jettant à fes pieds lui dirent : *Accordez-nous que dans votre Gloire,* ou, comme dit S. Matthieu, *Ch. XX. 21. dans votre Royaume, nous*

foyions

foyions affis, l'un à votre droite, & l'autre à votre gauche. Tout ce qui les diftinguoit des Juifs incredules, c'eft qu'ils croyoient que Jefus étoit veritablement le *Meffie*; & qu'en conféquence de cette perfuafion ils le regardoient comme leur Seigneur & leur Roi.

Enfin, l'heure étant venuë que le Fils de l'homme devoit être glorifié, Jefus ne garda plus la même retenuë qu'il avoit accoûtumé de garder, mais fit fon entrée publique dans Jerufalem, *étant monté fur un afnon, felon qu'il eſt écrit: Ne craignez point, Fille de Sion, voici votre Roi qui vient monté fur le poulain d'une afneffe. Les Difciples,* comme le remarque S. Jean *Ch.* XII. 16. *ne firent point d'abord d'attention à cela: mais quand Jefus fut entré en fa gloire, ils fe fouvinrent alors que ces chofes avoient été écrites de lui; & qu'on les avoit faites à fon fujet.* Car quoi que les Apôtres cruffent que Jefus étoit *le Meffie*, il y avoit pourtant bien des particularitez dans fa Vie, dont ils ne favoient pas, dans le temps qu'elles arrivoient, qu'elles euffent été prédites du *Meffie*, mais qu'ils reconnurent lui convenir exactement, après fon Afcenfion. Or comme Jefus entroit dans Jerufalem dans l'équipage que nous venons de marquer, *tout le Peuple fe prit à crier, Ho-*
fanna,

ſanna, *Beni ſoit le Roi d'Iſraël qui vient au nom du Seigneur*: ce qui étoit déclarer ſi ouvertement qu'il étoit *le Meſſie*, que *quelques-uns des Phariſiens*, *qui étoient parmi le Peuple*, dirent à Jeſus: *Maître, faites taire vos Diſciples*. Mais ce divin Seigneur étoit ſi éloigné de leur impoſer ſilence, ou de les déſavouër de ce qu'ils le reconnoiſſoient pour *le Meſſie*, qu'il leur répondît, *Je vous déclare que, ſi ceux-ci ſe taiſent, les pierres mêmes crieront*. Et comme il fut arrivé dans le Temple, *Matth. XXI.* 15, 16. des Enfans s'étant mis encore à crier, *Hoſanna, au Fils de David, les principaux Sacrificateurs, & les Doĉteurs de la Loi en conçurent de l'indignation, & lui dirent, Enteniez-vous bien ce qu'ils diſent?* Oui, leur répondit Jeſus: *Mais n'avez-vous jamais lû cette parole:* * *Vous avez tiré la louange la plus parfaite de la bouche des petits Enfans, & de ceux qui ſont à la mammelle?* Et alors, dit St. Matth. vſ. 14, 15. *il guérit* ouvertement *des Aveugles & des Boiteux qui vinrent à lui dans le Temple; & les principaux Sacrificateurs & les Doĉteurs de la Loi, voyant les merveilles qu'il avoit faites, & les Enfans qui crioient dans le Temple* Hoſanna, *en furent indignez*. On aura peut-être

de

---

* *Pſ*. VIII. 3.

de la peine à se persuader qu'après tant de Miracles, que Notre Seigneur avoit faits, depuis trois ans consecutifs & au de-là, on s'émût si fort à Jerusalem pour lui voir guerir des Boiteux & des Aveugles. Mais il faut se ressouvenir, Que, bien que le Ministère de Jesus - Christ aît été illustre par quantité de Miracles, ils ont été faits, pour la plûpart, autour de la Galilée, & dans des Lieux éloignez de Jerusalem : Qu'il n'est parlé que d'un seul que Jesus eût fait jusqu'alors dans cette Ville, lequel avoit été si mal reçu, que les Juifs en avoient pris occasion de chercher à faire mourir le Seigneur Jesus, comme on peut le voir dans St. Jean, *Ch.* V. 16. Et c'est pour cela qu'il n'est pas remarqué qu'il se fût trouvé à Jerusalem durant la Pâque qui vint immédiatement après, parce qu'il n'y fut qu'en qualité de personne privée, & comme un Juif ordinaire. Et voici la raison pourquoi il en usa de la sorte, ainsi que nous l'apprenons de St. Jean *Ch.* VII. 1. *Depuis cela, Jesus se tenoit en Galilée, ne voulant pas demeurer en Judée, parce que les Juifs cherchoient à le faire mourir.*

D'ici nous pouvons conjecturer, pourquoi St. Jean ne remarque point que Jesus-Christ aît été à Jerusalem la troisiéme Pâque après son Baptême. C'est apparemment

ment à caufe qu'il n'y fit rien de memora-
ble. A la verité, lorsqu'il y alla pendant
la Fête des Tabernacles, qui préceda immédiatement cette dernière Pâque, il guerit un Aveugle-né; mais il ne paroît pas
qu'il l'aît fait dans Jerufalem même, mais
lorsqu'il étoit en chemin pour fe retirer fur
la Montagne des Oliviers, car il femble
que quand il fit ce miracle, il n'avoit auprès de lui que fes Apôtres, comme on peut
le recueillir en comparant le fecond verfet
du *Ch*. IX. de St. Jean avec le 8. & le 10.
du même Chapitre. C'eft, du moins, une
chofe bien remarquable, que, lorsqu'il guerit cet Aveugle-né, ou cet autre Malade,
auquel il avoit rendu la fanté dans Jerufalem à la Fête de Pâque un an auparavant,
il ne le fit point en préfence des Scribes,
des Pharifiens, des Principaux Sacrificateurs, ou des Docteurs de la Loi. Et ce
n'étoit pas fans raifon que dans les prémiers
periodes de fon Miniftère, il évitoit de leur
faire voir qu'il fût *le Meffie*. Il falloit néceffairement, qu'il évitât de provoquer les
Conducteurs du Peuple Juif en paroiffant
trop fouvent devant eux à Jerufalem. Comme ils étoient fes ennemis déclarez, &
qu'ils lui portoient une haine implacable,
il ne pouvoit point attendre qu'ils le lais-
faffent en repos, s'il eût demeuré à Jerufalem

lem fous leurs yeux, & fous la Jurifdiction particuliere du Sanhedrin; & qu'appliqué fans cefle à prêcher & à faire des miracles depuis le commencement de fon Miniftère, il eût répandu fa Doctrine & attiré le Peuple après lui dans cette Ville, qui étoit la Capitale de la Nation, & le Siége de l'autorité des Romains & des Juifs. Mais maintenant qu'il fe voit parvenu au dernier periode de fa Vie, & que la Pâque eft arrivée, c'eft-à-dire, le temps préfix, auquel il devoit accomplir l'œuvre pour laquelle il étoit venu dans le Monde, par fa Mort & fa Réfurrection, il fe met à faire plufieurs miracles dans Jerufalem même, en préfence des Scribes, des Pharifiens, & de tout le Corps de la Nation Judaïque, afin de donner à connoître qu'il eft le Meffie. *Il enfeignoit tous les jours dans le Temple,* dit St. Luc XIX. 47, 48. *Et les Principaux Sacrificateurs, les Scribes, & les Principaux du Peuple cherchoient à le faire mourir: mais ils ne trouvoient aucun moyen de rien faire contre lui, parce que tout le Peuple l'écoutoit avec beaucoup d'attention.* Nous ne fommes pas reduits à conjecturer ce qu'il enfeignoit alors au Peuple, fur ce que nous avons vû qu'il prêchoit conftamment ailleurs, car St. Luc nous dit expreffément, *Chap.* XX. 1. *Qu'il étoit dans le Temple inftruifant le*

Peuple, & *évangelizant*, ou, comme * nous avons traduit, *prêchant l'Evangile*; c'est-à-dire, leur apprenant les heureuses nouvelles de la venue du *Regne du Messie*, ainsi que nous l'avons déja montré. Et c'est encore là ce que Jesus continua de publier, comme nous l'allons voir dans ce qui nous reste à parcourir de son Histoire.

Dans le premier Discours que nous trouvons, que Jesus-Christ a fait après celui dont nous venons de parler, il prédit (*Jean* XII. 20. &c.) qu'il seroit crucifié; & qu'après cela, toutes sortes de personnes, tant Juifs que Gentils, croiroient en lui. Sur quoi le Peuple lui dit, vf. 34. *Nous avons appris de la Loi que* le Messie *doit demeurer éternellement. Comment donc dites-vous qu'il faut que le Fils de l'homme soit élevé en haut? Qui est ce Fils de l'Homme?* De la maniére qu'il répond à cette Question, il donne clairement à connoître qui il est, en prenant le nom de *Lumiére*; titre qu'il leur avoit déclaré lui appartenir, la derniére fois qu'ils l'avoient vû à Jerusalem. Car s'y étant trouvé à la Fête des Ta-

---

* Il faut entendre cela de la Verfion Angloife. Les Traducteurs de *Mons* ont auffi traduit, *annonçant l'Evangile:* Mais ceux de *Geneve* fe font fervis ici du mot *évangelizer.*

Tabernacles, fix mois auparavant, il leur avoit dit dans le même Lieu où il étoit préfentement, favoir, dans le Temple, *Je fuis la* LUMIERE *du Monde : Celui qui me fuit, ne marchera point dans les Ténèbres, mais il aura la lumiére de la vie,* Jean VIII. 12. Il dit encore dans le *Chap.* IX. vf. 5. du même Evangelifte, *Tandis que je fuis au Monde, je fuis la* LUMIERE *du Monde.* Mais ni dans cet endroit, ni dans quelque autre que ce foit, pas même durant ces quatre ou cinq derniers jours de fa vie, il ne confeffe jamais en termes formels qu'il foit *le M·ffie*; quoi qu'en toute rencontre il le leur donnât à connoître en telle forte, par fes miracles & par d'autres moyens, qu'on pouvoit fort bien le comprendre. Il . prend, dis·je, cette précaution, bien qu'il fût que fon heure étoit venuë, & qu'il fût préparé à la mort, *Jean* XII. 27. & quoi qu'il ne fît pas difficulté de faire connoître aux principaux Chefs du Sanhedrin, qu'il étoit *le Meffie*, en faifant des miracles à leurs yeux dans le Temple, comme nous ·* venons de le voir. Ce n'étoit pas fans quelque raifon que ce divin Docteur en ufoit ainfi. Mais ce ne pouvoit être dans

la

* *Voyez* Matth. XXI. 14, & 15. *que nous avons déja cité*, pag. 141.

la vûë de conferver fa vie, puis qu'il venoit préfentement à Jerufalem dans le des-
fein de l'abandonner. Il n'y avoit fans doute aucune autre raifon qui l'obligeât à cette retenuë, que celle-là même qui l'avoit
porté jufqu'alors à garder des ménagemens
à cet égard depuis qu'il avoit commencé
de faire les fonctions de fon Miniftère,
c'eft-à-dire, un deffein formé de fe conduire d'une telle maniére, qu'il pût exé-
cuter l'œuvre pour laquelle il étoit venu
dans le Monde, & remplir exactement le
caractère du Meffie, tel qu'il avoit été donné dans la Loi & dans les Prophêtes. Comme il avoit déja accompli le temps deftiné
à fon Miniftère, il fe met à enfeigner dans
le Temple, & à faire ouvertement des Miracles devant les principaux Chefs du Sanhedrin, & le Peuple, fans fe mettre en peine fi l'on fe faifiroit de lui. Mais du refte
il ne vouloit point qu'on fe rendît maître
de fa perfonne, pour aucun fujet qui pût
le rendre criminel d'Etat ; & c'eft pour
cela qu'il évitoit de dire en termes exprès
qu'il fût *le Meffie, le Roi d'Ifraël*, de peur
que ceux qui dans les differens fentimens
où l'on étoit à fon égard, panchoient de
fon côté, n'en priffent occafion d'exciter
du trouble pour l'amour de lui, ou que les
Juifs qui lui en vouloient, ne s'en préva-

luffent

fuſſent pour l'accuſer avec fondement d'a-
voir dit en termes formels qu'il étoit le
Meſſie, le Roi d'Iſraël. C'étoit aſſez que
par ſes paroles & par ſes actions il déclarât
de telle ſorte aux Juifs qu'il étoit *le Meſſie*,
qu'ils ne puſſent s'empêcher de l'entendre.
Et en effet ils l'entendirent très-bien, comme il paroît par ce qui eſt dit dans St. Luc
*Ch.*XX. 16. 19. & dans St. Matthieu *Ch.*
XXI. 45. Mais on ne pouvoit citer en
preuve contre lui, ni ſes actions qui tendoient uniquement au bien des hommes,
ni ſes diſcours qui étoient myſterieux &
paraboliques, (comme on peut le voir dans
les Chapitres XXI. & XXII. de St. Matthieu, & par les endroits de cet Evangeliſte qui ſont paralleles avec d'autres de St.
Luc,) ni aucun des moyens qu'il employoit
pour faire connoître qu'il étoit le Meſſie,
comme ſi ſa conduite étoit contraire au
bien de l'Etat, ou tendoit à en troubler la
tranquilité. Par ces ſages précautions il
évita d'être condamné comme mal-faiteur,
& remporta du Gouverneur Romain ſon
Juge, ce glorieux témoignage, qu'il étoit
innocent, & qu'il avoit été ſacrifié à l'envie des Juifs, ayant ainſi évité de dire qu'il
fût le Meſſie, de telle ſorte que ceux qui
feroient reflexion ſur ſa vie & ſur ſa mort
après qu'il ſeroit reſſuſcité, puſſent par ce-

la même reconnoître avec plus d'évidence qu'il l'étoit effectivement.

Il est encore à remarquer, que bien qu'il allegue souvent ses Miracles pour faire voir qu'il est le Messie, il ne dit pourtant jamais aux Juifs qu'il fût né à Bethlehem, pour détruire par-là le préjugé, dont ils étoient prévenus contre lui, le croyans Galiléen; préjugé, dont ils se servoient pour prouver qu'il n'étoit point le Messie, *Jean* VII. 41 , 42. On ne pouvoit point lui faire un crime, ou l'accuser de ce que par des voies miraculeuses il guerissoit des malades, & faisoit du bien aux hommes; mais s'il eût dit que Bethlehem étoit le lieu de sa Naissance, Pilate auroit pû en être aussi allarmé que le fut Herode, & concevoir contre lui des soupçons aussi préjudiciables à son innocence, que ceux d'Herode furent funestes aux Enfans de Bethlehem & de tout le Païs d'alentour. Cette prétention d'être né à Bethlehem, accompagnée du tour malin que les Juifs lui auroient donné selon toutes les apparences, ne pouvoit manquer d'être expliquée d'une maniére odieuse par le Gouverneur Romain, & de rendre Jesus-Christ suspect de quelque dessein criminel contre le Gouvernement. Et de là vient, que, lorsque Pilate

lui

lui dit, *D'où êtes-vous? Jesus ne lui fit aucune réponse.* Jean XIX. 9.

Je laisse à juger si Notre Seigneur n'avoit point en vûë ces ménagemens particuliers qu'il étoit obligé de garder, selon que sa prudence le lui suggeroit, tant à l'égard de ceux qui recevoient sa Doctrine qu'à l'égard des Juifs qui ne songeoient qu'à le surprendre, lors qu'il dit, (*Luc XII.* 50.) *Je dois être baptisé d'un baptême; & * combien me sens-je pressé, jusqu'à ce qu'il s'accomplisse? Je suis venu,* dit-il au même endroit, vs. 49. *pour apporter le feu sur la Terre, & que souhaité-je davantage, s'il est déja allumé?* c'est-à-dire, „ on commen„ ce déja d'être divisé sur mon sujet: (*Voy.* „ Jean VII. 12. 43. IX. 16. & X. 19.) „ & je n'ai pas la liberté de dire ouverte„ ment que je suis *le Messie*, hormis après „ ma mort.   Le chemin que je dois tenir „ pour aller au Thrône, est extremement „ étroit; il est fermé, pour ainsi dire, de „ chaque côté par une haye fort épaisse; „ il faut que j'y marche sans m'en écarter „ le moins du monde, jusqu'à ce que je „ sois élevé sur la Croix, dans le temps & „ de la maniére qu'il faut, de sorte que je „ n'y arrive point trop tôt, ni d'une ma„ niére

* Πῶς συνέχομαι.

,, niére oppofée à la fin légitime de mon
,, Miniftère.

Et afin de foûtenir cet innocent caractère, fans qu'aucun accident ou aucune ca-
lomnie pût l'en détourner, il fortoit chaque foir de Jerufalem avec fes Apôtres, &
fe tenoit éloigné du chemin, comme St.
Luc le remarque expreffément dans fon
Evangile, *Ch. XXI. 37. Or*, dit-il, *le
jour il enfeignoit dans le Temple, & la nuit
il fortoit & fe retiroit fur la montagne appellée des Oliviers.* Jefus-Chrift prenoit cette
fage précaution, afin d'empêcher que le
Peuple ne le vînt trouver en foule durant
la nuit; & pour ne pas donner occafion à
aucun défordre, ni faire foupçonner qu'il
fongeât à executer aucun mauvais deffein,
à la faveur de cette grande affluence de
Juifs qui étoient alors dans Jerufalem, où
ils étoient venus de tous côtez pour affifter
à la Fête de Pâque.

Mais pour revenir * à la prédication que
Jefus fit dans le Temple, nous apprenons
de St. Jean (*Ch. XII. 36.*) qu'il exhorta
le Peuple *à croire en la lumiére pendant qu'ils
avoient la lumiére.* Et un peu plus bas,
(vf. 46.) il ajoûte, *Je fuis venu dans le Monde,*

* *Voy. ci-deffus* p. 145. *le paragraphe qui commence,*
Dans le premier Difcours que nous trouvons, &c.

de, *moi qui ʃuis la Lumiére*, *afin qu'aucun de ceux qui croyent en moi*, *ne demeure dans les ténèbres.* Ce qu'il appelle *croire qu'il étoit le Meʃʃie*, comme je l'ai fait voir ailleurs.

Le jour ʃuivant, *Matth.* XXI. il cenʃura les principaux Sacrificateurs de ce qu'ils n'avoient pas ajoûté foi à Jean Baptiʃte, qui lui avoit rendu ce témoignage, qu'il étoit *le Meʃʃie.* Sur quoi il leur déclare par le moyen d'une Parabole, qu'il eʃt *le Fils de Dieu*, qu'ils devoient mettre à mort; & qu'à cauʃe de cela Dieu leur ôteroit le Royaume du Meʃʃie, & le donneroit aux Gentils. Ils comprirent fort bien que c'étoit-là ʃa penʃée, comme il paroît par cet endroit de St. Luc, *Ch.* XX. 16. *Et ayant entendu cela*, *ils dirent: A Dieu ne plaiʃe. Car ils avoient bien reconnu*, ajoûte cet Evangeliʃte, (vʃ. 19.) *qu'il avoit dit cette Parabole contre eux.*

La Parabole qu'il fit enʃuite touchant *le Royaume des Cieux*, Matth. XXII. 1-10. tend encore plus ouvertement à faire voir, que, ʃi les Juifs, à qui le Regne du Meʃʃie avoit été prémiérement offert, ne vouloient pas le recevoir, il ʃeroit transféré à d'autres.

Les Scribes, les Phariʃiens & les principaux Sacrificateurs ne pouvoient ʃouffrir que Jeʃus donnât ainʃi à connoître, qu'il étoit *le Meʃʃie*, par les diʃcours & par les

mira

miracles qu'il faifoit * _devant eux_, Jean
XII. 37. liberté qu'il n'avoit jamais prife
auparavant.   Irritez de ce qu'ils lui entendoient dire, & des merveilles qu'ils lui
voyoient faire, & ne fachant comment
empêcher, que le nombre de fes Sectateurs
ne s'augmentât; (car _les Pharifiens difoient_
entr'eux, vous voyez que nous ne gagnons
rien, voilà tout le monde qui court après lui,
Jean XII. 19.) _ils s'accordérent tous, tant_
les principaux Sacrificateurs, que les Docteurs
de la Loi, & les principaux du Peuple, à
chercher une occafion de le perdre. Ils formé-
rent ce projet le propre jour qu'il fit fon
entrée dans Jerufalem, _Luc_ XIX. 47. Le
jour fuivant ils fongérent encore à executer
le même deffein, comme nous l'apprenons
de St. Marc _Ch._ XI. 17, 18. _Il les enfeignoit_
dans le Temple, dit cet Evangelifte: _ce_
que les Docteurs de la Loi, & les principaux
Sacrificateurs ayant entendu, ils cherchoient
les moyens de le perdre; car ils le craignoient,
parce que tout le Peuple avoit de l'admiration
pour fa Doctrine.

Le deuxiéme jour après, comme Jefus
difoit aux Juifs que le Regne du Meffie
leur feroit ôté, _les principaux Sacrificateurs,_
& les Scribes eurent envie de fe faifir de lui
_à_

* ἔμπροσθεν αὐτῶν.

K 5

à l'heure même, *mais ils apprehendérent le Peuple*, Luc XX. 19. Mais s'ils avoient un si grand desir de le prendre, pourquoi ne mettoient-ils pas les mains sur lui, puis qu'ils étoient les principaux Sacrificateurs, & les Gouverneurs du Peuple, c'est-à-dire les plus considerables de la Nation par leurs Charges & par leur autorité? St. Luc nous en dit clairement la raison dans le verset suivant: *Comme donc ils ne cherchoient que les occasions de le perdre, ils lui envoyérent des personnes qui contrefaisoient les gens de bien, pour lui tendre des piéges, & le surprendre dans ses paroles; afin de le livrer au Magistrat & au pouvoir du Gouverneur.* Ils n'avoient aucun sujet d'accusation sur quoi ils pussent le déférer au Magistrat Romain, à l'autorité duquel ils étoient eux-mêmes soûmis. C'est ce qu'ils tâchoient de trouver; & c'est pour cela qu'ils auroient été bien aises de pouvoir *le surprendre dans ses paroles*, comme dit St. Matthieu *Ch.* XXII. 15. S'ils eussent pû attrapper quelque mot qui lui fût échappé par mégarde, par où ils eussent pû le rendre criminel, ou suspect auprès du Gouverneur Romain, ils n'auroient pas manqué de s'en prévaloir pour se rendre maîtres de sa personne, dans l'esperance de le perdre. Car comme leur puissance ne s'étendoit pas aussi loin que

leur

leur malice, ils ne pouvoient point le faire mourir de leur propre autorité, fans la permiffion & l'affiftance du Gouverneur, comme ils l'avoûënt eux - mêmes, *Jean* XVIII. 31. *Il ne nous eft pas permis de faire mourir perfonne.* C'eft pour cela qu'ils s'appliquoient avec tant d'ardeur à tirer de fa bouche une déclaration, conçuë en termes formels, qu'il étoit *le Meffie.* Ce n'eft pas qu'un pareil aveu les eût engagez à croire en lui, plûtôt que fes miracles, & les autres moyens qu'il employoit pour fe faire connoître, & dont il paroît qu'ils comprenoient affez bien le deffein. Mais il leur falloit des paroles claires & directes, exprimées d'une telle maniére, qu'elles puffent leur fournir un fujet d'accufation, qui pût être de quelque poids auprès d'un Juge Payen. C'étoit-là, dis-je, la raifon pourquoi ils le preffoient de parler : *Les Juifs,* dit St. Jean *Ch.* X. 24. *s'affemblerent autour de lui, & lui dirent : Jufques à quand nous tiendrez-vous l'efprit en fufpens ? Si vous êtes le Meffie, dites-le nous* CLAIRE- MENT, παῤῥησία, c'eft-à-dire, en termes directs & formels; car il paroît que St. Jean employe ce mot dans ce fens-là, par un autre endroit de fon Evangile. C'eft au Chapitre XI. vf. 11-14. *Jefus ayant dit à fes Difciples, Lazare dort ; fes Difciples lui ré-*

pon-

pondirent: s'il dort, il sera gueri. Mais Je-
sus entendoit parler de sa mort, au lieu qu'ils
croyoient qu'il leur parloit du sommeil ordi-
naire. Jesus donc leur dit clairement, παῤῥησία:
Lazare est mort. On voit sans peine qu'il
faut entendre ici par ce mot παῤῥησία, *en*
termes clairs & formels, qui expriment la
chose simplement, & sans figure. C'est
de cette maniére que les Gouverneurs des
Juifs auroient voulu que Jesus-Christ eût
déclaré qu'il étoit *le Messie.* Et c'est à quoi ils
le sollicitérent de nouveau, *Matth.* XXVI.
63. le Souverain Sacrificateur lui ayant
commandé, de la part du Dieu vivant, de
leur dire s'il étoit *le Messie,* le Fils de Dieu,
comme nous aurons occasion de le voir
tout à l'heure.

Il paroît par tout ce qu'ils firent pour
lui ôter la vie, qu'ils ne visoient à autre
chose qu'à lui faire dire en termes exprès,
qu'il étoit *le Messie.* Toutes leurs démar-
ches font voir que c'étoit-là ce qui leur
manquoit; & que pour cet effet ils souhaitoient avec ardeur de lui extorquer cette
déclaration formelle, ou de tirer de sa bouche quelque chose qui pût choquer l'autorité des Romains, & le rendre criminel
auprès de Pilate. C'est dans cette vûë
qu'au verset 21. de ce Chapitre XX. de St.
Luc, ils lui proposérent cette Question;
Mai-

Maître, nous savons que vous ne dites, & n'enseignez rien que de juste, & que vous ne faites point acception de personnes, mais que vous enseignez la voye de Dieu dans la verité: Nous est-il permis ou non de payer le tribut à Cesar? Ils esperoient le surprendre par cette Question captieuse, de quelque maniére qu'il y répondît. Car s'il eût dit qu'ils étoient obligez de payer le tribut à Cesar, ç'auroit été approuver clairement leur sujettion à l'Empire Romain, & désavoûër par conséquent qu'il fût leur Roi & leur Liberateur: par où il auroit détruit ce que sa conduite & sa Doctrine sembloient établir, je veux dire l'opinion qui s'étoit répanduë parmi le Peuple, qu'il étoit *le Messie.* Il auroit par ce moyen, renversé les esperances & la foi de ceux qui croyoient en lui, & perdu l'affection du Peuple, qui n'ayant plus aucun attachement pour sa personne, auroit cessé de prêter l'oreille à ses discours. Si d'autre part, il eût répondu, qu'il n'étoit point permis de payer le tribut à Cesar, ils auroient eû dequoi le faire condamner devant Pilate en vertu de cette déclaration. Mais St. Luc nous apprend, vs. 23. que *Jesus s'étant apperçu de leur artifice, leur dit: Pourquoi me tentez-vous?* c'est-à-dire, pourquoi me tendez-vous des piéges? *Hypocrites, montrez-moi la piéce d'argent qu'on donne pour le tribut:* (je prens ceci de St. Matthieu *Ch.* XXII. 19.) *De qui eſt cette image & cette inſcription? De Ceſar, lui dirent-ils. Et il leur répondit: Rendez donc à Ceſar ce qui appartient à Ceſar, & à Dieu ce qui appartient à Dieu.* Par cette réponſe, pleine de ſageſſe & de circonſpection, à laquelle ils ne s'attendoient pas, ce divin Docteur rompit toutes leurs meſures. *Ainſi ils ne trouvérent rien dans ſes paroles qu'ils puſſent reprendre devant le Peuple; & ayant admiré ſa réponſe, ils ſe turent,* dit St. Luc, *Ch.* XX. 26. *Et le laiſſant ils ſe retirérent,* Matth. XXII. 22.

Cette reponſe de Jeſus-Chriſt (auſſi bien que celle qu'il fit aux Sadducéens touchant la Réſurrection, & à un Docteur de la Loi ſur le prémier commandement, *Marc* XII.) ne s'étant pas trouvée fort propre à favoriſer, comme ils l'eſperoient, les deſſeins qu'ils formoient contre lui, aucun d'eux n'oſa plus lui faire de queſtions. Mais Jeſus les voyant reduits au ſilence, commença de les interroger à ſon tour touchant *le Meſſie;* & s'adreſſant aux Phariſiens, il leur dit, (*Matth.* XXII. 42.) *Que penſez-vous du Meſſie? De qui eſt-il Fils? Ils lui repondirent, de David.* Quoi que leur réponſe fût bonne, il leur fait voir dans les

paro-

paroles fuivantes , que, quelque habiles qu'ils prétendiffent être dans la connoiffance de la Loi , ils n'entendoient pourtant pas clairement ce qui eft dit du Meffie dans l'Ecriture ; & de là il prend occafion de cenfurer rudement leur hypocrifie, leur vanité, leur orgueil, leur malice, leur avarice, & leur ignorance; & s'adreffant à eux en particulier il leur dit, *Ch.* XXIII. vf. 1 3. *Malheur à vous, Scribes, & Pharifiens hypocrites, qui fermez aux hommes le Royaume des Cieux; car vous n'y entrez point vous-mêmes, & vous n'en permettez pas l'entrée à ceux qui voudroient y entrer.* Par où il leur déclare évidemment , que le Meffie étoit venu, & que fon Regne commençoit de paroître; mais qu'ils refufoient de croire en lui, & n'oublioient rien pour empêcher les autres de le recevoir. C'eft ce qu'on voit fans peine par la lecture du Nouveau Teftament, dont l'Hiftoire explique fuffifamment ce qu'il faut entendre, dans cet endroit, par *le Royaume des Cieux,* où les Scribes & les Pharifiens ne vouloient, ni entrer eux-mêmes, ni laiffer entrer les autres. Et quoi qu'en cette rencontre Jefus-Chrift ne fe nommât point, ils ne pouvoient que jetter les yeux fur lui.

Ces cenfures les ayant encore plus irritez contre lui, ils s'affemblérent auffi-tôt pour

cher-

chercher les moyens de le perdre, comme nous le voyons dans S. Matthieu, *Ch.* XXVI. 3, *&c. Alors*, dit cet Evangeliste, *les Principaux Sacrificateurs, les Scribes & les Anciens du Peuple s'affemblérent dans la Salle du Souverain Sacrificateur appellé Caïphe, & tinrent confeil enfemble pour trouver le moyen de fe faifir adroitement de Jefus, & de le faire mourir. Mais ils difoient : Il ne faut point que ce foit pendant la Fête, de peur qu'il ne s'excite quelque tumulte parmi le Peuple. Car*, comme le remarque S. Luc, *Ch.* XXII. 2. *ils apprehendoient le Peuple.*

Enfin Jefus étant tombé, de nuit, entre leurs mains, par la trahifon de Judas, on l'amena d'abord lié * chez *Anne*, Beaupére de Caïphe, *Jean* XVIII. 13. & enfuite chez Caïphe lui-même qui étoit Souverain Sacrificateur, vf. 25. Celui-ci *l'interrogea touchant fes Difciples & fa Doctrine ; & Jefus lui répondit : J'ai parlé publiquement*
à tout

---

* Il y avoit ici dans l'Original Anglois, *Anne* Souverain Sacrificateur, *Jean* XVIII. 13. 19. *Alors le Souverain Sacrificateur l'interrogea*, &c. Mais il paroît par le verfet 24. qu'*Anne* envoya Jefus au Souverain Sacrificateur ; & par conféquent, *celui qui l'interrogea*, vf. 19. n'étoit point *Anne*, mais *Caïphe* lui-même. C'eft fans doute par pure inadvertance que M. *Locke* eft tombé dans cette petite meprife que j'ai cru devoir redreffer dans la Traduction.

à tout le monde; *j'ai toûjours enseigné dans la Synagogue, & dans le Temple, où les Juifs ont accoûtumé de s'assembler; & je n'ai rien dit en secret.* Ce qui fait voir, qu'en particulier il n'avoit point déclaré à ses Disciples en termes exprès, qu'il fût *le Messie, le Roi.* Mais il ajoûte: *Pourquoi m'interrogez-vous?* Interrogez Judas qui a toûjours été auprès de moi. *Interrogez ceux qui m'ont entendu pour savoir ce que je leur ai dit. Ce sont ceux-là qui savent ce que j'ai enseigné.* Nous voyons ici, que Notre Seigneur évite prudemment de parler de sa Doctrine.

Anne n'ayant rien tiré de la bouche de Jesus-Christ, sur quoi il pût prendre droit contre lui, l'envoya (vs. 24) à Caïphe & au Conseil, comme nous l'avons déja remarqué. Là *ils cherchérent un faux témoignage contre lui,* Matth. XXVI. 59. Mais n'en trouvant point * *qui fussent suffisans,* c'est-à-dire, propres à leur dessein, qui étoit d'avoir quelque prétexte pour le mettre à mort, (car c'est ce que signifient, à ce que je croi, les mots ἴσαι & ἴση dont se sert St. Marc, *Ch.* XIV. 56. & 59.) ils voulurent tenter de nouveau, de quelle maniére

---

* Ἴ Σ Α Ι αἱ μαρτυρίαι οὐκ ἦσαν Marc XIV. 56. & 59. ὐδὲ ὕτως Ἴ Σ Η ἦν ἡ μαρτυρία αὐτῶν.

niére ils pourroient lui faire dire à lui-même qu'il étoit *le Meſſie*. D'un côté ils conſideroient, que, s'il le confeſſoit en termes exprès, cet aveu leur ſuffiroit pour le rendre criminel de Leze-Majeſté devant le Tribunal du Gouverneur Romain; & par conſéquent pour lui ôter la vie. Ils lui dirent donc, *Luc* XXII. 67. *Si vous êtes le Meſſie, dites-le nous:* & même le Souverain Sacrificateur, comme il eſt remarqué dans St. Matthieu *Ch.* XXVI. 36. lui commanda de la part du Dieu vivant de leur déclarer ce qui en étoit. A quoi Notre Seigneur répondit, *Luc* XXII. 67, 68. *Si je vous le dis, vous ne me croirez point; & ſi je vous interroge à mon tour, vous ne me répondrez point, ni vous ne me laiſſerez point aller.* ,, C'eſt-à-dire, ſi je vous le
,, dis, & que je vous le prouve par le té-
,, moignage qui m'a été rendu des Cieux,
,, & par les œuvres que j'ai faites parmi
,, vous, vous ne croirez pourtant pas que
,, je ſois *le Meſſie.* Ou bien, ſi je vous
,, demandois, où *le Meſſie* doit naître,
,, dans quel éclat il doit paroître, quelle
,, figure il doit faire, & pluſieurs autres
,, choſes que vous regardez en moi comme
,, incompatibles avec la qualité de *Meſſie,*
,, vous ne me feriez aucune réponſe, &
,, ne me laiſſeriez point aller, comme un
,, hom-

,, homme qui ne prétendroit point être *le*
,, *Meſſie*, & que vous ne craindriez point
,, qu'on dût recevoir ſous cette qualité.
,, Mais cependant je vous déclare, que
deſormais le Fils de l'homme ſera aſſis à la
droite de la puiſſance de Dieu, vſ. 70. *Alors*
ils lui dirent tous : Etes-vous donc le Fils de
Dieu ? & il leur répondit, vous le dites
vous-mêmes que je le ſuis. Par tout cet in-
terrogatoire, qui eſt rapporté ici au long
par St. Luc, il eſt évident, que la réponſe
de Jeſus-Chriſt (qui eſt exprimée dans
Saint Matthieu, *Chap.* XXVI. 64 par ces
mots, *Vous l'avez dit*, & dans St. Marc,
Ch. XIV. 62. par ceux-ci, *Je le ſuis*) ſe
rapporte ſeulement à cette Queſtion, *Etes-*
vous donc le Fils de Dieu? & non pas à
cette autre, *Etes-vous le Meſſie?* qui avoit
précedé, & à laquelle Jeſus-Chriſt avoit
répondu auparavant: bien que St. Matthieu
& St. Marc, qui ont abregé cet endroit,
joignent ces deux queſtions comme n'en
faiſant qu'une ſeule, omettant tout ce qui
fut dit entre deux. On voit, dis-je, clairement dans S. Luc, qu'on fit à Jeſus-
Chriſt deux Queſtions diſtinctes auxquelles il fit deux réponſes ſeparées. En répon-
dant à la prémiére Queſtion, il évite, ſelon ſa prudence ordinaire, de dire ouvertement & en termes formels, qu'il ſoit le

L 2

Meſſie:

Meſſie: mais ſur la derniére il avoûë nettement, qu'il eſt *le Fils de Dieu.* Ceux
qui l'entendoient, étant Juifs, compré-
noient bien que ce titre déſignoit *le Meſſie:*
cependant Jeſus ſavoit qu'ils ne pouvoient
pas ſe ſervir de cet aveu pour lui intenter
une accuſation juridique ou fort importante
devant des Payens; & c'eſt ce que l'évenement fit bien-tôt voir. En effet, comme
ils eurent demandé à Jeſus-Chriſt, *S'il étoit*
le Fils de Dieu, il ne leur eût pas plûtôt
répondu, *Vous dites vous-mêmes que je le*
ſuis, qu'ils ſe mirent à crier: *Qu'avons-*
nous plus beſoin de témoins, puis que nous
l'avons ouï nous-mêmes de ſa propre bouche?
Ainſi croyant avoir aſſez de fondement
pour l'accuſer, ils le menérent à Pilate; &
Pilate leur dit, Jean XVIII. 29. 32. *Quel*
eſt le crime dont vous accuſez cet homme? Ils
répondirent: Si ce n'étoit point un méchant,
nous ne vous l'aurions pas livré. Sur quoi
Pilate leur dit: *Prenez-le vous-mêmes, &*
le jugez ſelon votre Loi. Mais cela ne les
auroit pas contentez, parce qu'ils en vouloient à ſa vie, & qu'ils ne pouvoient être
ſatisfaits qu'à ce prix-là. C'eſt pourquoi
les Juifs repondirent à Pilate: Il ne nous
eſt pas permis de faire mourir perſonne. Et
cela arriva de cette ſorte, *afin que fût ac-*
compli ce que Jeſus avoit dit, lors qu'il avoit

mar-

marqué de quelle mort il devoit mourir. Eux donc pourſuivant le deſſein qu'ils avoient de le faire paſſer auprès de Pilate pour un ennemi de Ceſar, *commencérent à l'accuſer en diſant : Voici un homme que nous avons trouvé qui pervertit notre Nation, & qui défend de payer le tribut à Ceſar, en ſe diſant le Meſſie, le Roi,* Luc XXIII. 2. Ce n'étoit-là que des conſéquences qu'ils tiroient eux-mêmes de ce qu'il avoit dit, *qu'il étoit le Fils de Dieu;* & Pilate l'ayant reconnu, (car à juger par les ſuites de cette affaire il y a apparence qu'il examina ces conſéquences ſur les propres paroles de Jeſus) leur accuſation ne fit aucune impreſſion ſur ſon eſprit. Cependant, comme on avoit objecté à Jeſus-Chriſt qu'il prenoit le nom de *Roi*, Pilate ſe crut obligé de rechercher le fondement de cette accuſation. *Etant donc entré dans le Palais,* (Jean XVIII. 33-37.) *& ayant fait venir Jeſus, il lui dit : Etes-vous le Roi des Juifs? Jeſus lui répondit : Dites-vous cela de votre chef, ou ſi d'autres vous l'ont dit de moi? Pilate lui repliqua, ſuis-je Juif? Ceux de votre Nation, & les Principaux Sacrificateurs vous ont livré entre mes mains : Qu'avez-vous fait? Jeſus lui répondit : Mon Royaume n'eſt pas de ce Monde. Si mon Royaume étoit de ce Monde, mes gens auroient combattu*

L 3

pour

pour m'empêcher de tomber entre les mains des Juifs: mais mon Royaume n'est point d'ici. Alors Pilate lui dit: Vous êtes donc Roi? Jesus lui repartit: Vous le dites que je suis Roi. C'est pour cela que je suis né, & que je suis venu dans le Monde, afin de rendre témoignage à la Verité: Quiconque * appartient à la Verité, écoute ma voix. Dans ce Dialogue entre Jesus-Chrift & Pilate, nous pouvons remarquer, I. que Pilate ayant demandé à Notre Seigneur, s'il étoit le Roi des Juifs, il répond d'une telle maniére, que, bien qu'il ne le nie pas, il évite pourtant de lui donner le moindre sujet de soupçonner qu'il eût quelque dessein sur le Gouvernement. Car quoiqu'il se déclare Roi, cependant pour écarter toute sorte de soupçon, il dit à Pilate, Que son Royaume n'est pas de ce Monde. Ce qu'il fait voir par cette raison, que s'il eût prétendu avoir quelque droit sur le Païs, ses Sectateurs, qui n'étoient pas en petit nombre, & qui étoient assez disposez à le prendre pour leur Roi, auroient combattu pour lui, supposé qu'il eût eû dessein de s'établir par la force, ou que son Royaume dût être fondé de cette maniére. Mais, ajoût-il, mon Royaume n'est point d'ici: c'est-à-dire,

* C'est-à-dire, a de l'amour pour la Verité.

dire, il n'eſt point ſemblable à ceux de ce Monde : ou bien, ce n'eſt pas ici qu'il doit paroître.

II. Pilate étant convaincu par les paroles de Jeſus-Chriſt & par d'autres circonſtances, qu'il ne s'attribuoit aucune prétention ſur la Judée, & ne ſongeoit point à troubler le Gouvernement, fut néanmoins un peu ſurpris d'entendre dire à un homme d'une ſi petite apparence, qui n'avoit perſonne à ſa ſuite, pas même un Valet ou un Ami, qu'il étoit Roi ; & c'eſt pour cela qu'il lui demande, avec une eſpece de ſurpriſe, *Etes-vous donc Roi ?*

III. On peut remarquer en troiſiéme lieu, que Notre Seigneur déclare dans cet endroit, que ce qu'il avoit de plus important à faire dans le Monde, c'étoit de témoigner & d'établir cette grande verité, *Qu'il étoit Roi,* c'eſt-à-dire en d'autres termes, *Qu'il étoit le Meſſie.*

IV. Enfin, nous voyons ici, que tous ceux qui avoient de l'attachement pour la Verité, & qui étoient entrez dans le chemin qui conduit à la Verité & au Bonheur, recevoient cet article particulier touchant Jeſus-Chriſt, qu'il étoit *le Meſſie,* leur Roi.

Pilate étant donc convaincu que Jeſus-Chriſt ne penſoit nullement à cauſer du

trou-

trouble dans la Province, & que la prétention qu'il avoit d'être Roi, en quoi qu'elle
pût confiſter, ne pouvoit jamais avoir des
ſuites dangereuſes, il dit aux Juifs, *Jean*
XVIII. vſ. 38. *Je ne trouve aucun crime
dans cet homme.* Mais les Juifs tranſportez
d'une nouvelle rage, ſe mirent à dire, *Luc*
XXIII. 5. *il ſoûleve le Peuple par la doctrine qu'il a répanduë dans toute la Judée, depuis la Galilée où il a commencé, juſqu'ici.*
Et alors Pilate ayant appris, que Jeſus étoit
de Galilée, ſous la Juriſdiction d'*Herode*,
le renvoya à Herode, auprès de qui *les
Principaux Sacrificateurs & les Scribes l'ac-
cuſérent* auſſi *avec grande véhémence*, vſ. 10.
Mais Herode voyant que toutes les accuſations qu'on formoit contre lui, étoient, ou
fauſſes, ou de peu d'importance, ne regar-
da Jeſus que comme un objet de mépris;
& s'étant contenté de ſe moquer de lui, il
le renvoya à Pilate, lequel ayant fait venir
les Principaux Sacrificateurs, les Senateurs
& le Peuple, vſ. 14. *leur dit : Vous m'avez
préſenté cet homme comme portant le Peuple
à la revolte, & néanmoins l'ayant interrogé
en votre préſence, je ne l'ai trouvé coupable
d'aucun des crimes dont vous l'accuſez, ni
Herode non plus, car je vous ai renvoyez à
lui : & cependant à ſon jugement même, il
n'a rien fait qui fût digne de mort.* Touché
de

de ces raiſons, il auroit voulu le relâcher, *car il ſavoit que c'étoit par envie que les Principaux Sacrificateurs le lui avoient mis entre les mains*, Marc XV. 10. Et comme le Peuple demandoit que Barrabas fût relâché, & crioit, à l'égard de Jeſus, Crucifiez-le, *Pilate leur dit pour la troiſiéme fois,* (Luc XXIII. 22.) *Mais quel mal a-t-il fait? Je ne trouve rien en lui qui mérite la mort.* * *Je le vai faire châtier; & puis je le renverrai.*

Nous pouvons remarquer par toutes ces pourſuites des Juifs, qu'ils auroient bien voulu tirer de la propre bouche de Jeſus-Chriſt une déclaration expreſſe qu'il étoit le Meſſie: mais ne pouvant en venir à bout, quelque adreſſe & quelque ſoin qu'ils employaſſent pour cela, & tout ce qu'ils purent alleguer d'ailleurs contre lui, n'étant pas ſuffiſant pour perſuader Pilate, que Jeſus prétendît être Roi des Juifs, ou qu'il eût tâché de porter le Peuple à la rebellion, (car, comme on peut le voir, toutes leurs accuſations rouloient ſur ces deux articles) ce Gouverneur Romain le déclara innocent pluſieurs fois, juſques à quatre ou cinq diverſes repriſes; & enfin dans le temps même qu'il le leur aména, après l'avoir

fait

---

* Παιδεύσας ἐν αὐτὸν ἀπολύσω.

fait fouëtter *Jean* XIX 4. 6. *voyant qu'il
ne gagnoit rien, mais que le tumulte augmen-
toit toûjours de plus en plus, il se fit apporter
de l'eau ; & lavant ses mains devant tout le
Peuple, il leur dit : Je suis innocent du sang
de ce Juste : ce sera à vous à en répondre,*
Matth. XXVII. 24. Et par-là nous voyons
clairement la raison pourquoi Notre Seigneur Jesus-Christ évite prudemment durant tout le cours de son Ministère, de déclarer en termes exprès, tant à ses Apôtres,
qu'au Peuple & aux Conducteurs des Juifs,
qu'il fût le Messie : Pourquoi il se cache
toûjours à la faveur de quelques termes
prophetiques ou paraboliques, (car lui &
ses Disciples ne prêchoient autre chose,
sinon que *le Royaume de Dieu*, c'est-à-dire,
du Messie, étoit venu) & Pourquoi il laisse, pour ainsi dire, à ses miracles le soin
de faire connoître qu'il est le Messie : quoi
que ce fût pour rendre témoignage à cette
Verité qu'il étoit venu dans le Monde,
comme il le dit lui-même, *Jean* XVIII.
37. & que tous ceux qui vouloient être ses
Disciples, dussent la recevoir.

Lors que Pilate, convaincu de l'innocence de Jesus-Christ, eut fait connoître qu'il
vouloit le relâcher, les Juifs continuant de
crier, *Crucifiez-le, Crucifiez-le*, Jean XIX.
6. *il leur dit : Prenez-le vous-mêmes, & le
cru-*

crucifiez : car pour moi, je ne trouve en lui aucun crime. Sur quoi les Juifs voyant bien qu'ils ne pourroient point le faire paſſer auprès de Pilate, pour criminel d'État, en diſant qu'il s'étoit donné le titre de Fils de Dieu, ils ſe prirent à dire, qu'en vertu de leur Loi il étoit coupable de mort : *Les Juifs* (ajoûte St. Jean vſ. 7.) *repondirent à Pilate : Nous avons une Loi, & ſelon cette Loi il doit mourir, parce qu'il s'eſt fait Fils de Dieu;* c'eſt-à-dire; ,, parce qu'en di- ,, ſant qu'il eſt le Fils de Dieu il prétend ,, ſe faire paſſer pour le Meſſie, le Pro- ,, phete qui doit venir". Car nous ne trouvons point d'autre Loi que celle qui eſt établie contre les Faux Prophetes (*Deuter.* XVIII. 20.) en vertu de laquelle on pût meriter la mort, pour *s'être fait Fils de Dieu.*

Dès lors, Pilate eut encore plus d'envie de le délivrer, vſ. 12, 13. *Mais les Juifs crioient : Si vous délivrez cet homme, vous n'êtes point ami de Ceſar, car quiconque ſe fait Roi, s'oppoſe à Ceſar.* Nous voyons dans ces paroles, que le fort de l'accuſation des Juifs, en vertu dequoi ils eſperoient faire perdre la vie à Jeſus-Chriſt, c'étoit de dire, *qu'il ſe faiſoit Roi.* Nous y voyons encore ſur quoi ils fondoient cette accuſa- tion, ſavoir, ſur ce qu'il avoit déclaré

qu'il

qu'il étoit *le Fils de Dieu*: car jamais il n'avoit dit, en leur préfence, qu'il fût Roi. Nous y découvrons, d'ailleurs, la raifon pourquoi ils fouhaitoient avec tant d'ardeur de l'engager à confeffer en termes exprès, qu'il étoit *le Meffie*, il eft tout vifible que ce n'étoit, qu'afin de pouvoir prouver clairement qu'il avoit pris cette qualité. Enfin nous apprenons d'ici, pourquoi Jefus ne faifant pas difficulté de fe fervir d'expreffions connuës aux Juifs, pour leur donner à entendre qu'il étoit le Mesfie, évite néanmoins de le leur découvrir en termes qui puffent paroître criminels devant le Tribunal de Pilate. Il confeffe fort nettement, par rapport aux Juifs, qu'il eft *le Meffie*, mais il le fait pourtant d'une telle maniére, que Pilate ne pouvoit point du tout en conclurre, qu'il prétendît au Royaume de Judée, ou qu'il fongeât à fe faire Roi de ce Païs-là. Du refte, fi Jefus avoit péché contre la Loi des Juifs, en difant qu'il étoit le Fils de Dieu: c'eft dequoi Pilate ne fe mettoit pas fort en peine.

Quiconque fera réflexion fur ce que *Tacite*, *Suetone*, & * *Seneque* difent de *Tibere* & de fon Regne, verra combien Notre Sei-

─────

* *De Benef.* Lib. III. c. 26.

Seigneur étoit obligé, s'il vouloit éviter de mourir comme criminel, & traître à l'Etat, de prendre exactement garde à ses paroles & à ses actions, pour ne rien faire ou dire qui pût choquer le Gouvernement des Romains, ou leur donner le moindre ombrâge. Un homme comme lui, dont la vie étoit irreprochable, & en qui l'on remarquoit quelque chose d'extraordinaire, devoit nécessairement être fort circonspect dans sa conduite, sous un Prince jaloux & cruel, qui favorisoit les délateurs, & signaloit son Regne par des executions sanglantes pour cause de trahison, un Prince, sous l'Empire duquel des paroles dites innocemment ou par raillerie, étoient comptées pour des crimes d'Etat, si on pouvoit les expliquer en mauvaise part; & punies avec tant de rigueur, que dès-là qu'on étoit accusé, l'on étoit condamné infailliblement. Aussi voyons-nous, que, lorsque les Juifs dirent à Pilate, *Jean* XIX. 12. qu'il ne seroit point ami de Cesar, s'il relâchoit Jesus, parce que quiconque se faisoit Roi, étoit rebelle à Cesar, il ne leur demanda plus s'ils vouloient prendre Barrabas, & épargner Jesus, mais le condamna à la mort, contre sa conscience, afin d'assûrer par-là sa propre vie.

Il y a encore une chose qui sert à nous

faire

faire voir la raifon de ces fages ménagemens que Jefus-Chrift étoit obligé de garder, laquelle fe rapporte vifiblement à cette prudente conduite, & en fait partie, je
veux parler du choix que ce divin Seigneur
fit de fes Apôtres : choix qui convenoit
merveilleufement bien à fon deffein, & à
la néceffité qu'il prévoyoit lui devoir être
impofée, de ne parler du Meffie qu'on attendoit alors, qu'en termes généraux pendant tout le cours de fon Miniftère, & de
ne pas découvrir trop clairement, ou trop
librement aux Juifs, entêtez de leurs idées,
qu'il fût effectivement le Meffie, mais de
remettre la connoiffance de ce point à la
recherche de ceux qui voudroient faire réflexion fur la pureté de fa vie, fur le témoignage de fes miracles, & fur la conformité qu'il y avoit entre ces chofes, & les
prédictions qui avoient été faites de lui,
fans faire publier en termes exprès, qu'il
étoit le Meffie, finon après fa mort. Son
Regne ne devoit leur être découvert que
par dégrez, tant pour les difpofer par-là à
le recevoir, qu'afin qu'il pût lui-même
demeurer affez long-temps parmi eux, pour
faire ce qu'il étoit chargé de faire en qualité de Meffie, & pour remplir tous ces
différens caractères qui avoient été mar-
quez dans le Vieux Teftament comme es-
fentiels

fentiels à fa Perfonne ; & que nous voyons lui être appliquez dans le Nouveau.

Les Juifs ne ʃe reprefentoient le Meʃʃie que fous l'idée d'un grand Roi temporel, qui rendroit leur Nation plus puiʃʃante, & plus heureuʃe, qu'elle n'avoit jamais été. Remplis de ces magnifiques eʃperances ils attendoient tous les jours l'établiʃʃement d'un Regne glorieux fur la Terre. Ce n'étoit donc pas à un homme pauvre comme Jeʃus-Chriʃt, Fils d'un Charpentier, & né, comme ils croyoient, en Galilée, de prétendre à ce Royaume. Aucun des Juifs, pas même ʃes Diʃciples, n'auroient pû le ʃouffrir, ʃi d'abord il le leur eût déclaré expreʃʃément, & qu'il eût commencé par leur annoncer, & leur faire connoître ʃon Regne de cette maniére : fur tout, ʃi en leur faiʃant cette déclaration il eût ajoûté, que dans un ou deux ans il devoit mourir honteuʃement fur une Croix. Voilà pourquoi ils font préparez par dégrez à recevoir cette verité. Premiérement, Jean Baptiʃte leur dit, que *le Royaume de Dieu* (expreʃʃion dont les Juifs ʃe ʃervoient pour déʃigner le Meʃʃie) *eʃt proche.* Sur cela Jeʃus-Chriʃt vient, & les entretient auʃʃi du *Royaume de Dieu,* diʃant quelquefois, qu'il eʃt proche, & en certaines occaʃions, qu'il eʃt venu : mais du reʃte dans ʃes prédications

pu-

publiques il ne parle que peu ou point du tout de lui-même. Après ſa mort, viennent les Apôtres & les Evangeliſtes, qui enſeignent ouvertement & en termes exprès, ce qui avoit été marqué par ſa naiſſance, par ſa vie, & par ſa doctrine, & que ceux dont l'eſprit étoit bien diſpoſé avoient été déterminez à recevoir par l'examen de toutes ces circonſtances, c'eſt à ſavoir, *Que Jeſus eſt le Meſſie.*

Le choix que Jeſus-Chriſt fit de ſes Apôtres, s'accordoit très-bien avec cette méthode qu'il avoit réſolu d'obſerver dans la publication de l'Evangile. C'étoit une troupe de gens pauvres, ignorans, ſans lettres, qui, comme Jeſus le dit lui-même *Matth.* XI. 25. & *Luc* X. 21. n'étoient point du nombre *des ſages & des prudens* du ſiécle. Ils n'étoient, à cet égard, que de ſimples Enfans. Ces perſonnes, convaincuës par les miracles qu'ils voyoient faire tous les jours à Jeſus-Chriſt, & par la vie irreprochable qu'il menoit, pouvoient être diſpoſez à croire qu'il étoit le Meſſie : & quoiqu'ils attendiſſent avec les autres Juifs un Regne temporel ſur la Terre, ils pouvoient pourtant être perſuadez ſur la foi de leur Maître, qui leur faiſoit l'honneur de les tenir auprès de ſa perſonne, que ce Regne viendroit, ſans trop

s'en-

s'enquerir quand, comment, & en quel lieu
ce divin Seigneur établiroit son Royaume:
Curiosité où se seroient portez infailible-
ment des gens de Lettres, plus versez dans la
lecture des Livres de leurs Rabbins, ou des
gens du Monde, plus experimentez dans les
affaires. Des personnes d'un esprit & d'u-
ne sagesse au dessus du commun, instruits
des choses du Monde & de la manière dont
elles s'y passent, n'auroient guere pû s'empêcher de s'appliquer à connoître plus exactement le dessein & la conduite de ce divin Sauveur, ou de lui demander, quel chemin, & quelles mesures il prendroit pour
monter sur le Thrône, de quels moyens ils
devoient se servir pour favoriser son dessein;
& quand il faudroit qu'ils missent serieusement la main à l'œuvre. On n'auroit guere
pû détourner des gens plus habiles, d'une
naissance plus relevée, & qui auroientcu de
plus hautes pensées, de dire en secret, du
moins à leurs Amis & à leurs Parens, que
leur Maître étoit *le Messie*; & que, bien
qu'il se cachât jusqu'à ce qu'il eût une occasion favorable de se faire connoître &
que les choses fussent bien disposées pour
cela, ils le verroient néanmoins sortir en
peu de tems de l'obscurité, quitter le mas-
que, & se déclarer Roi d'Israël, comme
il l'étoit effectivement. Mais l'ignoran e

M

&

& la baſſe extraction des Apôtres étoient cauſe, que ces bonnes gens avoient l'eſprit tout autrement diſpoſé. Ils ſe contentérent d'avoir pour leur Maître une confiance implicite, uniquement appliquez à executer ponctuellement ſes ordres, ſans exceder leur commiſſion en quoi que ce fût. Lors qu'il les envoya prêcher l'Evangile, il les chargea de dire que *le Royaume de Dieu étoit proche* ; & c'eſt ce qu'ils firent ſans deſcendre dans un plus grand détail qu'il ne leur avoit preſcrit, ou ſans mêler aux ordres qu'il leur avoit donnez, les expediens que leur propre prudence leur auroit pû ſuggerer, pour avancer *le Regne du Meſſie*. Ils l'annonçoient ce Regne, ſans faire connoître, ou ſans inſinuër que leur Maître fût ce *Meſſie* : ce que des perſonnes d'une plus haute condition, & à qui une autre éducation auroit inſpiré des Sentimens plus élevez, n'auroient guere pû s'empêcher de faire. Lors qu'il leur demanda, qui ils croyoient qu'il fût, & que Pierre eût répondu, *le Meſſie, le Fils de Dieu*, Matth. XVI. 16. il dît expreſſément, dans les paroles ſuivantes, que ce n'étoit point lui qui le leur avoit déclaré de cette maniére ; & en même tems (vſ. 20.) il leur défend de dire à perſonne, qu'ils le regardaſſent ſous cette idée. Il paroît qu'en cela ils lui obéïrent avec une extrême fidelité,

lité, comme on peut le conclurre, non feulement de ce que les Evangeliſtes ne diſent
abſolument rien qui tende à faire connoître
que les Apôtres ayent jamais publié rien de
ſemblable, avant la mort de Jeſus-Chriſt,
mais encore de ce que trois d'entr'eux lui
rendirent une exacte obéïſſance à propos d'un
pareil commandement qu'il leur fit. Ce fut
lorsqu'il prit *Pierre*, *Jacques*, & *Jean*, pour
aller ſur une Montagne ; & que *Moïſe* & *Elie*
y étant venus pour s'entretenir avec lui, il
fut transfiguré devant eux, car alors il leur
dît expreſſément *Matth.* XVII. 9. *Ne par-*
lez à perſonne de cette viſion, juſqu'à ce que
le Fils de l'Homme ſoit reſſuſcité d'entre les
morts. Et S. Luc nous apprend qu'ils obſer-
vérent cet ordre avec une grande exactitude,
Chap. IX. vſ. 36. *Ils tinrent cela ſecret ; &*
ne dirent rien pour lors à perſonne de ce qu'ils
avoient vû.

Qu'on juge, après cela, ſi douze autres perſonnes, qui auroient eû l'eſprit plus pénétrant, & à qui une naiſſance diſtinguée, ou
l'éducation qu'ils auroient reçuë, auroit pû
faire concevoir quelque bonne opinion d'eux-
mêmes, ou de leur propre habileté, qu'on
juge, dis-je, ſi des perſonnes de ce caractere auroient pû ſe renfermer ſi aiſément dans
les bornes qui leur auroient été preſcrites,
s'agiſſant d'une affaire où ils avoient un ſi

M 2

grand

grand intérêt, s'ils auroient pû s'empêcher de dire ce qu'ils auroient crû pouvoir fervir, felon les règles de la prudence humaine, à établir la reputation de leur Maître, & à le faire entrer plûtôt en poffeffion de fon Royaume. Je ne fai même fi l'on ne pourroit point croire avec quelque fondement, que c'eft pour cette raifon que S. *Paul* étoit plus propre à exercer l'Apoftolat après le Miniftère de Jefus-Chrift que devant, je veux dire, à caufe de fon favoir, de fon e prit, & de la grande vivacité de fon temperament; & qu'ainfi il ne fut appellé à la charge d'Apôtre par la fage providence de Dieu, qu'après la Refurrection de Jefus-Chrift, bien qu'il fût * *un vafe d'élection.*

Je ne dis ceci qu'afin que nous en prenions occafion d'exalter la fage & admirable conduite que Dieu a fait paroître dans tout l'Ouvrage de notre Redemption, autant que nous fommes capables de la découvrir par le moyen des traits que Dieu luimême a voulu en faire voir à la Raifon humaine. Car quoi qu'il foit auffi aifé à un Dieu Tout-puiffant, de faire toutes chofes par un acte immédiat de fon abfoluë volonté, & de venir ainfi à fes fins en fe fervant des chofes d'une maniére contraire à leur nature, cependant fa Sageffe n'a pas ac-

coû-

* *Act.* IX. 15.

coûtumé de prodiguer, pour ainfi dire, les miracles, mais d'y recourir feulement dans des cas où ils font néceffaires pour montrer, qu'une certaine Revelation, ou la Miffion de quelque perfonne extr ordinaire vient de lui. Dieu employe conftamment, pour l'execution de fes deffeins, des moyens qui agiffent conformément à leur nature, excepté dans les occafions où il eft obligé d'en ufer autrement pour confirmer quelque Verité. Et s'il n'en ufoit pas ainfi, toutes les idées des chofes feroient confonduës, nous ne pourrions plus juger de leur nature, ni de leurs effets, les Miracles perdroient leur nom & leur force; & il n'y auroit aucune diftinction entre le Naturel, & le Surnaturel.

Or pour appliquer ceci plus particulierement à la conduite de Jefus-Chrift, il eft certain qu'on n'auroit pas eû occafion de voir & d'admirer la fageffe, auffi bien que l'innocence de ce divin Seigneur, fi en toutes rencontres il fe fût expofé temerairement à la fureur des Juifs, & que toûjours il en eût été délivré par la puiffance de Dieu, qui eût fufpendu l'effet de leur malice, ou l'eût tiré de leurs mains d'une maniére miraculeufe. Il fuffifoit à Jefus-Chrift d'être échappé une fois du milieu des Habitans de Nazareth, qui alloient le précipiter du haut

M 3

d'une

d'une Montagne, pour ne prêcher plus parmi eux. Il est remarqué dans l'Evangile, que ce divin Seigneur étant suivi d'un grand nombre de perſonnes à cauſe qu'il leur donnoit du pain à manger, cette multitude vouloit l'élire Roi par la ſimple conſideration des miracles qu'ils lui voyoient faire. Mais ſi non content de faire des miracles, il eût dit ouvertement, & en termes exprès, qu'il étoit le Meſſie, le Roi, de qui ils attendoient leur délivrance, il ſe feroit trouvé ſans doute beaucoup plus de gens qui l'auroient ſuivi, qui auroient embraſſé ſon parti avec plus de chaleur, & ſe feroient portez avec plus d'empreſſement à le mettre à la tête de quelque entrepriſe ſéditieuſe. A la verité, Dieu auroit pû intervenir miraculeuſement pour les détourner d'un pareil deſſein, mais en ce cas, la Poſterité n'auroit pû croire, que les Juifs euſſent attendu dans ce temps-là la venuë du *Meſſie*, pour être leur Roi & leur Liberateur; ou que Jeſus, qui avoit déclaré lui-même qu'il étoit ce Roi & ce Liberateur, eût fait, pour le leur perſuader, des miracles parmi eux, ou quoi que ce ſoit qui eût dû les engager à ajoûter foi à ſes paroles, ou à le recevoir en qualité de Meſſie. Si d'autre part, Jeſus eût déclaré librement au Peuple qui le ſuivoit, qu'il étoit *le Meſ-*
ſie,

fie, *lé Roi d'Ifraël*; & que Pilate en eût été informé, Dieu auroit bien pû, en agiffant d'une maniére furnaturelle fur l'efprit de ce Gouverneur, faire en forte qu'il l'eût déclaré innocent, & ne l'eût pas condamné comme un malfaiteur, qui pendant trois ans confecutifs avoit prêché ouvertement la fédition au Peuple, en tâchant de leur perfuader qu'il étoit *le Meffie*, leur Roi, forti du fang Royal de David, qui venoit pour les délivrer. Mais cela po é, je demande fi la Pofterité n'auroit pas tenu pour fufpecte la verité de cette Hiftoire, ou douté qu'on n'eût eû recours à quelque artifice pour gagner le fuffrage de Pilate, par la raifon que fans quelque confideration particuliére il n'auroit pû favorifer Jefus-Chrift jufqu'à vouloir relâcher un homme fi remuant & fi feditieux, jufqu'à le déclarer innocent & à rejetter fur l'envie des Juifs tout le blâme de fa mort comme étant injufte.

Au contraire, de la maniére que les chofes fe font paffées, tout a contribué à la gloire de Jefus-Chrift, & à l'accompliffement de fes deffeins. La malice des Principaux Sacrificateurs, des Scribes, & des Pharifiens, l'ardeur du Peuple, animé par l'efperance d'un changement de condition, & par les miracles dont il étoit le témoin, la trahifon de Judas, le foin que Pilate prend

M 4

de

de conferver fon Gouvernement, & d'y entretenir la Paix : tous ces differens refforts
agiffant naturellement comme ils devoient,
Jefus par une circonfpection admirable, &
une fageffe extraordinaire qui paroit dans toute fa conduite, furmonte tous ces obftacles, ex-
écute l'ouvrage pour lequel il étoit venu dans
le Monde, prêche fans interruption pendant
tout le temps deftiné à fon Miniftère, fe fait
connoître fuffifamment pour le Meffie par
toutes les circonftances qui avoient été prédites de lui dans l'Ecriture ; & lors que fon
heure eft venuë, il fouffre la mort : Mais Judas qui le trahit, & Pilate qui le condamne,
confeffent tous deux qu'il meurt innocent.
Car, pour me fervir des propres termes de St.
Luc, *Ch. XXIV. 46. Il eft ainfi écrit, & il
falloit que le Meffie fouffrit ainfi:* C'eft fur cela même qu'étoit fondée la raifon de toute
cette conduite de Jefus-Chrift, comme il le
montre clairement lui-même dans ces paroles qu'il addreffe à St. Pierre, *Matth.* XXVI.
*53. Croyez-vous que je ne puiffe pas prier
mon Père, qui m'enverroit d'abord plus de
douze Legions d'Anges? Mais comment s'ac-
compliroient les Ecritures, qui déclarent que
cela doit arriver ainfi?*

Chapitre X.

Jesus étant sur le point de mourir se fait connoître plus ouvertement à ses Disciples : cependant il ne leur ordonne de croire autre chose, sinon qu'il est le Messie.

APRE's avoir trouvé le Principe sur lequel Jesus-Christ devoit se regler dans la manifestation de son Régne, voyons à présent, comment sa prédication, ses discours & sa conduite y ont été conformes dans la derniére Scène de sa vie.

Nous avons déja remarqué combien il a été circonspect dans les commencemens de son Ministère : Nous ne voyons pas qu'il se soit servi qu'une seule fois du mot de *Messie*, jusqu'à ce qu'il soit venu à Jerusalem cette derniére Pâque Avant cela, il prêchoit moins, & faisoit moins de miracles à Jerusalem qu'ailleurs; & lors qu'il y alloit, il n'y séjournoit que très-peu de temps. Mais présentement il y vient six jours avant la Fête, enseigne chaque jour dans le Temple, & y guerit publiquement des aveugles & des boiteux, devant les Scribes, les Pharisiens, & les Principaux Sacrificateurs. Comme le temps de son Ministère tendoit à fa fin, & que fon heure alloit venir, il ne fe met.oit plus en peine , fi les Principaux Sacrificateurs, les Anciens, les Conducteurs & tout le Sanhedrin feroient fort irritez contre lui, à caufe de fa Doctrine & de fes Miracles Il étoit alors auffi hardi à prêcher ouvertement dans Jerufalem, & à y faire librement toutes les œuvres qui convenoient au Meffie, en préfence même des Senateurs Juifs & de tout le Peuple, qu'il avoit été auparavant retenu & circonfpect dans cette même Ville, où il avoit eû foin de paroître rarement, & de ne fe faire voir qu'autant qu'il étoit néceffaire. A préfent il ne s'embarraffe plus de ce que les Juifs pourront penfer de lui, ou machiner contre fa perfonne, car il favoit bien qu'ils vouloient le prendre: Il s'attache uniquement à ne dire ou à ne faire rien qui puiffe leur fournir un jufte fujet de l'accufer, ou de le rendre criminel auprès du Gouverneur Romain. Quant aux Principaux de la Nation Judaïque , bien loin de les épargner , il fe met à cenfurer violemment leur conduite en public, & dans le Temple, où il les appelle, plus d'une fois, *hypocrites*, comme on peut le voir dans St. Matthieu *Ch.* XXIII. Et ce qu'il leur dit de plus doux en finiffant la reprimande qu'il leur fait alors, c'eft de les nommer *Serpens*, & *engeance de vipéres.*

Jefus

Jesus ayant cenſuré de cette ſorte les Scribes & les Phariſiens , ſe retira enſuite avec ſes Diſciples ſur la Montagne des Oliviers, vis à-vis du Temple ; & comme il prédiſoit la deſtruction de ce ſuperbe Bâtiment, ſes Diſciples lui demandérent, *Matth.*XXIV. 3, *&c. Quand cela arriveroit, & quel ſeroit le ſigne de ſon Avenement.* Sur quoi Jeſus leur répondit, *Prenez garde que perſonne ne vous ſeduiſe, car pluſieurs viendront en mon Nom,* c'eſt-à-dire, s'attribueront le nom & la dignité de *Meſſie,* qui n'appartiennent qu'à moi ſeul : *diſans, Je ſuis* le Meſſie ; *& ils en ſeduiront pluſieurs.* Ne vous laiſſez point abuſer par ces gens-là ; & quelque perſecution qu'on vous ſuſcite, n'abandonnez jamais cette Verité fondamentale, *Que c'eſt moi qui ſuis le Meſſie : Car,* ajoûte Jeſus-Chriſt, vſ. 12, 13, 14. *pluſieurs ſeront ſcandaliſez,* & apoſtaſieront, *mais celui-là ſera ſauvé, qui perſeverera juſques à la fin : Et cet Evangile du Royaume ſera prêché dans toute la Terre,* c'eſt-à-dire, ,, les bonnes nou-,, velles de mon avenement en qualité de ,, Meſſie, & de la venüe de mon Regne, ,, feront repanduës par tout le Monde. C'étoit là le grand & l'unique Article de foi , auquel ils étoient avertis de ſe tenir fortement attachez : ce qui leur eſt encore recommandé dans le même Chapitre, vſ.

23-26. & dans St. Marc, *Chap.* XIII. 21-23. avec cette confideration, rapportée par ces deux Evangeliftes, laquelle eft tout-à-fait propre à leur faire voir l'importance de cet avis : *Voici* , *je vous l'ai prédit* : Souvenez-vous que vous en êtes avertis par avance.

Jefus-Chrift veut répondre par-là à la Queftion que fes Apôtres lui avoient fait touchant *fa venuë & * la fin du Monde*, vf. 3. Il faut favoir que cette Queftion eft fondée fur les idées des Juifs, & fur une façon de parler qui leur étoit ordinaire, car ils diftinguoient deux *Mondes*, ou deux *Siécles*, le † *Siécle préfent*, & le *Siécle à venir*. Ils nommoient *Siécle à venir* le temps du Meffie, qu'ils appelloient *le Royaume de Dieu*: temps auquel ils croyoient que ce Monde prendroit fin, & que les Juftes reffufciteroient, pour jouïr, dans ce *Nouveau Monde*, d'une éternelle félicité, avec ceux d'entre les Juifs qui fe trouveroient alors en vie.

Les Apôtres ayant confondu ces deux chofes dans leur Queftion, je veux dire la manifeftation puiffante & glorieufe de fon Regne,

* C'eft ainfi qu'on a traduit ces mots : τῆς συντελείας τοῦ αἰῶνος.

† ὃ νῦν αἰὼν, καὶ ὁ μέλλων αἰών.

gne, & la fin du Monde, Notre Seigneur ne les fepare point, & ne répond pas diftinctement à ces deux articles, mais laiffant les Apôtres dans l'Opinion ordinaire, il leur parle du temps auquel il viendroit prendre vengeance de la Nation Judaïque, & mettre fin à leur Eglife, à leur Culte, & à leur République : c'eft cet état que les Juifs nommoient *le Monde* ou * *le Siécle préfent*, qu'ils croyoient devoir fubfifter jufques à la venuë du Meffie, ce qui arriva effectivement, car ce fut alors que ce Monde prit fin. A quoi il joint en même temps fa derniére Venuë en jugement, dans la gloire de fon Père, pour détruire entiérement cet Univers, & pour mettre fin à toute la Difpenfation qui concerne la Pofterité d'Adam fur la Terre. En joignant ainfi ces differentes Venuës, il fit que fa réponfe parut pour lors obfcure & difficile à entendre aux Apôtres. Et dans le fond, il n'y avoit pas de fûreté pour lui à parler plus clairement de fon Royaume, & de la Deftruction de Jerufalem, à moins qu'il n'eût voulu être accufé de former quelque deffein contre le Gouvernement. Car Judas étoit alors avec eux ; & l'on ne fauroit déterminer fi dans cette occafion il ne faut comprendre que les

feuls

* ὁ νῦν αἰών.

feuls Apôtres fous le nom de *Difciples*. C'eft
pour cette raifon que Notre Seigneur parlant de fon Royaume, le défigne par le même tour d'expreffion, dont il s'étoit toûjours
fervi jufqu'ici, favoir, par le tître de *Royaume de Dieu*: *Lors que vous verrez arriver ces
chofes*, dit-il, *Luc XXI. 31. fachez que
le Royaume de Dieu eft proche.* Dans la
fuite de l'entretien qu'il eut avec fes Difciples, il emploie encore la même expreffion, *Matth. XXV. 1. Alors le Royaume
des Cieux fera femblable à dix Vierges.* Et
fur la fin de la Parabole des Talens, qui
vient immediatement après, il ajoûte, vf.
31. *Quand le Fils de l'homme viendra dans
fa Majefté, accompagné de tous fes Saints Anges, il s'afferra fur le Thrône de fa Gloire. Et
toutes les Nations de la Terre étant affemblées
devant lui, il feparera les uns d'avec les autres: & il mettra fes brebis à fa droite, &
les boucs à fa gauche. Alors le* R o i *dira,*
&c. Ici Jefus-Chrift fait à fes Difciples une
Defcription de la manifeftation de fon Regne, où il fe fera voir en qualité de Roi,
environné de Gloire fur fon Thrône: mais
il repréfente tout cela d'une maniére fi éloi-
gnée des idées ordinaires, & fi impénétrable
à un Magiftrat Payen, que fi ces difcours euffent été alleguez contre lui devant le Tribunal de Pilate, ce Gouverneur les auroit
plûtôt

plûtôt regardez comme des rêveries d'un cerveau malade, que comme des penſées d'un homme ambitieux qui tramoit quelque dangereuſe entrepriſe contre le Gouvernement. Les façons de parler que Jeſus-Chriſt employe en cette rencontre pour exprimer ſa penſée, ſont empruntées du ſtile Prophetique, lequel eſt rarement aſſez clair pour être entendu, avant que l'évenement en aît fait voir le veritable ſens. Et en effet, ſes Diſciples eux-mêmes ne comprirent point, quel étoit le Regne dont il leur parloit en cette occaſion, comme il paroît par cette Queſtion qu'ils lui firent après qu'il fut reſſuſcité, † *Sera-ce en ce temps que vous rétablirez le Royaume d'Iſraël?*

Après avoir fini ces Diſcours, il donna ſes ordres pour faire apprêter l'Agneau de Pâque, & le mangea avec ſes Apôtres: & en ſoupant il leur dît, que l'un d'eux le trahiroit, ajoûtant immédiatement après, *Jean* XIII. 19. *Je vous dis ceci dès maintenant avant qu'il arrive, afin que lorsqu'il arrivera, vous croyiez que c'eſt moi.* Il ne dit pas expreſſément, qu'on connoîtroit par-là qu'il eſt *le Meſſie,* car Judas auroit pû ſe prévaloir de cet aveu pour l'accuſer, s'il en eût eû envie; & il ne falloit pas qu'il eût un ſemblable prétexte. C'eſt pourtant là

le

† Act. I. 6.

le sens que Jesus Christ donne plus d'une fois à cette expression, *c'est moi*, ἐγώ εἰμι : & il est évident qu'elle signifie la même chose dans cet endroit, par ce qui est dit dans St. Marc *Ch.* XIII, 6. & dans St. Luc *Ch.* XXI. 8. où ces deux Evangelistes rapportent en autant de termes ces paroles de Jesus-Christ, *Car plusieurs viendront en mon nom, disant, C'est moi*, ἐγώ εἰμι : paroles dont le sens est clairement expliqué dans le passage parallele de St. Matthieu, *Ch.* XXIV. 5. où il est dit expressé ent, *car plusieurs viendront en mon nom, disant, je suis* le Messie, ἐγώ εἰμι ὁ Χριςός. Or dans cet endroit de l'Evangile de St. Jean, *Ch.* XIII. Jesus prédit ce qui lui devoit arriver, savoir qu'il seroit trahi par Judas : à quoi il ajoûte plusieurs autres particularitez de sa Mort & de ses souffrances, qu'il leur avoit déja prédites, dans d'autres rencontres Et maintenant, il leur dit la raison pourquoi il leur fait ces prédictions, c'est à savoir, afin que dans la suite elles puissent servir à confirmer leur foi. Mais quel étoit le point qu'il vouloit qu'ils crussent, & en la croyance duquel il souhaitoit qu'ils fussent confirmez ? Rien autre chose sinon, † *qu'il étoit le Messie*. Il produit encore la même raison dans la sui-

te,

---

† ὅτι ἐγώ εἰμι.

te, *Jean* XIV. 28. *Vous avez ouï que je vous ai dit: Je m'en vai, & je reviens à vous. Je vous le dis maintenant avant que cela arrive, afin que lors qu'il sera arrivé, vous croyiez.*

Lors que Judas les eut quittez, & qu'il fut sorti du lieu où ils étoient assemblez, Jesus se mit à les entretenir de sa Glorification & de son Regne, avec un peu plus de liberté qu'il n'avoit encore fait, car ce fut alors qu'il parla ouvertement de sa Personne & de son Royaume. *Comme donc Judas fut sorti*, dit St. Jean *Ch.* XIII. 31. *Jesus dit: Maintenant le Fils de l'homme est glorifié, & Dieu est glorifié en lui. Que si Dieu est glorifié en lui, Dieu le glorifiera aussi en lui-même; & c'est bientôt qu'il le glorifiera.* Et dans St. Luc. *Ch.* XXII. 29. il leur dit ouvertement, *Je vous prépare le Royaume, comme mon Pere me l'a préparé, afin que vous mangiez & beuviez à ma Table dans mon Royaume.* Quoi que ce divin Docteur n'eût jamais cessé d'annoncer par tout *l'Evangile du Royaume* durant le cours de son Ministère, qu'il n'eût prêché, outre cela, que la Repentance & la pratique des bonnes œuvres, cependant il avoit toûjours parlé de ce Royaume sous le titre vague de *Royaume de Dieu* & de *Royaume des Cieux*; & je ne me souviens pas, qu'il l'aît appellé nulle part, *mon Royaume*, hormis dans cette occafion, où il ne fait pas difficulté de parler en prémiére perfonne : *Je vous prépare le Royaume*, dit-il expreffément : *afin que vous mangiez*, ajoûte-t-il d'abord, *dans mon Royaume.* Mais il ne dit cela que devant les onze Apôtres, car alors Judas étoit forti d'auprès d'eux, comme nous venons de le remarquer.

Jefus étant alors fur le point de quitter ces onze Difciples, leur fait un long Difcours pour les confoler de fa perte, pour les difpofer à fouffrir les perfecutions du Monde, & pour les exhorter à garder fes commandemens, & à s'aimer les uns les autres L'on pourroit s'attendre à voir ici tous les Articles de Foi, expofez nettement, fuppofé que Jefus Chrift eût voulu impofer à fes Apôtres la néceffité de croire quelque autre chofe, que ce qu'il leur a oit enfeigné, & qu'ils croyoient déja, favoir, qu'il étoit le Meffie. Mais voici ce qu'il leur dit : *Jean* XIV. 1. *Vous croyez en Dieu, croyez auffi en moi.* vs. 29. *Je vous le dis maintenant, avant que cela arrive, afin que lors qu'il fera arrivé, vous croyiez :* ce qui n'emporte autre chofe que croire en lui. *Jean* XVI. 31. *Jefus leur répondit, Croyez-vous maintenant ?* ce qu'il dît à fes Apôtres, pour répondre à la déclaration qu'ils venoient

noient de lui faire en ces termes, vs. 30. *Nous vóyons bien à cette heure que vous fa-vez tout , & qu'il n'eft pas befoin que per-fonne vous interroge : c'eft pour cela que nous croyons que vous êtes forti de Dieu.*

Je ne prie pas pour eux feulement , dit-il enfuite, *Jean* XVII. 20. *mais encore pour ceux qui doivent croire en moi par leur parole.* En un mot, tout ce que ce divin Docteur dit dans ce dernier Difcours qu'il fit à fes Apôtres , touchant ce qu'il faut *croire*, fe reduit uniquement à cela, je veux dire, à *croire en lui ,* ou à croire qu'*il venoit de la part de Dieu :* ce qui n'étoit autre chofe que croire, qu'il étoit *le Meffie.* Mais en-trons dans un plus grand détail , pour en être mieux convaincus.

Jefus ayant dit à Philippe, vers le com-mencement de ce Difcours, (*Jean* XIV.9.) *Philippe , qui m'a vû , a vû mon Père,* il ajoûte auffi tôt après, (vs. 10.) *Ne cro-yez-vous pas que je fuis en mon Père , & que mon Père eft en moi? Ce que je vous dis, je ne vous le dis pas de moi-même, mais c'eft mon Père qui demeure en moi , qui fait lui-même les œuvres que je fais.* Comme ces paroles fervent de réponfe à celles-ci de Philippe, vs.9. *Montrez-nous le Père ,* il femble que le fens qu'elles renferment, re-vient à ceci : ,, *Perfonne n'a jamais vû*

 ,, *Dieu ;*

,, *Dieu*; on ne le connoît que par ſes œu-
,, vres. Mais vous pouvez connoître qu'il
,, eſt mon Père, & que je ſuis le Fils de
,, Dieu, c'eſt-à-dire, *le Meſſie*, par les
,, œuvres que je fais, leſquelles il eſt im-
,, poſſible que je puſſe faire de moi-même,
,, hormis par l'Union que j'ai avec Dieu,
,, qui eſt mon Père ". Car lors que Jeſus-
Chriſt dit qu'il eſt *en Dieu*, & que *Dieu
eſt en lui*, il veut faire entendre par-là qu'il
eſt dans une telle Union avec Dieu, que
c'eſt en lui & par lui que Dieu agit. Cela
paroît non ſeulement par les paroles du vs.
10. que nous venons de citer, & qui ne
pourroient guere recevoir de ſens raiſonnable, ſi on les expliquoit d'une autre maniére, mais auſſi par le verſet 20. de ce
Chapitre XIV. où Notre Seigneur employe encore la même expreſſion : *En ce
jour-là*, (c'eſt-à-dire, après ſa Réſurrection, lors qu'ils le reverroient) *vous connoîtrez que je ſuis en mon Père, & vous en
moi, & moi en vous*, c'eſt-à dire, ,, par
,, les œuvres que je vous donnerai le pou-
,, voir de faire, en vertu de l'autorité que
,, j'en ai reçu du Père : car quiconque
,, me voit exercer ce pouvoir, doit recon-
,, noître par-là que le Père eſt en moi,
,, comme tous ceux qui vous voyent faire
,, des œuvres extraordinaires & miracu-
,, leu-

„ leufes, doivent confeffer auffi que je fuis
„ en vous ". C'eftpourquoi il dit au vf.
12. *En verité, en verité je vous dis, que
celui qui croit en moi fera les œuvres que je
fais, parce que je m'en vai à mon Père :* Ce
qui revient à ceci : „ Quoi que je m'en
„ aille, je ferai pourtant en vous, parce
„ que vous croyez en moi : Vous aurez le
„ pouvoir de faire des Miracles pour avan-
„ cer mon Regne, comme j'en ai fait
„ moi-même, afin que les autres hommes
„ puiffent connoître à cela, que vous êtes
„ envoyez de ma part, ainfi que je vous
„ ai fait voir, que je fuis envoyé de la
„ part du Père ". Et de là vient que ce
divin Seigneur leur dit dans le verfet 11.
qui précede immediatement, *Croyez-moi,
que je fuis en mon Père, & le Père en moi;
finon croyez-moi pour mes œuvres :* c'eft-à-
dire, „ Les œuvres que j'ai faites, doi-
„ vent vous convaincre, que je fuis envoyé
„ de la part du Père, qu'il eft avec moi,
„ que je ne fais rien que conformément à
„ fa volonté, & par la vertu de l'Union
„ que j'ai avec lui; & par conféquent, que je
„ fuis *le Meffie*, qui ai été oint, fanctifié,
„ & feparé par le Père, afin d'executer
„ l'Ouvrage pour lequel il m'a envoyé.
Pour les confirmer dans cette croyance,
& pour les rendre capables de faire des

œu-

œuvres femblables à celles qu'il avoit faites, il leur promet le Saint Efprit, *Jean
XIV. 25, 26. Je vous ai dit ces chofes de-
meurant encore avec vous.* Mais après que
je m'en ferai allé, *le Saint Efprit, le Paraclet*, (ce mot peut fignifier * Confeiller,
auffi bien que Confolateur ou Avocat) *que
mon Père enverra en mon nom, vous enfei-
gnera toutes chofes, & vous fera reffouvenir
de tout ce que je vous ai dit.* „ De forte
„ que, fi vous faites reflexion fur tout ce
„ que je vous ai dit, & que le joignant
„ enfemble, vous le compariez avec ce
„ que vous verrez arriver dans la fuite,
„ vous ferez plus fortement convaincus,
„ que je fuis *le Meffie*, & vous compren-
„ drez diftinctement, que j'ai fait & fouf-
„ fert toutes les chofes qui avoient été
„ prédites du Meffie, perfuadez qu'il de-
„ voit les accomplir exactement, felon les
„ Ecritures. Ne vous affligez donc point
„ de ce que je vous quitte, *Il vous eft u-
tile que je m'en aille*, (Jean XVI. 7.) *car fi
je ne m'en vai point, le Paraclet ne viendra
point à vous.* Une raifon, entr'autres,
pourquoi le Saint Efprit ne pouvoit pas
venir, fi Jefus Chrift ne s'en alloit point,
c'eft qu'il ne falloit pas que Jefus-Chrift
fu-

* *Monitor.*

subît la mort avec le moindre soupçon
d'être un malfaiteur, comme nous l'avons
deja remarqué en parlant de la conduite
sage & circonspecte que ce divin Seigneur
fit paroitre durant tout le cours de son Ministère. Ce fut, dis-je, pour cela que,
bien que ses Disciples crussent qu'il étoit *le
Messie*, ils ne comprirent pas si bien cette
verité & n'en furent pas si fortement persuadez, qu'après que Jesus ayant été crucifié, & étant ressuscité des morts, ils
eurent reçu le St. Esprit, & avec les dons
du Saint Esprit, une conviction plus pleine & plus évidente qu'il étoit le Messie,
& des lumiéres suffisantes pour voir, comment son Regne étoit tel que l'Ecriture
l'avoit représenté par avance, quoi qu'il
ne fût pas tel qu'ils l'avoient attendu jusqu'alors. Cette connoissance & cette persuasion qu'ils reçurent alors du Saint Esprit,
leur étoit effectivement nécessaire après la
Resurrection de Jesus-Christ, parce qu'alors
ils pouvoient aller hardiment par tout, pour
prêcher ouvertement, comme ils firent,
Que Jesus étoit le Messie, confirmant cette
Doctrine par les Miracles que le Saint
Esprit leur donnoit pouvoir de faire. Mais
c'est ce qu'ils ne pouvoient entreprendre,
avant que Jesus fût mort, & qu'il les eût
quittez. S'ils fussent allez prêcher ouver-
N 4

tement

tement que Jefus étoit le Meffie, comme ils le firent après fa Refurrection; & qu'ils euffent fait par tout des Miracles pour le prouver; fi, dis je, ils en fuffent venus là avant que Jefus eût été crucifié, cette demarche n'auroit pû s'accorder avec le caractère d'humilité, de paix & d'innocence, que le Meffie devoit foûtenir inviolablement : car cela l'auroit fait condamner comme un malfaiteur, foit en qualité de féditieux & de perturbateur du repos public, ou en qualité d'homme ambitieux qui prétendoit au Royaume d'Ifraël. Et de là vient, que ceux, qui avant fa Mort, ne prêchoient que *l'Evangile du Royaume*, & fe contentoient de dire, *que le Regne de Dieu étoit proche*, n'eurent pas plûtôt reçu le Saint Efprit, après fa Refurrection, qu'ils changerent de ftile, & fe mirent à publier par tout en termes exprès, que Jefus étoit le *Meffie*, le *Roi* qui devoit venir. C'eft ce qui eft confirmé par les paroles fuivantes de St. Jean *Ch.* XVI. 8 - - 14. où Jefus-Chrift continuant de s'entretenir avec fes Difciples, leur dit; *Et lors que le Saint Efprit fera venu, il convaincra le Monde de péché, de juftice & de jugement. De péché, parce qu'ils ne croyent point en moi :* „ Alors vos prédications, qui feront „ accompagnées de Miracles, que vous
„ ferez

„ ferez par le fecours du Saint Efprit,
„ perfuaderont au Monde , que les Juifs
„ péchent en refufant de croire que je fuis
„ le Meffie. *De juflice, parce que je m'en
vai vers mon Père : & que vous ne me verrez plus :* „ Par ces Predications & par
„ ces Miracles vous confirmerez encore la
„ verité de mon Afcenfion , & par ce
„ moyen vous ferez voir au Monde , que
„ j'étois *le Jufte,* qui pour cela mêm: fuis
„ monté vers mon Père dans les Cieux,
„ où aucune perfonne injufte ne fauroit
„ avoir entrée ". *De jugement, parce que
le Prince de ce Monde eft jugé ·* „ Et par le
„ même fecours du Saint Efprit vous con-
„ vaincrez le Monde , que le Diable eft
„ jugé , ou condamné , favoir , en chaf-
„ fant cet Efprit Impur, & en détruifant
„ fon Regne & fon Culte par tout où vous
„ prêcherez ". A quoi Notre Seigneur
ajoûte, *J'aurois encore beaucoup de chofes à
vous dire , mais vous ne pourriez pas les porter préfentement,* vf. 12. Ils étoient encore
fi remplis de l'efperance d'un Regne temporel, qu'ils n'étoïent pas en état de porter ce qu'il auroit pû leur dire de la veritable nature de fon Royaume & de la maniére dont il devoit être Roi: C'eftpourquoi il les renvoye à la venuë du Saint
Efprit pour être inftruits plus pleinemeñt

N 5

de

de ce qu'il eſt, & de ce qui conſtituë l'eſ-
fence du Regne du Meſſie, de peur que,
s'il leur parloit plus ouvertement, ils ne
fuſſent *ſcandaliſez en lui*, qu'ils ne ceſſaſſent
d'avoir en lui aucune eſperance, & ne l'a-
bandonnaſſent entiérement. C'eſt ce qu'il
leur dit lui-même dès le prémier verſet de
ce Chapitre XVI. *Je vous ai dit ces choſes,
afin que vous ne ſoyiez point ſcandaliſez.* Or
la derniére choſe qu'il leur avoit dite avant
cela, eſt exprimée dans les derniers verſets
du Chapitre précedent, en ces termes:
Lors que le Paraclet, *qui eſt l'Eſprit de Verité, ſera venu, il rendra témoignage de moi,*
vſ. 26. Il vous fera voir qui je ſuis, & le
témoignera au Monde: Et alors *vous en
rendrez témoignage, parce que vous êtes
dès le commencement avec moi,* verſ. 27
,, Il vous remettra dans l'eſprit ce que j'ai
,, fait & dit, afin que vous puiſſiez com-
,, prendre & voir comment cela ſert à faire
,, connoître qui je ſuis, & qu'en conſé-
,, quence de cette découverte vous rendiez
,, témoignage de moi". Enfin après leur
avoir déclaré, qu'ils ne pouvoient pas porter ce qu'il avoit à leur dire de plus, il
ajoûte dans ce même Chapitre, (*Jean*
XVI. 13.) *Mais quand l'Eſprit de Verité
ſera venu, il vous enſeignera toute verité,
& vous annoncera les choſes à venir.* C'eſt

lui

lui qui me glorifiera. „ Cet Esprit étant
„ venu, vous inſtruira pleinement de ce
„ qui me regarde, & quoi que par les
„ choſés que je vous ai dites, vous ne puiſ-
„ ſiez point encore comprendre nettement,
„ en quoi conſiſte mon Regne & ma Gloire,
„ vous l'apprendrez alors par ſon moyen:
„ & bien que je ſois maintenant dans un
„ état abject, & ſur le point d'être expoſé
„ à toute ſorte de mépris, à des tourmens
„ & à la mort, de ſorte que vous ne ſa-
„ chiez que penſer de tout cela, cepen-
„ dant l'Eſprit que je promets de vous en-
„ voyèr, * *me glorifiera*, dès qu'il ſera
„ venu : il vous fera voir d'une maniére
„ convaincante quelle eſt ma Puiſſance &
„ l'excellence de mon Royaume, & vous
„ apprendra que je ſuis aſſis à la droite de
„ Dieu, pour y diſpoſer toutes choſes d'une
„ ma-

* Il y a dans les *Actes des Apôtres* un paſſage qui
confirme, d'une maniére bien viſible, le ſens que
M. *Locke* donne ici à cette expreſſion de Jeſus-Chriſt,
Il me glorifiera: C'eſt dans le Ch. III. vſ. 12. 13. où
St. Pierre voulant apprendre aux Juifs que c'étoit
au nom, & par la vertu de Jeſus-Chriſt qu'il venoit
de guerir un Boiteux, ſe ſert de cette expreſſion juſtement dans le même ſens ; *Pourquoi*, leur dit-il,
*tenez-vous les yeux ſur nous, comme ſi nous avions
fait marcher* ce Boiteux *par notre puiſſance ou par notre ſaintété ? C'eſt le Dieu d'Abraham, d'Iſaac, &
de Jacob, c'eſt le Dieu de nos Pères qui a glorifié ſon
Fils Jeſus que vous avez trahi, &c.*

,, maniere qui tende au bien & à l'avance-
,, ment de ce Regne, jufqu'à ce que je
,, retourne au dernier Jour tout environné
,, de gloire.

Et en effet, dès que les Apôtres eurent reçu le Saint Efprit, ils comprirent nette-ment toutes ces chofes, en furent forte-ment perfuadez, & les prêcherent par tout hardiment & à decouvert, fans qu'il leur reftât le moindre doute dans l'efprit. Cependant, il eft certain que d'abord ils ne comprirent point ce que Jefus Chrift leur dit ici, pas même après fa Mort, & quelque temps après fa Réfurrection; & c'eft ce qui paroît par les verfets fuivans, (17. *& 18.) Sur cela quelques-uns de fes Difciples fe dirent les uns aux autres : Que veut-il dire par-là : Encore un peu de temps, & vous ne me verrez plus; & encore un peu de temps, & vous me verrez, parce que je m'en vais à mon Père ? Ils difoient donc: Que veut dire, encore un peu de temps? Nous ne favons ce qu'il dit.* Jefus prit occafion de là, de continuër à les entretenir de fa Mort & de fa Réfurrection, & du pouvoir qu'ils auroient de faire des Miracles: mais il leur difoit tout cela en termes myftericux & embarraffez, comme il le leur avouë lui même, vf. 25. *Je vous ai dit ceci en Paraboles,* c'eft-à-dire, en termes généraux,

obfcurs,

obſcurs, énigmatiques ou figurez : (car
parmi les Juifs le mot de * *Proverbe* ou
Parabole fignifioit tout cela, auffi bien que
des Apologues inſtructifs.) ,, Juſques ici je
,, me ſuis fait connoître à vous, d'une
,, maniere obſcure & réſervée; je ne vous
,, ai point parlé de moi en termes clairs &
,, précis, parce que *vous ne pourriez point*
,, *porter* ce que j'aurois à vous dire ſur ce
,, ſujet. Etre le Meſſie, ſans être Roi,
,, c'eſt ce que vous ne ſauriez comprendre;
,, & d'ailleurs être Roi, & en même temps
,, pauvre & perſecuté durant ſa vie, &
,, enfin reduit à mourir ſur une Croix,
,, le ſupplice ordinaire des Eſclaves & des
,, Malfaiteurs, ce ſont des idées qui vous
,, paroîtroient entiérement incompatibles.
,, Si d'autre part, je vous euffe dit claire-
,, ment que j'étois *le Meſſie*; & que je vous
,, euffe donné un ordre exprès de déclarer
,, publiquement aux Juifs, que je voulois
,, bien paffer pour tel de mon propre aveu,
,, vous & eux auriez été difpofez tout auffi-
,, tôt à exciter du tumulte pour me placer
,, ſur le Thrône de *David* mon Père; &
,, vous vous feriez mis en état de combat-
,, tre pour ma défenfe, afin d'empêcher
,, que votre Meſſie & votre Roi, duquel
,, vous efperez de grands avantages lors

qu'il

* משל.

,, qu'il fera établi dans fon Royaume, ne
,, fût livré entre les mains de fes Ennemis,
,, pour être mis à mort, dequoi vous au-
,, rez bientôt un exemple dans la perfonne
,, de Saint Pierre. Cependant *le temps
vient que je ne vous entretiendrai plus en
Paraboles , mais que je vous parlerai ouvertement de mon Père.* ,, Ma Mort,
,, ma Réfurrection, & la Venuë du Saint
,, Efprit vous donneront bientôt de nou-
,, velles lumiéres. C'eft alors que je vous
,, déclarerai quelle eft la volonté & le def-
,, fein de mon Père, quel eft le Royaume
,, que je dois avoir ; & par quels moyens
,, & dans quelle fin j'en dois prendre pof-
,, feffion. Mon Père lui-même vous l'ap-
,, prendra, *car il vous aime* (vf. 27.) *parce que vous m'avez aimé & que vous avez
crû que je fuis iffu de Dieu ,* ,, parce que
,, vous avez crû que je fuis *le Fils de Dieu,*
,, *le Meffie,* que c'eft Dieu qui m'a oint,
,, & qui m'a envoyé dans ce Monde, quoi
,, que vous n'ayiez pas encore été pleine-
,, ment inftruits de la nature de mon
,, Royaume , & des moyens par lefquels
,, j'y dois être établi ". Sur cela Notre
Seigneur leur ayant expliqué ce qu'il venoit de leur dire, fans qu'ils le lui demandaffent, & leur ayant fait comprendre plus
diftinctement ce qui auparavant leur faifoit

de

de la peine, & qu'ils se plaignoient secretement entr'eux de ne point entendre, ils se prirent à dire, vs. 30.. *Nous voyons bien à cette heure que vous savez tout ; & qu'il n'est pas besoin que personne vous interroge.* ,, Il est tout visible, que vous connoissez ,, les pensées & les doutes des hommes, ,, avant qu'ils vous les communiquent. *C'est pour cela que nous croyons que vous êtes sorti de Dieu. Et Jesus leur répondit, Vous croyez maintenant ?* ,, Mais quoi que vous ,, croyiez à présent, que je suis venu de ,, la part de Dieu, que c'est lui qui m'a ,, envoyé, & que je suis le Messie : mal- ,, gré cela, vs. 32. *Voici l'heure vient, & elle est déja venuë que vous serez disper- sez, &,* comme dit Saint Matthieu XXVI. 31. que *vous serez tous scandalisez en moi.* Il est aisé de comprendre ce que * c'est qu'*être scandalisé en lui,* par la suite du ver- set même de St. Jean que nous venons de citer, si ce que Jesus dit à S. Pierre dans S. Marc *Ch.* XIV. ne suffisoit pas pour en faire voir le veritable sens.

Je suis descendu dans un plus grand dé- tail en cette occasion, afin qu'on pût voir que dans ce dernier Discours que Jesus- Christ fit à ses Disciples, il ne leur pro- posa aucun nouvel Article de Foi, mais

ce-

* *Voy ci-dessus,* pag. 99.

celui-là feul qu'ils recevoient auparavant, favoir, *qu'il étoit le Meffie*, le Fils de Dieu, envoyé de la part du Père. Cependant il eft certain que ce divin Sauveur s'ouvrit plus dans ce Difcours qu'il n'avoit encore fait, de forte que fi fes Difciples euffent dû croire autre chofe que ce qu'ils croyoient déja, pour être de vrais Fideles, il y a toutes les apparences que ç'auroit été dans cette occafion qu'il les en auroit inftruits. Du refte, ce qu'il leur fait connoître plus diftinctement qu'il n'avoit fait encore, regarde fa eonduite, fon prompt départ de ce Monde, & quelques autres particularitez. Mais pour ce qui eft du deffein principal de l'Évangile, qui eft, Que Jefus-Chrift avoit un Royaume, qu'il devoit être mis à mort, reffufciter & monter au Ciel vers fon Père; & revenir enfuite dans fa Gloire pour juger le Monde : il leur avoit déja dit tout cela, & leur avoit appris par ce moyen l'importante réfolution que Dieu avoit prife d'envoyer le Meffie, fans avoir rien omis de ce qu'ils devoient favoir ou croire fur cet Article. C'eft ce qu'il leur dit lui-même, *Jean XV. 15. Je ne vous appellerai plus déformais Serviteurs, parce que le Serviteur ne fait ce que fait fon Maître. Mais je vous ai appellé mes Amis, parce que je vous ai fait favoir* TOUT *ce que j'ai appris*

de

de mon Père ; ,, quoi que peut-être vous,
,, ne le compreniez pas si bien que vous
,, ferez dans peu de temps, lors que je se-
,, rai reſſuſcité des morts, & monté dans
,, les Cieux.

Enfin, dans ſa Priére, par laquelle il con-
clut ce Diſcours, il dit à ſon Père en quoi
conſiſte ce qu'il avoit fait connoître à ſes
Apôtres, & dont voici le réſultat, *Jean*
XVII. 8. *Je leur ai donné les paroles que
vous m'avez données, & ils les ont reçuës;*
ET ILS ONT CRU QUE VOUS M'A-
VEZ ENVOYE': ce qui veut dire proprement, qu'il étoit *le Meſſie*, promis & envoyé de Dieu. Jeſus prie enſuite pour ſes
Apôtres, & ajoûte, vſ. 20. *Je ne prie
pas pour eux ſeulement, mais encore pour ceux
qui doivent croire en moi par leur parole.*
Nous avons déja vû, en parcourant les Prédications des Apôtres, telles qu'on les trouve dans le Livre des *Actes*, à quoi ſe reduiſoit cette Parole, par laquelle les autres
hommes devoient croire en lui, ſavoir, à
ce grand Point, *Que Jeſus étoit le Meſſie.*
* *Ceux-ci*, dit-il encore, vſ. 25. *connoiſſent
que c'eſt vous qui m'avez envoyé*, c'eſt-à-dire, ſont aſſûrez que je ſuis *le Meſſie*. Et
dans les verſets 21. & 23. il demande au

____
* Οὗτοι ἔγνωσαν ὅτι σύ με ἀπέςειλας.

Père, *que le Monde croye*, ou *connoisse*, comme il s'exprime au verset 23. *que c'est lui qui l'a envoyé.* De sorte que par cette derniére Priére que Jesus Christ fit pour ses Disciples, lors qu'il étoit sur le point de quitter le Monde, nous pouvons voir ce qu'il vouloit qu'ils crussent, aussi bien que par les Discours qu'il faisoit pendant qu'il étoit sur la Terre.

Mais ce qui montre encore que c'est là tout ce que ce divin Seigneur exigeoit de la Foi de ses Disciples, c'est que l'une des derniéres actions qu'il fit, dans le temps même qu'il étoit sur la Croix, fut de confirmer cette Doctrine, en sauvant un des Larrons, qui étoit crucifié avec lui, sur ce qu'il fit profession de croire qu'il étoit *le Messie*: car c'est ce que signifient les termes de la priére que le bon Larron lui addressa, lors qu'il dit, *Seigneur, souvenez-vous de moi quand vous serez venu en votre Royaume,* Luc XXIII. 42. A quoi Jesus répondit, vs. 43. *Je vous dis en verité que vous serez aujourd'hui avec moi dans le Paradis.* Façon de parler très-remarquable, car comme par le péché, Adam fut exclus du Paradis, c'est-a dire, privé d'un état où il auroit joüi d'une heureuse immortalité, ici le bon Larron regardant Jesus comme *le Messie*, & croyant en lui sous cette qualité, reçoit dès-là dès-là une promeſſe d'être admis dans le Paradis, & par conféquent d'être rétabli dans une bienheureuſe immortalité.

C'eſt ainſi que Notre Seigneur Jeſus-Chriſt finit ſa vie. Et voici ce qu'il fit après ſa Réſurrection, comme nous l'apprend St. Luc, *Act.* I. 3. Il ſe montra à ſes Apôtres *durant quarante jours, leur parlant* des choſes *qui regardent le Royaume de Dieu.* C'étoit-là ce qu'il avoit prêché pendant tout le cours de ſon Miniſtère, avant ſa Paſſion; & maintenant qu'il eſt reſſuſcité, il ne leur découvre point d'autres Myſtères de Foi. Tous les entretiens qu'il a avec eux, regardent le Royaume de Dieu: & nous allons voir tout à l'heure dans les autres Evangeliſtes, en quoi conſiſte ce qu'il leur en dit, après avoir remarqué ſeulement que dans cette occaſion ſes Apôtres lui ayant fait cette demande, vſ. 6. *Seigneur, ſera-ce en ce temps que vous rétablirez le Royaume d'Iſraël? il leur répondit:* vſ. 7. *Ce n'eſt pas à vous à ſavoir les temps & les ſaiſons que le Père a reſervez en ſon propre pouvoir. Mais vous recevrez la vertu du Saint Eſprit qui deſcendra ſur vous; & me rendrez témoignage juſques aux extremitez de la Terre.* Leur grande affaire étoit de ſe déclarer les témoins de la Vie de Jeſus-Chriſt, de ſa Mort, de ſa Réſurrection,

&

& de fon Afcenfion , lefquelles chofes jointes enfemble prouvoient incontefiablement qu'il étoit *le Meſſie* : Et c'étoit-là précifément ce qu'ils devoient prêcher , & ce qu'il leur dìt touchant le Royaume de Dieu; comme nous l'allons voir par ce que les autres Evangeliftes rapportent fur ce fujet.

Jefus étant apparu , le propre jour de fa Réfurrection , à deux de fes Difciples qui alloient à *Emmaüs* , ils déclarent de quelle maniére ils croyoient en lui : *Nous efperions,* difent-ils , *que ce feroit lui qui racheteroit Iſraël* , c'eft-à-dire , nous croyions qu'il étoit le Meſſie , venu pour délivrer la Nation des Juifs. Sur quoi Jefus leur dît , qu'ils ne devoient pas laiſſer de le regarder comme le Meſſie , malgré ce qui étoit arrivé , qu'au contraire fes Souffrances & fa Mort devoient les confirmer dans cette croyance : Et vſ. 26, 27. *commençant par Moyſe & continuant par tous les Prophetes, il leur expliquoit ce qui avoit été dit de lui dans toutes les Ecritures,* comment *il falloit que le Meſſie fouffrît ces chofes ; & qu'il entrât ainſi dans fa gloire.* Ce fut alors qu'il s'appliqua à lui-même les Propheties qui regardoient le Meſſie : ce que nous ne lifons pas qu'il aît jamais fait avant fa Paſſion. Etant enfuite apparu aux onze Apôtres , *Luc,* XXIV. 36. il leur dît , vſ. 44-47. *Vous*
voyez

*voyez ce que je vous avois dit, lors que j'étois
encore avec vous : Qu'il falloit que tout ce qui
a été écrit de moi dans la Loi de Moyse, dans
les Prophetes, & dans les Pseaumes fût accompli. En même temps il leur ouvrit l'Esprit, afin qu'ils entendissent les Ecritures, &
il leur dit : Il falloit, selon qu'il est écrit, que
le Messie souffrît, & qu'il ressuscitât d'entre
les morts le troisiême jour, & qu'on prêchât
en son nom la repentance & la remission des
péchez par toutes les Nations, en commençant par Jerusalem.* On peut voir par cet
endroit, à quoi se reduit ce que Jesus avoit
prêché à ses Disciples avant sa crucifixion,
bien qu'il ne l'eût pas exprimé en termes
si clairs : Ce qu'il veut leur donner à entendre présentement, & ce qui devoit être
prêché à toutes les Nations, savoir, Que
Jesus étoit *le Messie*, qu'il avoit souffert,
qu'il étoit ressuscité d'entre les morts le
troisiéme jour, & qu'il avoit accompli tout
ce qui avoit été écrit du *Messie* dans le
Vieux Testament. On y voit enfin, que
ceux qui croiroient cela, & se repenti-
roient, recevroient la remission de leurs
péchez en vertu de cette Foi qu'ils auroient
en lui. Et voici comment la même chose
est exprimée dans St. Marc, *Ch.* XVI. 15.
*Allez par tout le Monde, & prêchez l'Evan-
gile à toutes les Créatures. Celui qui croira*

& sera baptisé, sera sauvé, & celui qui ne croira point, sera condamné, vs. 20. Nous avons déja fait voir ce qu'il faut entendre par le mot d'*Evangile* ou *bonne nouvelle,* savoir, l'agréable publication de la Venuë du Messie. Et *eux étant partis,* ajoûte St. Marc vs. 20. *prêchérent par tout, le Seigneur operant avec eux, & confirmant la Parole par les Miracles qui l'accompagnoient.*

On a déja vû par l'Histoire des *Actes,* quelle étoit cette *Parole* qu'ils prêchoient, & que le Seigneur confirmoit par des Miracles, car j'ai donné le précis de toutes les Prédications qu'ils ont faites en divers Lieux, comme elles sont rapportées dans le Livre des *Actes,* si vous en exceptez quelque peu de passages, où le Royaume du Messie est désigné sous le nom de *Royaume de Dieu,* lesquels j'ai differé de transcrire, jusques à ce que j'eusse prouvé par les Ecrits des Evangelistes, que cette expression ne signifie autre chose que *le Regne du Messie.* Il ne sera donc pas hors de propos de parcourir présentement ce que nous n'avons pas encore examiné des Prédications de S. Paul, pour l'ajoûter aux autres Discours de cet Apôtre que nous avons déja vûs, dans lesquels il ne propose autre chose pour Article de Foi, sinon que *Jesus est le Messie,*

le

le Roi, qui étant reſſuſcité d'entre les Morts, eſt à préſent en poſſeſſion de ſon Empire, & doit faire connoître ſon Regne d'une maniére plus publique, en jugeant le Monde au dernier jour. *Act.* XIX. 8. St. Paul étant à Epheſe, *entra dans la Synagogue, où il parla avec liberté & hardieſſe pendant trois mois, diſputant & perſuadant ce qui regarde le Royaume de Dieu.* Et *Act.* XX. 25. étant à *Milet*, voici comment il prend congé des Anciens de l'Egliſe d'Epheſe: *Je ſai que vous ne verrez plus mon viſage, vous tous, parmi leſquels j'ai paſſé en prêchant le ·Royaume de Dieu.* Il dit lui-même à quoi ſe reduiſoit ce qu'il avoit prê-ché dans cette occaſion, vſ. 20, 21. *Je ne vous aï rien caché de tout ce qui vous pouvoit être utile, rien ne m'ayant empê-ché de vous l'annoncer & de vous en in-ſtruire en public, & en particulier, prê-chant aux Juifs, auſſi bien qu'aux Gentils, la repentance envers Dieu, & la foi envers Notre Seigneur Jeſus-Chriſt.* Il témoigne encore la même choſe, *Act.* XXVIII. 23, 24. Les Juifs qui étoient à Rome *ayant donc pris jour avec lui* (Paul) *ils vinrent en grand nombre le trouver dans ſon Logis, & il leur prêchoit le Royaume de Dieu, leur con-firmant ce qu'il leur diſoit par pluſieurs témoi-gnages, & depuis le matin juſqu'au ſoir il*

tâchoit

tâchoit de leur perſuader la foi de Jeſus, par la Loi de Moïſe & par les Prophetes. Les uns croyoient ce qu'il diſoit, & les autres ne le croyoient pas. Enfin l'Hiſtoire des Actes finit par cette expoſition de ce que St. Paul prêchoit dans Rome : *Et il demeura deux ans entiers dans un Logis qu'il avoit loüé, où il recevoit tous ceux qui le venoient voir, prê-chant le Royaume de Dieu, & enſeignant ce qui regarde le Seigneur Jeſus le Meſſie.* Nous pouvons donc appliquer maintenant à l'Hiſ-toire de Notre Seigneur, que les Evange-liſtes nous ont tranſmis, & à l'Hiſtoire des Apôtres, qui a été écrite dans le Livre des *Actes*, la même concluſion que St. Jean applique en particulier à ſon Evangile, *Ch.* XX. 30, 31. *Jeſus a fait pluſieurs autres Miracles à la vûë de ſes Diſciples*, & dans pluſieurs autres endroits où les Apôtres ont prêché la même Doctrine : *tous ces Mira-cles ne ſont pas écrits* dans ces Livres, *mais ceux-ci ſont écrits, afin que vous croyiez que Jeſus eſt le Meſſie, le Fils de Dieu; & qu'en croyant vous ayiez la vie en ſon nom.*

St. Jean nous dit ici ce qu'il juge qu'il eſt néceſſaire & qu'il ſuffit de *croire* pour obtenir la Vie éternelle. Et cela, non dans la prémiére expoſition de l'Evangile, auquel temps quelqu'un pourroit peut-être s'imaginer qu'il y avoit moins de choſes à

croire,

croire, qu'après que la Doctrine de la Foi,
& le Myſtère du Salut fut expliqué d'une
maniére plus étenduë dans les Epîtres qui
furent écrites par les Apôtres. Car il faut
ſe reſſouvenir, que St. Jean n'a point écrit
ceci, auſſi-tôt après que Jeſus Chriſt fut
monté dans les Cieux : mais que cet endroit, auſſi bien que le reſte de ſon Evangile, ne fût pas ſeulement écrit pluſieurs
années après les autres Evangiles, & l'Hiſtoire des *Aƈtes* recueillie par St. Luc, mais
encore, ſelon toutes les apparences, après
toutes les Epîtres des autres Apôtres. Ainſi
ſoixante ans & plus, après la Paſſion de Jeſus-Chriſt, (car l'Evangile de St. Jean ne
fut écrit que dans ce temps-là, comme l'aſſûrent *St. Epiphane & St. Jerôme*) cet Apôtre ne ſavoit pas qu'il fût néceſſaire de croire autre choſe pour obtenir la Vie Eternelle, ſinon qué *Jeſus eſt le Meſſie, le Fils
de Dieu.*

C·H A P I T R E XI.

Objection qu'on peut faire contre ce qui a été établi jusqu'ici, que sous l'Evangile pour devenir veritable Fidèle il suffit de croire que Jesus est le Messie. Réponse à cette Objection. Qu'il est aussi nécessaire sous l'Alliance Evangelique de se repentir & de bien vivre, que d'avoir la Foi.

IL y a bien de l'apparence que certaines gens objecteront contre ce qu'on vient d'établir, Que de croire seulement que *Jesus de Nazareth* est *le Messie*, c'est n'avoir qu'une Foi *Historique*, & nullement une Foi qui justifie ou qui mette en possession du Salut.

Je répons à cela, Que je laisse aux faiseurs de Systêmes, & à ceux qui approuvent leur méthode, une entiére liberté d'inventer & d'employer telles distinctions qu'il leur plairra, & d'imposer aux choses tous les noms qu'ils jugeront à propos. Mais je ne saurois leur accorder, ni à eux ni à quelque homme que ce soit, l'autorité de faire une Religion pour moi, ou d'alterer celle que Dieu a revelée. Que s'ils veulent appeller la Foi par laquelle on ne reçoit précisé-

cifément que ce que Jefus-Chrift & fes Apô‹
tres ont prêché & propofé pour être crû,
une Foi *Hiftorique*, à la bonne heure, ils
peuvent le faire. Mais ils doivent prendre
garde, comment ils nient que cette Foi
puiffe juftifier ou fauver, puis que Notre
Seigneur & fes Apôtres l'ont affûré pofitivement, & qu'ils n'ont point parlé d'aucun
autre Article de Foi, que les hommes duf-
fent recevoir, & dont la croyance dût les
rendre veritables Fidéles, & héritiers de la
Vie éternelle : à moins qu'ils n'ofent bien
porter leur hardieffe jufques à ce point, que de
dire, pour l'amour de leurs chers Syftémes,
que Jefus-Chrift a oublié pourquoi il étoit
venu dans le Monde ; & que lui & fes Apôtres n'ont pas bien inftruit les Peuples du
chemin & des Myftères du Salut. Car que
cette Doctrine particuliére qui établit, *Que
Jefus eft le Meffie*, foit la feule, dont la
croyance eft recommandée & exigée dans
les Prédications de Notre Seigneur Jefus-
Chrift & de fes Apôtres, c'eft ce que nous
avons fait voir par un examen fuivi de tout ce
qui eft contenu dans les Quatre Evangiles &
dans l'Hiftoire des Actes des Apôtres. Et
je les défie de montrer qu'on y trouve aucun autre Article de Foi, à l'occafion duquel ceux qui l'ont reçu ou rejetté, ayent
été déclarez par cela même *Fidèles* ou *Infidèles*,

dèles, de sorte qu'on aît été admis dans l'Eglise de Christ, comme Membre de son Corps, à cause qu'on a cru cet article, comme s'il suffisoit de le croire ou de ne pas le croire, pour jouïr, ou être privé de cet avantage. Encore un coup, l'Article que nous venons de marquer, est le seul Article de Foi qui ait été prêché aux hommes dans l'Evangile. Or si aucune autre chose n'a eté prêchée nulle part, on pourra opposer contre tout autre article de Foi qu'on voudra faire recevoir sous l'Evangile, ce que St. Paul dit dans son Epître aux Romains, *Ch. X. 14. Comment croiront-ils ce do t ils n'ont point entendu parler?* Car nous ne voyons pas que personne aît été envoyé pour recommander la croyance d'aucune autre Doctrine, comme une chose qu'on soit indispensablement obligé de croire pour devenir Chrétien.

Mais on poussera peut-être l'objection encore plus loin, & l'on dira, Que la Foi dont je parle, ne sauve point, parce qu'elle est toute semblable à celle que les Diables peuvent avoir, & qu'ils avoient du temps de Jesus-Christ, car il paroît dans l'Histoire de l'Evangile, qu'ils croyoient & déclaroient publiquement, que *Jesus* étoit *le Messie.* Et St. Jacques nous dit en termes exprès, *Ch. II. 19. Que les Diables croyent*

& tremblent. Cependant ils ne feront point fauvez. A cela je répons., 1. Que ceux à qui la Foi n'a pas été propofée comme un moyen pour obtenir le Salut, & auxquels il n'a jamais été promis qu'elle leur feroit imputée à Juftice, ne fauroient être fauvez, quelque Foi qu'ils puiffent avoir. Or c'eft une Grace, qui n'a été accordée qu'au Genre Humain. Dieu traite les Defcendans d'Adam avec tant de bonté, que s'ils croyent que Jefus eft le Meffie, le Roi, le Sauveur qui avoit été promis; & qu'en même temps ils rempliffent les autres conditions qui leur font impofées par l'Alliance de Grace, il veut bien les juftifier à caufe de la Foi qu'ils ont en ce divin Sauveur, leur imputer cette Foi à Juftice, & la confiderer comme fuppléant aux défauts de leur obéïffance, de forte que par cette efpece de compenfation, ils foient effectivement regardez comme juftes, & par même moyen mis en poffeffion d'une Vie éternelle. Mais cette Grace dont Dieu a favorifé le Genre Humain, n'a jamais été offerte aux Anges Apoftats. Une telle propofition ne leur a point été faite; & par conféquent, quelque condition qui aît été propofée aux hommes fur cet article, il n'en revient aucun avantage aux Démons, quoi qu'ils viennent à la remplir, cette alliance de Grace ne leur ayant jamais été offerte.

Je

2. Je répons en second lieu, que, bien que les Diables croyent, ils ne sauroient être sauvez en vertu de l'Alliance de Grace, parce qu'ils n'accomplissent point l'autre Condition qu'elle renferme, laquelle il est aussi nécessaire de remplir que celle qui regarde la Foi, je veux parler de *la Repentance*. Car la Repentance est aussi bien une Condition absoluë de l'Alliance de Grace, que la Foi, & on n'est pas moins obligé de la remplir que cette derniére. Ainsi nous voyons, que Jean Baptiste, qui devoit préparer le chemin au Messie, se mit à *prêcher le baptême de la Repentance pour la remission des péchez*, Marc I. 4.

Et comme ce Saint Homme commença ses Prédications, en disant, *Repentez-vous, car le Royaume des Cieux est approché*, Math. III. 2. Notre Seigneur en usa de même dès le commencement de son Ministère : *Depuis ce temps-là*, dit St. Matthieu *Ch* IV. 17. *Jesus commença à prêcher, en disant, Repentez-vous, car le Royaume des Cieux est approché* : ou, comme dit St. Marc dans un passage parallele, *Ch.* I. 14, 15. *Après que Jean eut été mis en prison, Jesus vint dans la Galilée, prêchant l'Evangile du Royaume de Dieu, & disant, Le temps est accompli : & le Royaume de Dieu est proche : Repentez-vous, & croyez à l'Evangile.* Ce fut là non seulement ce que

ce

ce divin Docteur commença de prêcher,
mais le sommaire de tout ce qu'il prêcha,
savoir, Que les hommes devoient *se repen-*
tir, & croire les bonnes nouvelles qu'il leur
annonçoit, qui portoient, que *le temps* marqué pour la venuë du Messie *étoit accompli.*
Ce fut là encore ce que ses Apôtres prêchérent lors qu'il les envoya annoncer l'Evangile, *Marc* VI. 12. *Etant donc partis ils prê-*
choient aux Peuples de se repentir. Croire que
Jesus est *le Messie*, & se repentir, sont des
parties si nécessaires & si fondamentales de
l'Alliance de Grace, qu'un seul de ces articles est souvent mis pour tous deux dans
le Nouveau Testament. Ainsi St. Marc se
contente de dire dans l'endroit que nous venons de citer, que les Apôtres prêchoient
la Repentance, & d'un autre côté St. Luc
dans un passage parallele, *Chap.* IX. 6. remarque seulement qu'ils *évangelizoient,*
c'est-à-dire, qu'ils prêchoient les heureuses
nouvelles du Regne du Messie. Et St. Paul
se sert souvent dans ses Epîtres du mot de
Foi, pour désigner tous les devoirs du Chrétien. Du reste, la doctrine constante de l'E-
vangile établit ce que Jesus-Christ déclare
dans St. Luc *Ch.* XIII. 3. 5. *Si vous ne vous*
repentez, vous perirez tous de la même sorte.
Et dans la Parabole du Riche précipité dans
les Enfers, qui est racontée par Notre Seigneur

gneur lui-même, *Luc* XVI. la repentance eſt propoſée toute ſeule comme un moyen, par lequel on peut éviter ce Lieu de tourmens, vſ. 30, 31. Enfin Jeſus étant reſſuſcité, déclare à ſes Apôtres quel étoit le précis de la Doctrine qu'ils devoient annoncer aux hommes, *Luc* XXIV. 45. ſavoir *la repentance & la remiſſion des péchez qu'ils devoient prêcher en ſon nom*, c'eſt-à-dire au nom du *Meſſie*. D'où il s'enſuit, que tout ce que prêcherent les Apôtres, ce fut de croire que Jeſus étoit *le Meſſie*, & de ſe repentir. En effet St. Pierre commença les fonctions de ſon Miniſtère en diſant à ceux qui vouloient faire profeſſion du Chriſtianiſme, *Act.* II. 38. *Repentez-vous, & ſoyez baptiſez au nom de Jeſus-Chriſt.* C'étoient-là juſtement les deux choſes qu'ils devoient faire pour obtenir la remiſſion de leurs péchez, ſavoir, s'incorporer dans le Royaume de Dieu, & faire profeſſion ouverte d'être les Sujets de Jeſus, qu'ils croyoient être *le Meſſie*, & qu'ils regardoient comme leur Seigneur & leur Roi, car c'eſt ce que ſignifioit, *être baptiſé en ſon Nom.* Comme le Baptême étoit une Cérémonie connuë aux Juifs, par laquelle ceux qui abandonnoient le Paganiſme, & faiſoient profeſſion de ſe ſoûmettre à la Loi de Moyſe, étoient admis dans la République d'Iſraël, Notre Seigneur

gneur s'en fervit auffi, afin que ce fût comme un Acte folemnel & vifible, par lequel
ceux qui le prenoient pour le Meffie, qui
le recevoient comme leur Roi, & faifoient
profeffion d'obéir à fes ordres, étoient reçus comme fes Sujets dans fon Royaume,
lequel eft appellé dans l'Evangile *le Royaume de Dieu*, mais qui eft défigné par un autre nom dans les *Actes* & dans les *Epîtres
des Apôtres*, favoir par celui d'*Eglife*.

St. Pierre prêche encore la même Doctrine aux Juifs, *Act*. III. 19. *Repentez-vous*,
leur dit-il, *& convertiffez-vous, afin que
vos péchez foient effacez*.

Pour favoir ce que c'eft que cette Repentance, que la Nouvelle Alliance impofe
comme une des conditions que doivent remplir tous ceux qui auront part aux avantages attachez à cette Alliance, nous n'avons
qu'à confulter l'Ecriture. C'eft là que nous
pourrons voir clairement, que ce n'eft pas
feulement une douleur qu'on reffent pour
fes péchez paffez, mais (ce qui eft une fuite narurelle de cette douleur, fi elle eft veritable & fincere) un renoncement actuel à
ces péchez, qui engage à mener une vie nouvelle, & contraire à celle qu'on a mené auparavant. C'eft pourquoi ces deux chofes
font fouvent jointes enfemble dans l'Ecriture, *Repentez-vous, & vous convertiffez*, dit

Tom. I. P St.

St. Pierre dans le Livre des Actes, *Ch.* III. 19. & St. Paul, *Act.* XXVI. *J'ai annoncé à ceux de Damas, & aux Gentils qu'ils se repentissent, & se convertissent à Dieu.*

Quelquefois aussi pour désigner la Repentance, les Ecrivains sacrez disent simplement *se convertir*, *Matth.* XIII. 15. *Luc* XXII. 32. ce qui est heureusement exprimé en d'autres termes par *la nouveauté de vie.* Car comme il est certain que celui qui sent une veritable tristesse à la vûë de ses péchez, & les a en horreur, ne sauroit manquer de s'en détourner, & d'y renoncer entiérement : l'un de ces deux Actes, qui ont ensemble une liaison si naturelle, peut fort bien être mis pour marquer l'un & l'autre, comme on en voit souvent des exemples. La Repentance est donc *une vive douleur que nous ressentons pour nos péchez passz, & une résolution sincère & effective, de conformer nos actions à la Loi de Dieu, autant qu'il est en notre pouvoir.* Suivant cela, la Repentance ne consiste pas dans un simple acte de tristesse, (quoi qu'elle prenne sa dénomination de cet acte, qui est le prémier, & qui amene, pour ainsi dire, tous les autres) mais dans une application actuelle à faire des œuvres *convenables à la repentance*, & à obeïr sincerement à la Loi de Jesus-Christ pendant tout le reste de notre vie. C'est ce que Jean Baptiste,

le

le Prédicateur de la repentance, appelloit *Matth.* III. 8. *faire des fruits dignes de repentance*, & St. Paul dans le paſſage que nous venons de citer, (*Act.* XXVI. 20.) *ſe repentir, ſe convertir à Dieu, & faire des œuvres convenables à la repentance.* Ces œuvres qui doivent accompagner la Repentance, ne ſont pas moins de l'eſſence de cette vertu, que la triſteſſe qu'on conçoit pour ſes péchez paſſez.

La Foi & la Repentance ſont donc les deux Conditions indiſpenſables de la Nouvelle Alliance, c'eſt-à-dire, que pour jouïr des avantages qu'elle propoſe, il faut croire que Jeſus eſt *le Meſſie*, & mener une bonne vie. Mais pour pouvoir mieux comprendre combien il eſt raiſonnable, ou plûtôt néceſſaire, de remplir ces deux Conditions, qui ſont les ſeules, que l'Alliance de Grace impoſe à tous ceux qui voudront obtenir la Vie éternelle, il faut que nous faſſions quelque reflexion ſur ce que nous avons dit, au commencement de cet Ouvrage, touchant l'Etat d'Adam, avant & après ſa chûte.

Adam étant *le Fils de Dieu*, tître que St. Luc lui donne expreſſément dans ſon Évangile, *Ch.* III. 38. il fut fait à *la reſſemblance* & à *l'image* de ſon Père, en ce qu'il étoit immortel. Mais comme il viola le commandement

dement

dement qui lui fut donné par ce Père Célefte, il encourut la peine qui étoit duë à
fa défobéïffance, il déchut de cet état d'immortalité, & devint mortel. Après cela,
Adam engendra des Enfans, qui furent
faits *à fa reffemblance & à fon image*, c'eft-
à-dire, qui furent mortels, comme leur
Père.

Dieu cependant, par un effet de fon infinie Mifericorde, voulant que les hommes, mortels de leur nature, puffent jouïr
d'une Vie éternelle, envoya Jefus-Chrift
dans le Monde, lequel ayant été conçu,
par la puiffance immediate de Dieu, dans
les flancs d'une Vierge, qui n'avoit point
connu d'homme, étoit proprement *le Fils
de Dieu*, felon ce que l'Ange dit à fa Mère,
Luc I. 30-35. *Le Saint Efprit furviendra en
vous, & la vertu du Très-haut vous couvrira
de fon ombre : c'eft pourquoi le fruit Saint qui
naîtra de vous, fera appelé* LE FILS DE
DIEU. De forte qu'étant le Fils de Dieu,
il étoit *immortel*, comme fon Père. C'eft
ce que Jefus-Chrift nous apprend lui-même,
Jean V. 26. *Comme le Père a la vie en lui-
même, il a auffi donné au Fils d'avoir la vie
en lui-même.*

Or que l'immortalité faffe partie de cette *Image*, par laquelle ceux qui ont été immediatement Fils de Dieu, n'ayant point

eû

û d'autre Père que Dieu, ont été rendus
emblables à leur Père, non feulement cela
paroît probable par les Paſſages de la *Géne-*
ſe que nous avons indiquez ci-deſſus, touchant Adam, mais il me femble encore
qu'on peut le recueillir de quelques expreſſions du Nouveau Teſtament qui concer-
nent *Jeſus*, le Fils de Dieu. Ainſi dans
l'Epître de St. Paul aux Coloſſiens, *Ch. I.*
15. il eſt appellé *l'Image de Dieu inviſible.* Le
mot d'*inviſible* ſemble être mis-là, pour empêcher qu'on ne ſe figurât groſſiérement que
Jeſus repréſentoit Dieu par quelque reſſemblance corporelle ou viſible, à la maniére
ordinaire des Images. Et pour nous faire
comprendre le veritable ſens de ces paroles, St. Paul ajoûte, que Jeſus eſt *le prémier-*
né de toute créature, ce qui eſt expliqué encore plus nettement au verſet 18. où il eſt
appellé *le premier-né d'entre les morts,* par où
il fait voir, qu'il eſt *l'Image de Dieu inviſible,*
que la Mort n'a point de puiſſance ſur lui,
mais qu'étant le Fils de Dieu & n'ayant
point perdu cette Filiation par aucune fauſſe
démarche, il eſt heritier de la Vie éternelle,
comme Adam l'auroit été s'il eût continué
de rendre à Dieu l'obéïſſance filiale qu'il lui
devoit. Il ſemble que c'eſt encore dans le
même ſens que cet Apôtre employe le
terme d'*Image* en d'autres endroits, com-

me

me dans son Épître aux Romains *Chap.* VIII. 29. *Ceux qu'il a préconnus, il les a aussi prédestinez pour être conformes à l'Image de son Fils, afin qu'il fût le prémier-né entre plusieurs Frères.* Cette *Image* à laquelle ils doivent être conformes, c'est, ce semble, l'*Immortalité* & la Vie éternelle. Car il est à remarquer, que dans ces deux passages St. Paul parle de la Résurrection ; & qu'il nous dit que Christ est *le prémier-né entre plusieurs Frères*, ce divin Seigneur étant Fils de Dieu par naissance, & les autres ne l'étant que par adoption, comme nous le voyons dans ce même Chapitre, vs. 15-17 *Vous avez reçu l'Esprit d'adoption, par lequel nous crions Abba, Père ; Et c'est cet Esprit, qui rend lui-même témoignage à notre Esprit, que nous sommes Enfans de Dieu. Que si nous sommes Enfans, nous sommes aussi héritiers : héritiers, dis-je, de Dieu, & cohéritiers de Christ, pourvû toutefois que nous souffrions avec lui, afin que nous soyons glorifiez avec lui.* Aussi voyons-nous, que Jesus-Christ ne dédaigne pas d'appeller ses *Frères*, ceux qui au jour du Jugement entreront en possession de la Vie éternelle par son moyen, *Matth.* XXV. 40. *Entant que vous avez rendu ces devoirs de charité aux moindres de mes Frères, c'est à moi-même que vous les avez rendus.* Et ne seroit-ce point pour cela que dans le Nou-

veau

veau Teſtament Dieu porte ſi ſouvent ce
tître ſingulier, LE PERE, & ſi rarement,
pour ne pas dire jamais, dans le Vieux?
Ce qui fait dire à Notre Seigneur dans St.
Matthieu, *Ch. XI.* 27. *Que nul ne connoît
le Père que le Fils, & celui à qui le Fils l'aura voulu reveler.* Dieu a donc encore un
Fils dans le Monde, qui eſt le prémier-né
entre pluſieurs Frères, & tous ceux qui
ont l'honneur d'être ſes frères peuvent dire
préſentement par l'Eſprit d'adoption, *Abba,*
Père. Et ainſi étant parvenus par ſon
moyen à la gloire d'être ſes Frères & les
Enfans de Dieu, nous ſommes faits participans, par voie d'adoption, de l'héritage,
qui lui appartenoit par un droit naturel,
comme étant le Fils de Dieu par naiſſance;
Et cet héritage conſiſte dans une Vie éternelle. C'eſt ce que St. Paul confirme encore, lors qu'il ajoûte dans le Chapitre
VIII. de ſon Epître aux Rom. vſ. 23. *Nous
ſoupirons en nous-mêmes, en attendant l'a-
doption, ſavoir la Redemption de notre Corps:*
ce qui marque clairement que nos Corps,
qui ſont fragiles & Mortels, ſeront changez
en des Corps Spirituels & Immortels au
temps de la Réſurrection, *lors que ce Corps
Mortel ſera revêtu de l'Immortalité,* comme
St. Paul le dit poſitivement 1 *Cor.* XV. 54.
ce qu'il exprime encore plus diſtinctement

 dans

dans ce même Chapitre, en ces termes, vſ. 42--44. *Il en arrivera de même dans la Réſurrection des Morts : Le Corps eſt ſemé en Corruption, il reſſuſcitera en Incorruption. Il eſt ſemé en Deshonneur, il reſſuſcitera en Gloire : Il eſt ſemé en Foibleſſe, il reſſuſcitera en Force : Il eſt ſemé Corps ſenſuel, il reſſuſcitera Corps Spirituel,* &c. A quoi il ajoûte, vſ. 49. *Comme nous avons porté l'Image de l'Homme Terreſtre,* (c'eſt-à-dire, comme nous avons été Mortels, ainſi qu'Adam notre Père qui étoit Terreſtre, duquel nous ſommes deſcendus depuis qu'il fut chaſſé du Paradis) *nous porterons auſſi l'Image de l'Homme Céleſte,* & étant appellez, par voie d'Adoption, à jouïr de ſa Filiation & de ſon héritage, nous recevrons, en reſſuſcitant, cette Adoption que nous attendons, & *la Redemption de nos Corps,* de forte que conformes à ſon *Image* qui eſt l'*Image* du Père, nous deviendrons Immortels. Ecoutez ce que Jeſus-Chriſt dit lui-même ſur ce ſujet, *Luc* XX. 35, 36. *Ceux qui ſeront jugez dignes d'avoir part à ce Siecle-là & à la Réſurrection des Morts, ne prendront, ni ne ſeront pris en mariage. Car ils ne pourront plus mourir, parce qu'ils ſeront ſemblables aux Anges, & qu'ils ſeront* FILS DE DIEU, *étant Fils de la Reſurrection.* Et à l'égard de Jeſus-Chriſt, on n'a qu'à voir

voir le raisonnement que Saint Paul fait dans le Livre des *Actes*, *Chap.* XIII. 32, 33. pour reconnoître, que la grande preuve que Jesus étoit *le Fils de Dieu*, c'étoit sa Résurrection. Ce fut alors que l'Image de son Père parut en lui, alors, dis-je, qu'il entra visiblement dans un état d'immortalité. Mais voici comment cet Apôtre établit cette verité : *Nous vous annonçons*, dit-il, *l'accomplissement de la promesse qui a été faite à nos Pères, Dieu nous en ayant fait voir l'effet, à nous qui sommes leurs Enfans, en ressuscitant Jesus, selon qu'il est écrit dans le second Pseaume : Vous êtes mon Fils, je vous ai engendré aujourd'hui.*

Cela peut servir en quelque sorte, à expliquer l'*immortalité* des Enfans de Dieu, qui par-là sont semblables à leur Père, étant faits à son *Image* & à sa Ressemblance Du reste, que Jesus fut originairement immortel, c'est ce qu'il déclare encore lui-même dans l'Evangile de Saint Jean, *Ch.* X. 18. où parlant de sa vie, il ajoûte: *Nul ne me la ravit, mais c'est de moi-même que je la quitte. J'ai le pouvoir de la quitter, & j'ai le pouvoir de la reprendre.* Puissance qu'il n'auroit pû avoir, s'il eût été un homme mortel, le Fils d'un homme, de la semence d'Adam, ou qu'il eût terni sa vie par quelque péché. Car *les gages du péché, c'est la Mort :* & celui qui a

me-

merité la mort pour ses propres déreglemens, ne sauroit donner sa vie pour un autre, comme Jesus-Chrift déclare qu'il alloit le faire. En effet il étoit *le Jufte* par excellence, *Act.* VII. 52. *Il n'avoit point connu le peché*, 2 *Cor.* V. 21. ou, comme dit St. Pierre 1 *Ep.* II. 22. *il n'avoit commis aucun péché, & nulle parole trompeufe n'étoit jamais fortie de fa bouche.* C'eft pourquoi, *comme la Mort eft venuë par un Homme, la Réfurrection des Morts doit venir auffi par un Homme. Car comme tous meurent en Adam, tous revivront auffi en Jefus-Chrift,* 1 Cor. XV. 21, 22.

Quant à la réfolution que Jefus avoit prife de donner fa vie pour autrui, ce divin Sauveur nous en parle lui-méme, *Jean* X. 17. *C'eft pour cela*, dit-il, *que mon Père m'aime, parce que je quitte ma vie pour la reprendre.* Et c'eft de cette Obéïflance & de ces Souffrances, qu'il a été recompenfé par un Royaume, que *fon Père lui avoit préparé*, comme il nous l'apprend lui-même, *Luc* XXII. 29. Recompenfe qu'il a eûe devant les yeux en fouffrant la Mort, comme cela paroît clairement par cet endroit de l'Epître aux Hébreux, *Ch.* XII. 2. * *A caufe de la joye qui*

* J'ai fuivi la Verfion Angloife, qui dans cet endroit eft differente de celle de *Mons*, & de *Geneve* imprimée à Amfterdam en 1687. qu'on a changée en

*qui lui étoit proposée , il a souffert la Croix,
ayant méprisé la honte , & s'est assis à la
Droite du Thrône de Dieu.* Ce divin Sauveur parle lui-même de ce Royaume qui
lui a été donné en consideration de son O-
beïssance, de ses Souffrances, & de sa
Mort, *Jean* XVII. 1-4. *Jesus leva les
yeux au Ciel, & dit: Père, l'heure est venue, glorifiez votre Fils, afin que votre Fils
vous glorifie, comme vous lui avez donné
puissance sur toute chair, afin qu'il donne la
Vie éternelle à tous ceux que vous lui avez
donnez. Or la Vie éternelle consiste à vous
connoître, vous qui êtes le seul vrai Dieu, &
Jesus le Messie que vous avez envoyé. Je vous
ai glorifié sur la Terre : J'ai achevé l'œuvre
que vous m'avez donné à faire.* St. Paul dit
la même chose dans son Epître aux Philip-
piens, *Ch.* II. 8--11. *Il s'est rabbaissé lui-
même, se rendant obéissant jusqu'à la mort,
& jusqu'à la mort de la Croix. C'est pourquoi Dieu l'a souverainement élevé, & lui a
donné un nom qui est au dessus de tout nom,*
afin

en plusieurs endroits sous prétexte d'en reformer le
Langage. Mais quelquefois on y a changé ce qui ne
devoit pas l'être, comme dans cet endroit où la vieil-
le Version de Geneve avoit suivi le sens qu'a exprimé la Version Angloise, & qui paroit beaucoup plus
juste comme on peut le voir dans les Notes de *Grotius* sur ce passage.

afin qu'au nom de Jesus tout genou flechisse dans le Ciel, sur la Terre, & au dessous de la Terre ; & que toute Langue confesse que Jesus-Christ est le Seigneur.

Vous voyez donc par-là, que Dieu destinoit à son Fils Jesus-Christ un Royaume, & un Royaume éternel dans les Cieux. Mais bien que *tous doivent revivre en Jesus-Christ, comme ils meurent tous en Adam :* bien que tous les hommes doivent retourner en vie au Dernier Jour, cependant comme ils ont tous péché, & *sont* par conséquent *privez de la Gloire de Dieu,* Rom. *Chap.* III. 23. (c'est-à-dire, incapables de parvenir au Royaume Céleste du Messie, qui est souvent appellé *la Gloire de Dieu* dans * l'Ecriture : Car nul homme Injuste, c'est-a-dire qui a manqué à remplir parfaitement tous les devoirs de la Justice, ne sauroit être admis dans ce Royaume pour y jouïr de la Vie Eternelle, selon ce que dit St. Paul I *Cor.* VI: 9. *Les Injustes n'hériteront point le Royaume de Dieu :*) Comme, dis-je, tous les hommes ont péché, & que la Mort, qui est le gage du Péché, ne peut qu'être le partage de tous ceux qui ont violé les saints Commandemens de Dieu ; ç'auroit été

* Voy. *Rom.* V. 2. XV. 7. & II. 7. *Matth.* XVI. 27. & *Marc* VIII. 38.

été en vain que le Fils de Dieu seroit venu dans le Monde, pour y jetter les fondemens d'un Royaume, & se faire un Peuple élu, si ceux-là même qu'il auroit choisis, se trouvant coupables lors qu'ils comparoîtroient au dernier Jour devant le Thrône du Juge de tous les hommes, au lieu d'obtenir la Vie Eternelle dans le Royaume qu'il leur avoit préparé, devoient recevoir la Mort qui est la juste recompense du Péché. Cette seconde Mort n'auroit laissé aucun Sujet à Jesus-Christ; & bien loin que son Thrône fût environné de ces millions de millions dont il est parlé * dans l'*Apocalypse*, il n'en seroit pas resté un seul pour chanter ce Cantique en son Nom, *A celui qui est assis sur le Thrône & à l'Agneau, bénediction, honneur, gloire & puissance dans les Siécles des Siécles.* Dieu donc touché de compassion envers le Genre Humain, & voulant établir un Royaume à son Fils, & le fournir de Sujets de toutes les Tribus, de toutes les Langues, de tous les Peuples & de toutes les Nations du Monde, fit cette proposition aux Enfans des hommes, que tous ceux d'entr'eux qui croiroient que son Fils *Jesus*, qu'il envoyoit dans le Monde, est *le Messie*, le Liberateur qui avoit été

pro-

---

* *Chap.* V. 11. 13.

promis, obtiendroient le pardon de tous leurs péchez paſſez, de leur déſobéïſſance & de leur rebellion, & que, s'ils s'appliquoient à l'avenir à obeïr ſincerement a ſes Loix auſſi exactement qu'ils pourroient, les péchez de pure fragilité qu'ils viendroient à commettre dans la ſuite, leur ſeroient pardonnez auſſi bien que ceux qu'ils auroient déja commis, & cela en conſideration de ſon Fils, parce qu'ils ſe ſeroient donnez à lui pour être ſes fidèles Sujets: Qu'ainſi leur Foi, qui les auroit engagez à ſe faire baptiſer en ſon Nom, (c'eſt-à-dire, à s'incorporer dans le Royaume de Jeſus, reconnu pour *le Meſſie*, à faire profeſſion d'être du nombre de ſes Sujets, & par conſéquent à vivre d'une maniére conforme aux Loix de ce Royaume) que leur Foi, dis-je, leur ſeroit imputée à Juſtice, c'eſt-à-dire, ſuppléeroit au défaut d'une entiére obéïſſance auprès de Dieu, qui en accordant à cette Foi le Privilege de leur tenir lieu de *Juſtice*, ou d'une obéïſſance parfaite, les juſtifia, ou les rendit juſtes, & capables par cela même d'obtenir la Vie Eternelle.

Or que ce ſoit là la Foi, par laquelle Dieu, par un pur effet de ſa Grace, juſtifie l'homme pécheur, (car *c'eſt Dieu ſeul qui juſtifie*, comme nous l'aſſure St. Paul, *Rom.* VIII.

VIII. 32. & III. 29.) c'eſt ce que nous avons déja montré en examinant dans toute l'Hiſtoire de Jeſus-Chriſt & des Apôtres, contenuë dans les Evangiles & dans le Livre des *Actes*, à quoi ſe reduit ce que lui & ſes Apôtres ont prêché & propoſé aux hommes pour être l'objet de leur Foi. Nous devons faire voir préſentement, qu'outre la néceſſité qui leur eſt impoſée de croire, que Jeſus eſt le *Meſſie*, leur Roi, il faut de plus, que ceux qui veulent jouïr des privileges & des biens de ſon Royaume, & avoir, pour ainſi dire, des aſſûrances d'y être admis, s'y introduiſent eux-mêmes, & qu'après s'y être comme naturaliſez, & incorporez ſolemnellement par le Baptême, ils vivent d'une maniére conforme aux Loix qui y ſont établies, comme bons & veritables Sujets. Car, s'ils croyoient que Jeſus fût *le Meſſie*, & qu'ils le reconnuſſent pour leur Roi, mais que du reſte ils refuſaſſent d'obéïr à ſes ordres, & ne vouluſſent point qu'il regnât ſur eux, ce ſeroient des Sujets rebelles, entiérement indignes de ſon amour, & Dieu ne les juſtifieroit point en conſideration d'une Foi qui ne ſerviroit qu'à les rendre plus coupables, & qui tendroit directement à renverſer le Regne & les deſſeins du Meſſie, *Lequel*, dit St. Paul *Tit.* II. 14. *s'eſt livré lui-même pour nous, afin de nous rache-*

cheter de toute iniquité, & de nous purifier pour se faire un Peuple particulierement consacré à son service, & fervent dans les bonnes œuvres. C'eſtpourquoi le même Apôtre dit aux Galates, (Ch. V. 6.) Que c'eſt la Foi qui ſauve, mais une Foi agiſſante par la Charité. Et pour être pleinement convaincu que la Foi ſans les Oeuvres, c'eſt-à-dire, denuée de ces œuvres que produit une obéïſſance ſincère aux commandemens & à la volonté de Jeſus-Chriſt, ne ſuffit pas pour nous juſtifier auprès de Dieu, on n'a qu'à conſulter St. Jacques qui le fait voir au long dans ſon Epître, Ch. II.

Et en effet, cela ne ſauroit être autrement, car la Vie (j'entens une Vie éternelle) n'étant la recompenſe que de la Juſtice, parce que Dieu, dont les yeux ſont trop purs pour faire cas de l'Iniquité, n'accorde une pareille recompenſe qu'à ceux-là ſeulement qui ne ſont entachez d'aucun péché, il eſt impoſſible qu'il juſtifie ceux qui ne ſont paroître aucun amour pour la Juſtice, quelque Foi qu'ils puiſſent avoir d'ailleurs. Juſtifier de ſemblables Croyans, ç'auroit été favoriſer l'Injuſtice, qui eſt ſi contraire à la Pureté de Dieu : ç'auroit été détruire la Loi Eternelle du Juſte, laquelle eſt ſainte, & bonne par elle-même, & dont aucun article n'a été aboli ou revoqué, ni ne peut l'être, tant
que

que Dieu sera un Dieu Saint & Juste, & l'Homme une Créature raisonnable. Comme les devoirs de cette Loi sont fondez sur la propre nature de Dieu, ils sont d'une obligation éternelle, de sorte qu'on ne peut abroger cette Loi ni dispenser les hommes de l'observer, sans changer la nature des choses, sans confondre le Juste avec l'Injuste, & sans introduire & autoriser l'irregularité, la confusion, & le désordre dans le Monde. Or ce n'est point là la fin pour laquelle Jesus-Christ a paru sur la Terre. Au contraire, il y est venu pour retirer les hommes de la depravation où ils étoient engagez, & pour s'établir un Nouveau Royaume composé de tous ceux qui voudroient reformer leur vie, & porter des fruits dignes de repentance.

La Loi éternelle du Juste est la Loi de ce Royaume aussi bien que de tout le Genre Humain, & ce sera sur cette même Loi que tous les hommes seront jugez au dernier Jour. Mais du reste ceux qui auront cru que Jesus-Christ est le Messie, qui l'auront reconnu pour leur Roi, & qui se feront appliquez sincerement à la Justice, en obéïssant à ses saintes Loix, jouïront de cet important privilege que leurs péchez passez ne leur feront point imputez, & que la Foi qu'ils auront en ce divin Sauveur, leur tiendra lieu d'obéïſſance , lors qu'ils violeront ces Loix par fragilité & par foibleſſe, lors que ceux d'entr'eux qui auront été convertis , viendront à tomber dans le péché, pourvû que d'ailleurs ils ſoient affamez & alterez de la Juſtice, ou d'une parfaite obéïſ-ſance , & qu'ils ne s'abandonnent point à des actes de rebellion contre les Loix de ce Royaume dans lequel ils ſont entrez.

Et veritablement Jeſus n'attendoit pas de ſes Sujets une obéïſſance parfaite, exempte de toute ſorte de défauts. Il connoiſſoit fort bien notre nature, & la foibleſſe de notre temperament, & c'eſt pour ſuppléer à ce défaut qu'il a été envoyé dans le Monde. D'ailleurs, une obéïſſance parfaite eſt la Juſtice qu'exigeoit la Loi des Oeuvres, & ſous cette Alliance, la recompenſe auroit été donnée comme une choſe dûë , & non pas comme une grace, de ſorte que ceux qui auroient été dans ce cas, n'auroient pas eu beſoin de Foi pour leur tenir lieu de Juſtice. Ils ſe feroient ſoûtenus par eux-mêmes: Etant déja Juſtes , il n'auroit pas été néceſſaire qu'on leur eût propoſé comme une grace de croire que Jeſus eſt *le Meſ-ſie*, de le reconnoître pour leur Roi, & de devenir ſes Sujets. Du reſte il eſt aiſé de voir que Jeſus-Chriſt exige de ſes Diſciples qu'ils obéïſſent ſincerement à ſes Loix:

c'eſt

c'eſt ce qui paroît, dis-je, par les Loix qu'il donne lui-même, (à moins qu'on ne ſuppoſe qu'il publie ces Loix & en recommande la pratique, ſeulement afin qu'elles ſoient violées & foulées aux pieds) & par la ſentence qu'il prononcera lors qu'il viendra juger les hommes au dernier Jour.

La Foi qu'exigeoit l'Evangile conſiſtoit à croire, que Jeſus étoit *le Meſſie*, l'Oint que Dieu avoit promis au Monde. Parmi les Juifs (auxquels les Promeſſes & les Propheties qui regardoient le Meſſie, avoient été communiquées plus immediatement qu'à aucun autre Peuple) on avoit accoûtumé d'oindre trois ſortes de perſonnes, lors qu'on les inſtalloit dans trois Offices conſiderables, qui étoient ceux de Sacrificateur, de Prophete, & de Roi. Mais quoi que ces trois Offices ſoient attribuez à Jeſus-Chriſt dans les Saintes Ecritures, cependant il ne me ſouvient pas, que jamais il prenne lui-même le tître de Sacrificateur, ou qu'il faſſe mention d'aucune choſe qui ſe rapporte à ſa Sacrificature. Il n'appuye pas non plus beaucoup ſur ſon Office de Prophete, & n'en parle qu'une ou deux fois, comme en paſſant. Mais pour l'Evangile, ou les heureuſes nouvelles du Regne du *Meſſie*, c'eſt ce qu'il prend à tache d'annoncer au Monde, & c'eſt dequoi il fait ſa grande & ſa plus

im-

importante affaire. Or il preſſoit ainſi ce point non ſeulement à cauſe que c'étoit là ce qui s'accordoit le mieux avec l'eſperance des Juifs, qui attendant leur Meſſie, ſe le repreſentoient particulierement ſous l'idée d'un puiſſant Roi qui viendroit à eux pour être leur Liberateur, mais encore, parce que rien ne répondoit plus directement à la fin principale de ſa Venuë, qui étoit d'être Roi, & d'être reçu comme tel par ceux qui voudroient être ſes Sujets dans le Royaume qu'il venoit établir. Et quoi qu'il ne s'attribuât pas directement le titre de Roi, juſques à ce qu'il fut en priſon & entre les mains de *Pilate*, il eſt pourtant certain, que c'étoit une choſe ordinaire & établie parmi les Juifs de déſigner *le Meſſie* par les titres de *Roi*, & de *Roi d'Iſraël*. Voyez *Jean* I. 50. *Luc* XIX. 38. comparé avec *Matth.* XXI. 9. Et *Marc* XI. 9. *Jean* XII. 13. *Matth.* XXI. 5. *Luc* XXIII. 2. comparé avec *Matth.* XXVII. 11. Et *Jean* XVIII. 33-37. *Marc* XV. 12. comparé avec *Matth.* XXVII. 22. & 42.

CHAPITRE XII.

Où l'on fait voir, que Jesus-Christ propose des Loix à ceux qui veulent être du nombre de ses Sujets, afin qu'ils s'appliquent avec soin à les observer. La même obligation est fortement inculquée dans les Ecrits des Apôtres, & clairement établie par la maniére dont Jesus-Christ lui-même jugera les hommes au Dernier Jour.

NOus venons de prouver dans le Chapitre précedent, que pour jouïr des avantages de l'Alliance de Grace, on n'est pas moins obligé de bien vivre, que de croire en Jesus-Christ. Mais pour voir plus distinctement en quoi consiste ce que doivent faire ceux qui croyent que Jesus est *le Messie*, & qui le reconnoissent pour leur Roi, afin de pouvoir être faits participans avec lui de la Gloire de son Royaume, examinons les Loix qu'il leur donne & dont il leur impose l'observation, & joignons à cet examen l'Arrêt qu'il prononcera lui-même, lors qu'étant assis sur son Thrône, ils comparoîtront devant lui, pour recevoir chacun sa Sentence de la bouche de ce juste Juge des Hommes.

Q 3

Nous

Nous avons déja vû ce que ce divin Maître propofoit à croire à fes Sectateurs, en examinant pié-à-pié les Prédications qu'il a faites lui-même & celles de fes Apôtres, telles qu'elles ont été recueillies dans l'Hiftoire des Quatre Evangeliftes & dans les *Actes des Apôtres.* Nous allons fuivre la même methode, pour voir exactement & nettement, fi Jefus-Chrift exigeoit de ceux qui le croyoient *le Meffie*, quelque autre chofe que cette Foi, & ce que ce pouvoit être. Comme il eft Roi, nous reconnoîtrons aux Commandemens qu'il donne, ce qu'il attend de fes Sujets, car s'il ne s'attendoit à aucune obéiffance de leur part, fes commandemens ne feroient qu'un fimple jeu, & s'il n'y avoit aucune peine pour ceux qui les violeroient, fes Loix ne feroient pas les Loix d'un Roi, qui eût l'autorité de donner des ordres & le pouvoir de châtier ceux qui les enfraindroient : ce ne feroient que des paroles perduës, des difcours frivoles, fans force & fans conféquence.

Nous connoîtrons donc par les Commandemens de Jefus-Chrift, (s'il y en a qu'il ait prefcrit lui-même) quels font les devoirs qu'il a impofez à tous ceux qui doivent recevoir la Vie Eternelle dans fon Royaume Célefte. Et en ceci nous ne faurions nous méprendre. Tout ce que nous tenons de

fa

fa part & qui eſt ſorti de ſa propre bouche,
& ſur tout lors qu'il le repete diverſes fois,
en differens lieux, & en differens termes,
nous devons le recevoir ſans héſiter, & ſans
y faire aucune oppoſition. Je paſſerai tout
ce qui a été dit par Jean Baptiſte ou par quelque autre, avant que Jeſus-Chriſt eût commencé de faire les fonctions de ſon Miniſtère, & d'annoncer publiquement les Loix
de ſon Royaume.

Ce divin Docteur commença donc ſes prédications par exhorter les hommes à ſe repentir; c'eſt ce que St. Matthieu remarque
expreſſément, *Chap.* IV. 17. *Depuis ce temps-*
là, dit-il, *Jeſus commença à prêcher en diſant:*
Repentez-vous, car le Royaume des Cieux eſt
proche. Et dans St. Luc, (*Ch.* V. 32.) il
dit aux Scribes & aux Phariſiens *Je ne ſuis*
pas venu pour appeller les Juſtes, (car ceux
qui étoient tels effectivement, bien loin d'a-
voir beſoin d'aſſiſtance, avoient droit à l'Arbre de Vie) *mais pour appeller les pécheurs à*
la Repentance.

Dans le Sermon qu'il fit ſur la Montagne,
Luc VI. & *Matth.* V, *&c.* il recommande à ſes Auditeurs d'être en exemple aux
autres hommes par leurs bonnes œuvres:
Que votre lumiére luiſe devant les hommes, a-
fin que voyant vos bonnes œuvres, ils glorifient
votre Père qui eſt dans les Cieux, Matth. V.

15. Et afin qu'ils puſſent ſavoir pourquoi il étoit venu dans le Monde, & ce qu'il attendoit d'eux, il leur dit, vſ. 17--20. *Ne penſez pas que je ſois venu détruire la Loi, ou les Prophetes: Je ne ſuis pas venu les détruire, mais les accomplir*, ou, les rendre complets, en vous les propoſant ſelon le ſens veritable & exact qu'ils doivent avoir. C'eſt ce qu'il confirme d'abord : après quoi il donne une nouvelle force à tous les Préceptes de Morale, qui ſont contenus dans le Vieux Teſtament. *Car je vous dis en verité, que le Ciel, & la Terre paſſeront plûtôt que tout ce qui eſt dans la Loi ne ſoit accompli juſqu'à un ſeul jota & à un ſeul point. Celui donc qui violera l'un de ces moindres commandemens & qui apprendra aux hommes à les violer, ſera le dernier*, c'eſt-à-dire, ne ſera point admis, *dans le Royaume des Cieux*: vſ. 20. *Je vous dis que ſi votre Juſtice*, c'eſt-à-dire, votre obéïſſance à la Loi éternelle de la Juſtice, *n'eſt plus pleine & plus parfaite que celle des Scribes & des Phariſiens, vous n'entrerez point dans le Royaume des Cieux*. Enſuite il s'attache à prouver à ſes Auditeurs ce qu'il venoit de dire au verſet 17. *Qu'il étoit venu pour perfectionner la Loi*, ſavoir, en expoſant clairement & pleinement le veritable ſens qu'elle renfermoit, dégagé des interpretations corrompuës & per-

* Verſ. 18, 19.

pernicieuſes des Scribes & des Phariſiens, vſ. 22-26. Ainſi il leur dit, que non ſeulement il eſt défendu de tuer, mais auſſi de ſe mettre en colére ſans ſujet, & de s'emporter à des paroles de mépris. Il leur commande de ſe reconcilier avec leurs adverſaires, & de leur vouloir du bien ; & cela ſous peine d'être condamnez. Dans l'autre partie de ce Sermon, qu'on peut lire dans St. Luc *Ch.* VI. & plus au long dans St. Matthieu *Ch.* V, VI, VII. ce divin Doĉteur défend non ſeulement l'impureté aĉtuelle, mais tous les deſirs déreglez, ſous peine du Feu de l'Enfer. Il défend les divorces mal fondez, & les ſermens dans la Converſation, auſſi bien que les Parjures devant les Tribunaux. Il défend de ſe vanger, de rendre le mal pour le mal, de faire parade de ſa Liberalité envers les pauvres, de ſa dévotion & de ſes Jeûnes; & d'uſer de vaines redites dans ſes Priéres. Il condamne l'avarice, le trop d'attachement aux choſes du Monde, & l'envie de juger mal d'autrui. D'un autre côté, il nous ordonne d'aimer nos Ennemis, de faire du bien à ceux qui nous haïſſent, de benir ceux qui nous perſecutent, de prier pour ceux qui nous maltraitent, de ſouffrir patiemment & avec douceur les injures qu'on nous fait, de pardonner à ceux qui nous offenſent, d'être liberaux envers ceux qui ont

Q ſ

be-

befoin de notre affiftance & de compatir à leurs maux. Et enfin, il ajoûte à tous ces préceptes particuliers, cette Regle générale, qu'on ne peut affez eftimer : *Toutes les chofes que vous voulez que les hommes vous faffent, faites-les leur femblablement, car c'eft là la Loi & les Prophetes*, Matth. VII. 12. Et pour faire voir qu'il recommande fortement toutes ces Loix, & qu'il attend qu'on les execute avec foin, il dit à ceux qui l'écoutent, *Luc* VI. 35. que s'ils font ce qu'il leur prefcrit, *Leur* RECOMPENSE *fera très-grande*, & *qu'ils feront les Enfans du Très-haut*. Et à tout cela il joint, vers la fin de fon Difcours, cette déclaration folemnelle, par où il montre bien clairement, qu'on ne peut fe difpenfer d'executer fes ordres, *Pourquoi m'appellez-vous Seigneur, Seigneur, & ne faites point ce que je dis ?* Si vous ne m'obeïffez pas, c'eft en vain que vous me reconnoiffez pour *le Meffie* votre Roi. *Tous ceux qui me difent, Seigneur, Seigneur, n'entreront point dans le Royaume des Cieux*, ou ne feront point les Enfans de Dieu : *mais celui qui fait la volonté de mon Père qui eft aux Cieux.* Quant à ces Sujets défobéïffans, ils auront beau avoir prophetifé & fait des Miracles en mon Nom, je leur dirai au Jour du Jugement : *Retirez-vous de moi, vous qui vivez dans l'iniquité, Je ne vous connois point.*

Nous

Nous voyons dans St. Matthieu, *Ch. XII.* que quelqu'un ayant dit à Jesus, *Que sa Mère & ses Frères demandoient à lui parler, il étendit sa main sur ses Disciples, & dit: Voici ma Mère & mes Frères, car quiconque fait la volonté de mon Père qui est aux Cieux, celui-là est mon Frère, ma Sœur & ma Mère.* De sorte que ceux qui negligeoient de faire la volonté de son Père Celeste, ne pouvoient point être ses Enfans par adoption, ni participer avec Jesus-Christ à l'heritage d'une Vie éternelle.

Les Pharisiens trouvant à redire, (*Matth.* XV. & *Marc* VII.) que ses Disciples mangeassent sans avoir lavé leurs mains, il prit occasion de là de donner cette instruction à ses Apôtres : *Ne comprenez-vous pas , que tout ce qui entre du dehors dans l'homme , ne peut le souiller, parce que cela ne va pas dans son cœur , mais dans son ventre? Ce qui souille l'homme , c'est ce qui sort de l'homme même : Car c'est du dedans du Cœur des hommes que sortent les mauvaises Pensées, les Adultères, les Fornications, les Homicides, les Larcins, l'Avarice, les Méchancetez, la Fourberie, la Dissolution, l'Oeuil envieux, les Médisances, l'Orgueuil, le Dereglement *. Tous ces maux sortent du dedans & souillent l'Homme.*

Ailleurs , Jesus commande de renoncer
à soi-

* Ἀφροσύνη.

à foi-même & de s'expofer aux fouffrances & à toute forte de dangers, plûtôt que
de le renier : & cela fous peine de perdre
fon Ame, qui eft d'un plus grand prix que
le Monde entier. C'eft ce qu'on peut voir
dans St. Matthieu *Ch.* XVI. 24-27. & dans
les paffages paralleles, *Marc* VIII. & *Luc* IX.

Les Apôtres difputant entr'eux, qui feroit le plus grand dans le Royaume du *Mesfie*, Matth. XVIII. 1. voici comment Jefus
termina ce differend, *Marc* IX. 35. *Si
quelqu'un*, dit-il, *veut être le prémier il doit
être le dernier de tous, & le ferviteur de
tous* ; & ayant mis un Enfant au milieu
d'eux, il ajoûta, *Matth.* XVIII. 3. *Je vous
dis en verité, que fi vous ne vous convertiffez,
& fi vous ne devenez femblables à de petits
Enfans, vous n'entrerez point dans le Royaume
des Cieux.*

Matth. XVIII. 15. &c. *Si votre Frère a
péché contre vous, allez lui reprefenter fa faute en particulier entre vous & lui. S'il vous
écoute, vous aurez gagné votre Frère. Mais
s'il ne vous écoute point, prenez encore avec
vous une ou deux perfonnes, afin que tout foit
confirmé par l'autorité de deux ou trois temoins.
Que s'il ne les écoute pas non plus, dites-le à
l'Eglife: Et s'il n'écoute pas l'Eglife, qu'il
foit à votre égard comme un Payen & un Pu-
blicain.* Enfuite, vf. 21. Pierre *lui ayant dit,*
Sei-

Seigneur, combien de fois pardonnerai-je à mon Frère, lors qu'il aura péché contre moi? Sera-ce jusques à sept fois? Et Jesus lui répondit: Je ne vous dis pas jusques à sept fois, mais jusques à septante fois sept fois. Sur cela Jesus ayant raconté la Parabole du Serviteur, qui après avoir reçu de son Maître une grace très-considerable, ne laissa pas de maltraiter son Compagnon avec la derniére rigueur, il finit par ces paroles, vs. 34. *Le Maître de ce Serviteur ému de colére, le livra entre les mains des Bourreaux, jusqu'à ce qu'il payât tout ce qu'il lui devoit. C'est ainsi que vous traitera mon Père celeste, si chacun de vous ne pardonne à son frère du fond du cœur.*

Luc X. 25. Un Docteur de la Loi lui ayant fait cette Question, *Que faut-il que je fasse pour heriter la Vie Eternelle? Jesus lui dit, Que porte la Loi, Qu'y lisez-vous?* Et le Docteur répondit: *Vous aimerez le Seigneur votre Dieu de tout votre cœur, de toute votre ame, de toutes vos forces, & de tout votre esprit, & votre Prochain comme vous-même.* Jesus lui dit: *Vous avez fort bien répondu: Faites cela & vous vivrez.* Ce même Docteur ayant ouï la Parabole que Notre Seigneur lui raconta du *Samaritain* charitable, fut forcé d'avoûër que celui qui avoit exercé la misericorde, étoit le *Prochain* de celui qui en avoit ressenti les effets ; & Jesus le renvoya avec

cet

cet ordre, vſ. 37. *Allez donc; & faites de même.*

Luc XI. 41. *Donnez l'aumône de ce que vous avez, & toutes choſes vous seront pures.*

Luc XII. 15. *Ayez ſoin de vous bien garder de toute Avarice.* vſ. 22. &c. *Ne vous mettez point en peine pour votre vie, où vous trouverez dequoi manger, ni pour votre Corps, où vous trouverez dequoi vous vêtir :* N'apprehendez point de tomber dans la néceſſité : *Car il a plû à votre Père de vous donner le Royaume. Vendez ce que vous avez, & le donnez en aumône. Faites-vous des bourſes qui ne s'uſent point par le temps. Amaſſez dans le Ciel un Thréſor qui ne periſſe jamais. Car où eſt votre Thréſor, là eſt auſſi votre cœur. Que vos reins ſoient ceints, & vos lampes allumées. Et ſoyez ſemblables à ceux qui attendent que leur Maître retourne des Nôces. Heureux ces Serviteurs que le Maître à ſon arrivée trouvera veillans. Heureux le Serviteur que le Maître aura établi ſur ſa Famille, pour diſtribuer à chacun ſa meſure de bled en ſon temps, & qu'il trouvera à ſon arrivée agiſſant de la ſorte. Je vous dis en verité, qu'il l'établira ſur tous ſes biens. Mais ſi ce Serviteur dit en lui même : Mon Maître tarde à venir; & qu'il commence à battre les Serviteurs & les Servantes, à manger, à boire & à s'enyvrer; Le Maître de ce Serviteur viendra*

au

au jour qu'il ne s'y attend pas & à l'heure qu'il ne fait pas: *Il le feparera, & le traitera de même que les Infidèles.* Or ce Serviteur qui aura fû la volonté de fon Maître, & qui néanmoins ne fe fera point tenu prêt, & n'aura pas fait ce qu'il defiroit de lui, fera battu de plufieurs coups. Mais celui qui ne l'aura pas fuë, & qui aura fait des chofes qui meritent châtiment, fera moins battu. On redemandera beaucoup de celui à qui on aura donné beaucoup; & on fera rendre un plus grand compte à celui à qui on aura confié plus de chofes.

Luc XIV. 11. *Quiconque s'éleve, fera abaiffé; & quiconque s'abaiffe, fera élevé.*

Verf. 12. *Lors que vous donnerez à dîner ou à fouper, n'y conviez ni vos amis, ni vos frères, ni vos parens, ni vos voifins qui feront riches, de peur qu'ils ne vous invitent auffi à leur tour, & qu'ainfi ils ne vous rendent ce qu'ils avoient reçu de vous. Mais lors que vous faites un feftin, conviez-y les pauvres, les eftropiez, les boiteux & les aveugles: Et vous ferez heureux de ce qu'ils n'auront pas le moyen de vous le rendre, car cela vous fera rendu en la Refurrection des Juftes.*

Verf. 33. *Ainfi quiconque d'entre vous ne renonce pas à tout ce qu'il a, ne peut être mon Difciple.*

Luc XVI. 9. *Je vous dis: Faites-vous des*
amis

amis des Richeſſes iniques , afin que lors que vous viendrez à manquer , ils vous reçoivent dans les Tabernacles éternels. Si vous n'avez été fidèles dans les richeſſes iuiques, qui voudra vous confier les veritables? Et ſi vous n'avez pas été fidèles dans un bien étranger , qui vous donnera le vôtre propre?

Luc XVII. 3. Si votre Frère péche contre vous, reprenez-le ; & s'il ſe repent , pardonnez-lui. Et s'il péche contre vous ſept fois le jour, & que ſept fois le jour il revienne vous trouver, & vous diſe, Je me répens, pardonnez-lui.

Luc XVIII. 1. Il leur dit auſſi une parabole pour faire voir qu'il faut toûjours prier, & ne ſe laſſer point de le faire.

Verſ. 18. Un homme de qualité lui vint faire cette demande : Maître, que faut-il que je faſſe pour acquerir la Vie Eternelle ? Et Jeſus lui répondit :* Si vous voulez entrer dans la Vie, gardez les commandemens. Quels commandemens, lui dit-il? Jeſus lui dit : Vous ne tuerez point ; Vous ne commettrez point d'adultère; Vous ne déroberez point ; Vous ne direz point de faux temoignage ; † Vous ne ferez tort à perſonne ; Honorez votre Père & votre Mère ; & Aimez votre Prochain comme vous-même. Il lui répondit : J'ai gardé tous ces Commandemens dès ma jeuneſſe. Et ‡ Jeſus

jet-

____

* Matth. XIX. 16. &c. † Marc X. 19. ‡ Marc X. 21.

jettant la vûë fur lui, l'aima, & lui dit: Il vous manque encore une chofe. Allez, vendez tout ce que vous avez, & le donnez aux Pauvres, & vous aurez un threfor dans le Ciel: puis venez, & fuivez-moi. Pour bien entendre ce Paffage, il faut remarquer, que ce Jenne-homme demande à Notre Seigneur ce qu'il doit faire pour être actuellement admis dans le Royaume du *Meffie.* C'étoit une opinion reçue parmi les Juifs, que, lors que *le Meffie* viendroit, ceux de leur Nation qui le recevroient, ne mourroient point, mais qu'ils joüiroient avec lui d'une vie éternelle, auffi bien que ceux qui feroient déja morts, lefquels ce divin Seigneur rappelleroit alors à la vie. Cela pofé, Jefus-Chrift voulant répondre à la Demande de ce Jeune-homme, lui dit, que pour obtenir la Vie Eternelle dans le Royaume du *Meffie*, il faut qu'il garde les Commandemens. Et ayant fait fur cela une énumeration des principaux Préceptes de la Loi, le Jeune-homme lui dît, qu'il les avoit obfervez dès fa jeuneffe. Et à caufe de cela, dit le Texte, Jefus eût de l'amour pour lui. Mais ce divin Seigneur voulant éprouver s'il croyoit veritablement qu'il fût *le Meffie*, & s'il étoit réfolu à le reconnoître pour fon Roi, & à lui obéïr en cette qualité, il lui ordonne de donner aux Pauvres tout ce qu'il

<table>
<tr><td>*Tom. I.*</td><td>R</td><td>a,</td></tr>
</table>

a, & de venir enfuite après lui; & il lui déclare qu'en ce cas-là il aura un thréſor dans
les Cieux. Tel eſt, à mon avis, le ſens de
ce Paſſage. Ainſi, l'on ne doit pas regarder l'ordre que Jeſus-Chriſt donne à ce Jeune-homme, de vendre tout ce qu'il a, &
de le donner aux Pauvres, comme une Loi
générale & conſtante de ſon Royaume, mais
comme un commandement particulier qu'il
lui fait pour l'éprouver, afin de voir s'il
croyoit veritablement qu'il fût *le Meſſie*, &
s'il étoit prêt à executer ſes Ordres, & à
quitter tout pour le ſuivre, lors que lui
qui étoit ſon Roi, lui ordonnoit de le faire.

Auſſi voyons-nous dans St. Luc, *Ch.*
XIX. 14. que Notre Seigneur parlant des
Juifs qui ne le recevoient pas en qualité de
Meſſie. leur met ces paroles dans la bouche: *Nous ne voulons point que Celui-ci regne
ſur nous.* Ce qui fait voir, qu'il ne ſuf-
ſit pas de croire, que Jeſus eſt *le Meſſie*,
ſi nous n'obéïſſons en même temps à ſes
Loix, & ne le recevons pour notre Roi, a-
fin qu'il regne actuellement ſur nous.

Nous voyons dans St. Matth. *Chap.* XXII.
11-13 qu'on jetta dans les Ténebres exterieures celui qui n'avoit point de Robe
nuptiale, quoi qu'il eût été convié aux Nôces & qu'il y fût venu. Il eſt viſible que par
cette *Robe Nuptiale* il faut entendre ici les
bon-

bonnes œuvres. Cette Robe qui eſt d'un
fin lin, pur & éclattant, comme dit S Jean
dans l'Apocalypſe *Ch. XIX. 8. ce ſont les
actions juſtes des Saints; ou, comme s'en
exprime S Paul *Eph. IV. 1. c'eſt une conduite
digne de la vocation à laquelle nous avons été
appellez.* Cela paroit par la Parabole même: *Le Royaume des Cieux*, dit Notre Seigneur, vſ 2 *eſt ſemblable à un Roi qui voulut
faire les nôces de ſon Fils.* Or entre ceux qui
furent conviez il diſtingue trois ſortes de
perſonnes 1. Ceux qui furent conviez, &
qui ne vinrent point, c'eſt à-dire, Ceux à
qui l'on annonça l'Evangile, cette heureuſe
nouvelle du Royaume de Dieu, mais qui
ne crurent point. 2. Ceux qui vinrent aux
Nôces, mais qui n'avoient point de Robe
Nuptiale, c'eſt-à dire, Qui croyoient bien
que Jeſus étoit *le Meſſie*, mais qui n'étoient
point revêtus, pour ainſi dire, d'une veritable repentance & d'un ſincere amende-
ment de vie, qui n'étoient point ornez de
ces vertus, dont St. Paul recommande la
pratique dans ſon Epître aux Coloſſiens *Ch.*
III. vſ 12. *&c.* 3. Enfin Jeſus-Chriſt parle
dans cette Parabole de ceux qui furent in-
vitez aux Nôces, qui y vinrent, & qui eurent une Robe Nuptiale, Qui écouterent
l'Evangile, qui reçurent le Seigneur Jeſus

R 2

pour

* Δικαιώματα.

pour *le Messie*; & obéïrent sincerement à ses Loix. Ces trois differens ordres de personnes sont désignez clairement dans cet endroit; & il n'y eut que les derniers qui eurent l'avantage d'être admis dans le Royaume qui leur étoit prép ré.

Matth. XXIII. 8. &c. *Ne vous faites point appeller Maîtres, parce que vous n'avez qu'un seul Maître, qui est le Messie, & que vous êtes tous Frè es. N'appellez personne sur la terre votre Père, parce que vous n'avez qu'un Père, qui est dans les Cieux Celui qui est le plus grand parmi vous, sera le serviteur des autres Car quiconque s'élevera sera abaissé; & quiconque s'ab issera, sera élevé.*

Luc XXI. 34 *Prenez garde à vous, de peur que vos cœurs ne s'appesantissent par l'excès des viandes & du vin, & par les inquiétudes de cette vie.*

Luc XXII. 25 *Jesus l ur dit: Les Rois des Nations les traitent avec empire; & ceux qui ont autorité sur elles, en sont appellez les Bienfaiteurs. Qu'il n'en soit pas de même parmi vous. Mais que celui qui est le plus grand, devienne comme le moindre; & celui qui gouver e, comme c lui qui sert.*

Jean XIII 34. *Je vous donne un commandement nouveau, de vous aimer les uns les autres, afin que vous vous entr'aimiez comme je vous ai aimez. C'est à cela que tous con oî-*

trent

trent que vous êtes mes Disciples, si vous avez
de l'amour les uns pour les autres. Ce Commandement de s'aimer l'un l'autre, est encore repeté dans le Chapitre XV. *vs. 12.*
& 17.

Jean XIV. 15. *Si vous m'aimez, gardez
mes commandemens.* Verf. 21. *Celui qui a reçu mes Command mens, & qui les garde, est
celui-là qui m'aime. Et celui qui m'aime, sera
aimé de mon Père: je l'aimerai aussi, & je me
découvrirai à lui.* Verf. 23. *Si quelqu'un m'aime, il gardera ma parole.* Verf 24. *Celui
qui ne m'aime point, ne garde point mes paroles.*

Jean XV. 8. *La gloire de mon Père est que
vous rapportiez beaucoup de fruits: C'est par-
là que vous serez mes Disciples.* Verf. 14. *Vous
serez mes Amis, si vous faites ce que je vous
commande.*

Par tout ce que nous venons de voir, il
paroît, que Jesus-Christ n'a pas seulement
confirmé la Loi Morale, & demêlé ses Préceptes d'avec les fausses explications des
Scribes & des Pharisiens, en faisant voir
quelle est leur veritable étenduë, & l'obligation où l'on est de les observer : mais
qu'outre cela il impose, par occasion, à
ses Disciples la nécessité d'obeïr à la plûpart des préceptes qu'il leur donne de nouveau, en leur proposant des recompenses

R 3

&

& des châtimens dans l'autre Monde , qui
furpaffent tout ce qu'on en fauroit dire, felon qu'ils feront exacts obfervateurs, ou violateurs de ces ordres   Et il n'y a, je penfe, aucun devoir de Morale, que ce divin
Seigneur ou fes Apôtres n'ayent recommandé quelque part a ceux qui voudront faire
profeffion de fa Doctrine , & même à diverfes reprifes, & en termes formels Peut-
on dire, après cela , que c'eft pour néant
que Jefus exhorte fes Difciples avec tant
d'inftance à porter des fruits ? Dira-t-on
que ces Difciples peuvent regarder comme
une chofe indifferente les Commandemens,
qui leur font donnez par ce faint Docteur
qu'ils reconnoiffent pour leur Roi, ou Que
leur bonheur ou leur malheur ne dépend
pas entiérement du foin qu'ils auront d'o-
béïr à fes ordres , ou du mépris qu'ils en
feront ? A la verité l'on exigeoit d'eux, qu'ils
cruffent que Jefus étoit *le Meffie*, en leur
promettant par grace que cette Foi leur feroit imputée à Juftice, & fuppléeroit à ce
qui leur manquoit du côté de l'obéiffance:
mais la Juftice ou l'obeïffance parfaite à la
Loi de Dieu , qui étoit originairement le
grand but où ils devoient tendre, de forte
que s'ils euffent pû remplir exactement tous
les devoirs de la Loi , ils n'auroient point
eû befoin de cette Grace qui leur étoit accordée

dée pour recompenfe de leur Foi, & ils auroient obtenu la Vie éternelle après la Réfurrection, comme une chofe qui leur auroit été dûë en vertu d'une Alliance préce-
dente, qu'on nomme l'Alliance des Oeuvres, de laquelle les préceptes n'avoient jamais été abrogez, quoi que la rigueur en
eût été diminuée. Les devoirs prefcrits par
cette Alliance, étoient toûjours des devoirs.
Ils n'avoient jamais ceffé d'obliger ; & jamais on n'avoit eû la liberté de les negli-
ger volontairement. Mais à ceux qui recevoient *Jefus*, le *Meffie* promis, pour leur
Roi, Dieu leur accordoit le pardon de leurs
tranfgreffions précedentes, & leur promettoit que les fautes où ils pourroient tomber
à l'avenir, ne leur feroient point imputées,
fi renonçant à leurs prémiers déreglemens,
ils entroient dans fon Royaume & continuoient de vivre comme fes Sujets, avec une
réfolution conftante d'obéir à fes Loix, &
une application actuelle à s'acquiter de cet
important devoir. Ainfi, l'on doit toûjours
tâcher fincerement d'acquerir la Juftice qui
confifte dans une obéïffance parfaite, exempte de tout péché. Et il n'eft promis
nulle part, que ceux qui perfiftent à défo-
béïr volontairement aux Loix de Jefus-
Chrift, feront admis au bonheur éternel
dont on jouïra dans fon Royaume, quel-

R 4

que

que fortement qu'ils croyent en lui.

On ne peut douter, qu'une obéïssance sincere aux Commandemens de Dieu, ne soit une Condition de la Nouvelle Alliance, auſſi bien que la Foi : on ne peut, dis-je, faire ſcrupule de lui donner ce nom, tout de même qu'à la Foi, ſi l'on prend la peine de lire le Sermon que Jeſus-Chriſt fit ſur la Montagne, pour ne pas parler des autres endroits de l'Evangile, qui établiſſent clairement la même choſe. Car, je vous prie, peut-on voir rien de plus exprès que ces paroles de Notre Seigneur? *Matth.* VI. 14. Si *vous pardonnez aux hommes les fautes qu'ils font contre vous, votre Père céleſte vous pardonnera auſſi. Mais* si *vous ne leur pardonnez point leurs fautes, votre Père ne vous pardonnera point auſſi les vôtres.* Et *Jean* XIII. 17. *Si vous ſavez ces choſes, vous êtes heureux;* POURVU QUE *vous les pratiquiez.* C'eſt-là une condition ſi indiſpenſable de la Nouvelle Alliance, que, ſi l'on neglige de la remplir, la Foi ne ſervira de rien, & ne ſera point acceptée, s'il en faut croire Notre Seigneur, qui ſans doute n'ignore pas à quelles conditions il doit donner la Vie aux hommes. *Pourquoi,* dit-il, (*Luc* VI. 46.) *m'appellez-vous Seigneur, Seigneur, & ne faites pas ce que je vous dis?* D'où il paroît que ce n'eſt pas aſſez de croi-

re

re qu'il est *le Messie*, *le Seigneur*, si l'on ne lui obéit. Or que ceux dont Jesus-Christ parle dans cet endroit, fussent du nombre des Croyans, c'est ce qui paroît par un passage parallele qui se trouve dans S. *Matth. Ch.* VII. 21--23. où ce divin Seigneur s'exprime ainsi : *Tous ceux qui me disent, Seigneur, Seigneur, n'entreront pas dans le Royaume des Cieux : mais celui-là y entrera qui fait la volonté de mon Père qui est dans les Cieux.* Aucun de ceux qui seront rebelles aux ordres de Jesus-Christ n'y sera admis , quoi qu'ils ayent crû en lui jusqu'à pouvoir faire des Miracles en son Nom, comme il le déclare lui-même dans les paroles suivantes : *Plusieurs diront en ce jour-là : Seigneur, Seigneur , n'avons-nous pas prophetisé en votre Nom, n'avons-nous pas chassé les Démons en votre Nom ; & n'avons-nous pas fait plusieurs Miracles en votre Nom? Et alors je leur dirai hautement : Je ne vous ai jamais connus, Retirez-vous de moi, vous qui vivez dans l'iniquité.*

Lors que les Apôtres prêchent l'Evangile du *Messie*, ils joignent aussi , pour l'ordinaire, cette partie de la Nouvelle Alliance qui consiste dans l'exercice de la Vertu, avec la Doctrine de la Foi.

Ainsi dans le premier Sermon que S. Pierre fit aux Juifs, (*Act.* II.) ses Auditeurs a-

yant

yant été touchez de componction en leur cœur, & s'étant écriez, *Que ferons-nous ?* ce Saint Apôtre leur dit, vſ. 38. R E P E N-T E Z-V O U S, *& que chacun de vous ſoit baptiſé au nom de Jeſus-Chriſt, pour obtenir la remiſſion de vos péchez.* Il leur dit encore la même choſe dans le Diſcours ſuivant, *Act.* III. 26. *C'eſt pour vous premiérement que Dieu ayant ſuſcité ſon Fils Jeſus, l'a envoyé pour vous bénir.* Et comment cela? E N R E T I-R A N T C H A C U N D E V O U S D E V O S M E C H A N C E T E Z.

Les Apôtres prêchent la même Doctrine au Souverain Sacrificateur & aux Conducteurs des Juifs, comme on le voit dans le Chapitre V. des *Actes*, vſ. 30, &c. *Le Dieu de nos Pères*, diſent-ils, *a reſſuſcité Jeſus, que vous avez fait mourir, le pendant à une Croix. C'eſt lui que Dieu a élevé par ſa droite, pour être le Prince & le Sauveur, pour donner à Iſraël* L A R E P E N T A N C E, *& la Remiſſion des péchez : Et nous ſommes les témoins de ce que nous vous diſons, & le Saint Eſprit que Dieu a donné à tous ceux qui lui obeïſſent, l'eſt auſſi avec nous.*

S. Paul dit auſſi aux Atheniens (Act. XVII. 30.) Que maintenant ſous l'Evangile *Dieu ordonne à tous les hommes & en tous lieux de* S E R E P E N T I R.

Le même Apôtre dans le dernier Entretien

tien qu'il eut avec les Anciens de l'Eglise d'*Eph e* (Act. XX. 20.) déclare qu'il leur a enseigné tout ce qui est nécessaire à salut. *Je ne vous ai rien caché*, leur dit-il, *de tout ce qui vous pouvoit être utile, rien ne m'ayant empêché de vous l'annoncer & de vous en instruire en public & en particulier, prêchant aux Juifs & aux Gentils.* Après quoi il ajoûte un abregé de ce qu'il leur a prêché, qui est, LA REPENTANCE *envers Dieu, & la Foi en Notre Seigneur Jefus le Mssie.* Ainsi le précis & la substance de l'Evangile que S. Paul prêchoit aux hommes, & tout ce qu'il connoissoit de nécessaire à salut, c'étoit, *de se repentir, & de croire que Jesus étoit le Messie.* Et après avoir fait cette déclaration aux Anciens de l'Eglise d'Ephese, qu'il ne devoit plus voir, il leur dit le dernier adieu en ces termes, vf. 32 *Et maintenant, mes Frères, je vous recommande à Dieu & à la parole de sa Grace: qui est puissant pour achever de vous édifier, & pour vous donner un héritage avec tous ceux qui sont sanctifiez.* S. Paul parle dans cet endroit d'un héritage, dont la parole ou l'alliance de Grace procure la possession; mais ce n'est qu'à ceux qui sont *sanctifiez.*

Act XXIV. 24 *Lors que Felix fit venir Paul,* afin d'écouter, avec sa Femme *Drusille, ce qu'il avoit à leur dire de la Foi en Je-sus-*

Jus-Chrit, cet apôtre se mit à difcourir de
la *Juflice*, de la *Temperance*, (devoirs qui
comprennent ce que nous devons aux autres,
& ce que nous nous devons à nous mêmes)
& du Jugement à venir. jufque-là qu'il jetta
la fraveur dans l'ame de Félix. Il paroît
par-là, que *la Temperance* & *la Juflice* faifoient une partie eflentielle & fondamentale de la Religion que S Paul profefloit, &
que ces vertus étoient comprifes fous la Foi
qu'il prêchoit aux hommes. Que fi nous ne
trouvons pas, qu'il preffe par tout les devoirs de la Loi Morale, il faut fe reffouvenir, que la plûpart des Sermons que nous
avons de lui, ont été faits à des Juifs dans
leurs propres Svnagogues. Or comme les
Juifs reconnoiflent qu'ils font obligez d'o-
béïr à tous les Préceptes de la Loi, fi cet
Apôtre fe fût attaché à leur recommander
l'oblervation de ces préceptes, ils auroient
pris cela en mauvaife part, comme s'il les
eût foupçonnez de n'avoir pas autant de zèle pour la Loi que lui-même. Ainfi ce n'é-
toit pas fans raifon que ce Saint Apôtre trai-
toit principalement dans fes Difcours des
chofes que les Juifs ne connoifloient pas encore, & pour lefquelles ils avoient de l'a-
verfion, c'eft a-dire, de ce qui regardoit
Jefus, lequel il tâchoit de leur faire connoî-
noître pour *le Meffie* qui leur avoit été promis,

mis, afin de le leur faire recevoir en cette qualité. Mais pour savoir ce que S. Paul prêcho't en général, il ne faut que voir le Chapitre XXVI. des *Actes*, si nous voulons bien en croire cet Apôtre, qui faisant dans cet endroit un portrait de sa Vie & de sa Doctrine au Roi *Agrippa*, lui dit, vs. 20. *J'ai annoncé à ceux de Damas, & ensuite dans Jerusalem, dans toute la Judée, & aux Gentils, qu'ils se repentissent & se convertissent à Dieu, en faisant des œuvres convenables à la Repentance.*

Ainsi nous voyons par les Prédications de Jesus-Christ & de ses Apôtres, que ce divin Seigneur obligeoit ceux qui croyoient qu'il étoit le Messie, & qui le reconnoissoient pour leur Seigneur & leur Liberateur, à vivre d'une maniére conforme à ses Loix; & que (bien que leurs péchez leur dussent être pardonnez en consideration de ce qu'ils devenoient ses Sujets par la Foi qu'ils avoient en lui comme au veritable Messie) cependant il n'avoüera point pour ses Disciples ceux qui ne renonceront pas à leurs prémiers déreglemens, pour obéir sincerement à ses ordres; & que, bien loin de les admettre à la possession de la Vie Eternelle, comme de veritables Citoyens de la *Nouvelle Jerusalem*, il les abandonnera aux supplices que doivent souffrir ceux qui vi-

vent

vent dans l'iniquité. Il a suffisamment déclaré en qualité de Legislateur ce qu'il attend de ceux qui voudront être les Disciples. Mais afin qu'ils ne puiſſent point s'a-
buſer, en expliquant mal la doctrine de
la Foi, & en faiſant un mauvais uſage de
la Grace, de la Remiſſion des Péchez, &
du Salut qu'on peut obtenir par ſon moyen,
(ce qui étoit le grand but de ſa Venuë) il
leur dit plus d'une fois, pour quelles fautes d'omiſſion & pour quels péchez actuels
il condamnera à la mort ceux-là même qui
l'auront confeſſé, & qui auront fait des Miracles en ſon Nom, lors que paroiſſant ſur
un Tribunal tout brillant des marques de ſa
Grandeur il viendra à la fin du Monde,
pour rendre à chacun ſelon ce qu'il aura FAIT
dans cette Vie.

Le prémier endroit où Jeſus Chriſt fait
mention du Jour du Jugement, c'eſt au Chapitre V. de S. Jean vſ. 28. & 29. en ces termes : *Le temps viendra que tous ceux qui ſont
dans les ſepulchres entendront la voix, du Fils
de Dieu) & ſortiront ſavoir, Ceux qui auront* BIEN FAIT *pour reſſuſciter à la vie, &
Ceux qui auront* MAL FAIT *pour reſſuſciter à
leur condamnation :* De ſorte que ce qui met
de la diſtinction entre les hommes, ſi nous
en croyons Notre Seigneur, c'eſt d'avoir
fait ou bien ou mal. Et il propoſe enſuite lui-
même

même la raison pourquoi il faut qu'il condamne ceux qui *ont mal vécu* : *Je ne puis*, dit-il vſ. 30. *rien faire de moi-même. Je juge ſelon ce que j'entens : Et mon jugement eſt juſte, parce que je ne recherche pas ma volonté propre, mais la volonté de mon Père qui m'a envoyé.* Il ne ſauroit juger de lui-même. Il n'a le pouvoir de juger , qu'en vertu de la commiſſion qu'il en a reçû du Père, à la volonté duquel il ſe conforme dans ſes Jugemens, & qui a les yeux trop purs pour admettre aucune perſonne injuſte dans le Royaume des Cieux.

Notre Seigneur Jeſus-Chriſt parlant encore de ce dernier Jour (*Matth.* VII. 22, 23.) rapporte la ſentence de condamnation qu'il prononcera alors, en ces termes : *Retirez-vous de moi, vous qui* VIVEZ DANS L'INIQUITE'. La Foi ſupplée au defaut des actions dans ceux qui touchez d'une veritable repentance obéïſſent ſincerement à la volonté de Dieu ; & ainſi c'eſt par un pur effet de la Grace qu'ils ſont rendus Juſtes. Mais nous pouvons remarquer, que perſonne n'eſt condamné ou puni pour n'avoir pas crû, mais ſeulement pour avoir mal vêcu. C'eſt contre *ceux qui vivent dans l'Iniquité* que la Sentence ſera prononcée.

Matth. XIII. 41. *A la fin du Monde le Fils de l'Homme enverra ſes Anges, qui ramaſſeront & enleveront hors de ſon Royaume tous*

ceux

ceux qui font des occafions de chute & de fcandale, & ceux qui COMMETTENT L'INIQUITE'; & ils les précipiteront dans la Fournaife du Feu. C'eſt là qu'il y aura des pleurs & des grincemens de dents. Et encore au vf. 49. *Les Anges viendront, & fepareront les* ME'CHANS *du milieu des* JUSTES; & *ils les jetteront dans la Fournaife du Feu.*

Matth. XVI. 24. *Le Fils de l'Homme doit venir dans la Gloire de fon Père avec fes Anges; & alors il rendra à chacun* SELON SES OEUVRES.

Luc XIII. 26. *Alors vous commencerez à dire : Nous avons bû & mangé en votre préfence, & vous avez enfeigné dans nos places publiques. Et il répondra : Je vous dis que je ne fai d'où vous étes : Retirez-vous de moi, vous tous qui* VIVEZ DANS L'INIQUITE'.

Matth. XXV. 31-46. *Quand le Fils de l'Homme viendra dans fa Majeſté, toutes les Nations de la Terre étant aſſemblées devant lui, il mettra les Brebis à fa droite, & les Boucs à fa gauche. Et alors le Roi dira à ceux qui feront à fa droite : Venez, vous qui avez été benis par mon Père, poſſedez comme votre héritage le Royaume qui vous a été préparé dès le commencement du Monde. Car j'ai eû faim, & vous m'avez donné à manger : j'ai eû foif, & vous m'avez donné à boire : j'ai été étranger*

ger, & vous m'avez logé : j'ai été sans habits, & vous m'avez revêtu : j'ai été malade, & vous m'avez visité : j'ai été en prison, & vous m'êtes venu voir. Alors les Justes lui diront : Seigneur, quand est-ce que nous vous avons vû avoir faim, & que nous vous avons donné à manger? &c. &c. Et le Roi leur répondra : Je vous dis en verité, qu'entant que vous avez rendu ces devoirs de charité aux moindres de mes Frères, c'est à moi-même que vous les avez rendus Il dira ensuite à ceux qui seront à sa gauche : Retirez vous de moi, Maudits, & allez au Feu éternel, qui a été préparé pour le Diable & pour ses Anges. Car j'ai eû faim & vous ne m'avez pas donné à manger : j'ai eû soif, & vous ne m'avez pas donné à boire : j'ai été étranger, & vous ne m'avez pas logé : j'ai été sans habits, & vous ne m'avez pas revêtu : j'ai été malade, & en prison, & vous ne m'avez pas visité. Oui, entant que vous avez manqué à rendre ces assistances aux moindres de ces petits, vous avez manqué de me les rendre à moi-même. Et ceux-ci, ajoûte enfin Jesus-Christ, iront dans le Supplice Eternel, mais les Justes dans la Vie Eternelle.

Voilà, je pense, tous les endroits où Notre Seigneur fait mention du Jugement Dernier, ou dans lesquels il décrit la maniére dont il procedera dans ce Jour solemnel. Et c'est une chose remarquable, comme nous l'avons déja infinué, que dans tous ces Paſſages la Sentence tombe toûjours ſur ce qu'on a fait, ou manqué de faire, ſans qu'il y ſoit parlé en aucune ſorte de ce qu'on a crû, ou refuſé de croire. Ce n'eſt pas qu'aucun de ceux à qui l'Evangile a été prêché, doive être ſauvé, ſans croire que Jeſus eſt *le Meſſie* : Car tous étant pécheurs & violateurs de la Loi, & par conſéquent injuſtes, ils ſont tous ſujets à la condamnation, à moins qu'ils ne croyent, & ne ſoient juſtifiez par Grace à cauſe de cette Foi que Dieu leur impute à Juſtice. Mais les autres hommes, à qui l'Evangile n'a pas été prêché, étant deſtituez de ce ſecours qui pourroit couvrir leurs péchez, doivent répondre de toutes leurs actions : s'ils viennent à tranſgreſſer la Loi, ils ſeront condamnez, en vertu de cette même Loi, parce qu'ils ne l'ont pas obſervée avec une entiére exactitude ; & non pas parce qu'ils ont manqué de Foi Ce ne ſera pas pour leur Incredulité qu'ils ſeront punis, quoi que ce ſoit faute de Foi que leurs péchez ne ſont point couverts, & qu'ils ſoient expoſez à la condamnation que la Loi prononce contre tous les Injuſtes, par cela même que ce ſecours leur manque.

CHAPITRE XIII.

Comment on pouvoit être sauvé avant la Venuë de Jesus-Christ, puis que ce n'est qu'en croyant que Jesus est le Messie, qu'on peut obtenir le Salut.

ICi se présente une Difficulté qu'on a accoûtumé de faire, à propos de ce que nous venons d'établir, *Que ce n'est que par la Foi en Jesus-Christ qu'on obtient le Salut :* ,,Car, ,, *dit-on,* si tous les Pécheurs doivent être ,, condamnez, excepté ceux qui par un pur ,, effet de la Grace de Dieu sont justifiez ,, devant lui, parce qu'ils croyent que Je- ,, sus est *le Messie*, & qu'ils le reconnoif- ,, sent pour leur Roi, auquel ils sont réfo- ,, lus d'obéïr de tout leur pouvoir, Que de- ,, viendront tous les hommes qui vivoient ,, avant le temps de Notre Seigneur, lef- ,, quels n'ayant jamais entendu parler de son ,, Nom, ne pouvoient point, par confé- ,, quent, croire en lui? La Réponfe qu'on doit faire à cette Queftion, eft fi aifée à trouver, & fi naturelle, qu'on devroit s'étonner, qu'une telle Difficulté pût paroître confiderable à quiconque fait ufage de fa Raifon. On n'a jamais exigé de perfonne, qu'il crût ce qui ne lui a point été propofé à croire, ou du moins on ne peut le faire

S 2

avec

avec juſtice. Avant l'accompliſſement du temps auquel Dieu avoit déterminé dans le Conſeil de ſa propre Sageſſe d'envoyer ſon Fils au Monde, il avoit promis, en diverſes occaſions & en diverſes maniéres, au Peuple d'Iſraël une Perſonne Extraordinaire, qui ſortant du milieu d'eux, feroit leur Conducteur & leur Liberateur. Il avoit marqué, dans diverſes Propheties, le temps de ſa Venuë, & d'autres Circonſtances touchant ſa Naiſſance, ſa Vie, & ſa Perſonne; & cela, d'une maniére ſi particulariſée & ſi diſtincte, que cette Perſonne éroit expreſſément connuë & attenduë des Juifs ſous le Nom de *Meſſie*, ou d'Oint : titre qui lui eſt donné dans quelques-unes de ces Propheties. Cela poſé, tout ce que les Juifs étoient obligez de faire, avant que cette Perſonne Extraordinaire parût dans le Monde, c'étoit de croire ce que Dieu leur avoit revelé, d'attendre avec une entiére confiance l'accompliſſement de ſa Promeſſe, & d'être perſuadez, que ſelon l'engagement où il étoit entré, il leur enverroit en ſon temps *le Meſſie*, cet Oint du Seigneur, ce Roi, ce Sauveur, & ce Liberateur qui leur avoit été promis. Ajoûter ainſi foi aux Promeſſes de Dieu, & avoir une telle confiance en ſa Parole & en ſa Fidelité, c'eſt s'acquiter envers lui d'un devoir

voîr qu'il reçoit avec plaisir de notre part,
comme une grande marque de l'hommage
que de pauvres & de miserables Créatures
comme nous, peuvent rendre à sa Bonté &
à sa Veracité, aussi bien qu'à sa Puissance &
à sa Sagesse : Dieu, dis-je, considerant dans
cette vûë cette assûrance que nous avons
en lui, l'accepte comme une reconnoissance
de notre part de sa Providence particuliere,
& de sa Benignité envers nous. C'est pourquoi J. C. nous dit dans son Evang le selon
S. *Jean*, Ch. XII. 44. *Celui qui croit en moi, ne*
croit pas en moi, mais en celui qui m'a envoyé.

Les Ouvrages de la Nature donnent à
connoître la Sagesse & la Puissance de
Dieu : mais le soin qu'il prend du Genre
Humain & qui éclate sur tout dans les promesses qu'il leur fait, ce soin particulier fait
paroître la Bonté & la tendresse qu'il a pour
eux, & les engage par conséquent, à avoir
de l'amour & de l'affection pour lui. Cette
offrande d'un Cœur pénétré de soûmission
& de zèle pour ce bon Dieu, est le plus
agréable Tribut que nous puissions lui payer, c'est le fondement de la véritable Dévotion, & l'ame, pour ainsi dire, de tout
Culte Religieux. Nous avons, dans la
personne d'Abraham, un exemple qui fait
voir combien Dieu estime cette soûmission
à sa Parole, & cette pleine confiance qu'on

a en

a en ſes Promeſſes. Car la Foi de ce Saint Patriarche *lui fut imputée à Juſtice*, comme nous l'avons déja remarqué , après Saint Paul, *Rom.* IV. & la ferme confiance qu'il eut aux Promeſſes de Dieu, ſans douter en aucune maniére de leur accompliſſement, lui acquit le nòm de *Père des Croyans* ; & le rendit ſi agréable à ce Souverain Etre, qu'il fut appellé l'*Ami de Dieu :* Titre le plus ſublime & le plus glorieux qu'on puiſſe donner à une Créature. Du reſte , Dieu ne lui avoit promis autre choſe, ſinon qu'il auroit un Fils de ſa Femme *Sara* ; & que de ce Fils deſcendroit une nombreuſe Poſterité qui poſſederoit la Terre de Canaan. Ce n'é-toient là que des benedictions temporelles, & d'une telle nature (ſi vous en exceptez celle qui regardoit la naiſſance d'un Fils) qu'il ne devoit pas vivre aſſez long-temps pour en être le témoin, & pour en reſſen-tir lui-même les effets. Cependant comme ce bon Patriarche ne douta point du ſuccès de ces choſes, mais ſe repoſa entiérement ſur la Bonté, & la Fidélité de Dieu qui les lui avoit promiſes , cela lui fut imputé à Juſtice. C'eſt ce que St. Paul nous repre-ſente dans ſon Epître aux Romains, *Ch.* IV. 18--22. Voici ſes propres paroles: *Abra-ham ayant eſperé contre toute eſperance, crut ſous eſperance qu'il deviendroit le Père de plu-*

ſieurs

fieurs Nations, felon ce qui lui avoit été dit: Ainfi fera ta Semence. N'étant pas foible en la Foi, il n'eut point d'égard à fon Corps qui étoit déja amorti, parce qu'il avoit près de cent ans, ni auffi à l'amortiffement de la matrice de Sara. Il n'hefita point & n'eut pas la moindre défiance que la promeffe de Dieu ne dût s'accomplir, mais il fe fortifia par la Foi, rendant gloire à Dieu, & étant pleinement perfuadé que celui qui lui avoit promis, avoit bien le pouvoir d'executer fa promeffe. Et c'eft POUR CETTE RAISON *que cela lui fut imputé à Juftice* Saint Paul ayant ainfi mis dans tout fon jour la grandeur & la fermeté de la Foi d'Abraham, nous fait remarquer, que ce Saint Patriarche *donna* par ce moyen *gloire à Dieu ;* & que pour cette raifon *cela lui fut imputé à Juftice.* Telle eft la maniére dont Dieu en ufe avec les pauvres Mortels. S'ils ajoûtent foi à fes Promeffes, & qu'ils ayent une ferme confiance en fa Fidélité & en fa Bonté, il veut bien accepter cet hommage de leur part, & le confiderer comme leur tenant lieu de Juftice, & d'une efpece de merite. St. Paul nous dit dans fon Epître aux Hébreux, *Chap.* XI. 6 *Que fans la Foi il eft impoffible de plaire à Dieu :* Mais il nous apprend en même temps en quoi confifte cette Foi. *Car,* dit-il, *celui qui s'approche de Dieu, doit croire qu'il y a un Dieu, & qu'il*

re-

recompenſera ceux qui le cherchent. Il doit être perſuadé que Dieu eſt miſericordieux & plein de bonne volonté envers ceux qui s'appliquent à lui obéïr, & qui ſont aſſûrez qu'il recompenſe ceux qui ſe confient en lui, ſur quelque fondement qu'ils appuyent leur confiance, en conſideration de ce qu'ils ont été inſtruits par la lumiére de la Nature à attendre de ſa Bonté, ou de ce qui leur a été revelé de ſa douce Miſericorde, par des Promeſſes particulieres. Or de peur que nous ne prenions mal ce que Saint Paul penſe de cette Foi, ſans laquelle nous ne ſaurions plairre à Dieu, & par où les Saints du Vieux Teſtament ſe ſont rendus ſi recommandables, cet Apôtre en met la Description à la tête du Catalogue de ceux qui ſe ſont diſtinguez par leur Foi, & qu'il propoſe pour modelle aux Fidèles *Hébreux* au milieu des perſecutions auxquelles ils étoient actuellement expoſez : afin de les encourager par-là à perſiſter dans la confiance où ils étoient d'être délivrez par la venuë de Jeſus-Chriſt, & dans la foi qu'ils ajoûtoient aux promeſſes de l'Evangile, à ne pas abandonner l'eſperance qui leur étoit propoſée ; & à ne point renoncer à la profeſſion du Chriſtianiſme. Il paroît clairement, que c'étoit-là le deſſein de Saint Paul, par tout ce qu'il leur dit dans le Chapitre précedent, vſ. 35-38.

Ne

*Ne perdez donc pas la confiance que vous avez,
qui doit être recompensée d'un grand prix. Car
vous avez grand besoin de perseverance,* (c'est
ce qu'emporte le mot Grec * qui est employé dans ce passage, & que nos Traducteurs ont rendu par celui de *patience,* Voy.
Luc VIII. 15.) *afin qu'après avoir fait la volonté de Dieu, vous puissiez obtenir les biens
qui vous sont promis : car encore un peu de
temps, & celui qui doit venir, viendra, &
ne tardera point.   Or le Juste vivra de Foi.
Mais si quelqu'un se retire, mon ame ne prendra point plaisir en lui.*

Les Exemples de Foi que St. Paul propose dans la suite, (*Chap.* XI.) montrent é-
videmment que la Foi, qui rendit ces Fidèles du Vieux Testament agréables à Dieu,
n'étoit autre chose qu'une ferme confiance
en la Bonté & en la Fidélité de Dieu. laquelle les portoit à attendre de sa liberalité certains avantages, que la Lumiére de
la Nature, ou des promesses particuliéres
leur avoient donné sujet d'esperer. Et voici de quelle utilité étoit cette Foi auprès de
Dieu : *C'est par la Foi,* dit notre Apôtre
vs. 4. *qu'Abel offrit à Dieu un plus excellent
Sacrifice que Caïn, & qu'il fut déclaré Juste.*
Vers. 5. *Par la Foi Enoch a été enlevé du
Monde, afin qu'il ne mourût pas : Car avant*

S 5

qu'il

* Ὑπομονή.

qu'il fût enlevé, il a remporté ce temoignage d'avoir été agréable à Dieu. Verf 7. *Noé ayant été divinement averti de ce qu'on ne voyoit point encore ;* & profitant prudemment de cet avis, *il bâtit par Foi une Arche, afin de sauver sa Famille, & en la bâtiffant il condamna le Monde, & devint héritier de la Juftice qui naît de la Foi.* Et dans le verfet onziéme nous voyons diftinctement ce que Dieu acceptoit & recompenfoit fi favorablement en la perfonne de ces prémiers Fidèles: *C'eft auffi par la Foi,* dit S. Paul, *que Sara étant fterile, reçut la vertu de concevoir un fruit dans fon fein, & qu'elle eut un Fils lors qu'elle n'étoit plus en âge d'en avoir.* Et voici comment elle obtint cette faveur de Dieu: c'eft, continuë cet Apôtre, *parce qu'elle crut fidèle & veritable celui qui le lui avoit promis.* Il s'enfuit de là, que ceux qui étoient agréables à Dieu, & qu'il recevoit en grace avant la Venuë de Jefus-Chrift, jouïffoient de cet avantage par cela feulement qu'ils ajoûtoient foi aux Promeffes de Dieu, & qu'ils fe confioient en fa Bonté, à proportion de ce qu'il leur en avoit fait connoître. Car St. Paul nous dit enfuite, vf 13. *Tous ceux-là font morts en la Foi, n'ayant point reçu* (l'accompliffement) *des promeffes, mais les ayant vûës de loin, cruës & embraffées.* C'étoit-là
tout

tout ce qu'on exigeoit d'eux, *savoir*, qu'ils fuſſent perſuadez de la verité des promeſſes qui leur étoient addreſſées, & qu'ils les acceptaſſent. Ils ne pouvoient pas *croire* au delà de ce qui leur étoit propoſé à croire, ni *embraſſer* au delà de ce qui leur étoit revelé, conformément aux Promeſſes qui leur avoient été faites, & aux Diſpenſations ſous leſquelles ils vivoient. Or ſi la Foi qu'ils ajoûtoient à des choſes qu'ils ne voyoient qu'en éloignement, Si la confiance qu'ils mettoient en Dieu à l'occaſion des Promeſſes qu'il leur faiſoit en ce temps-là, Si la croyance où ils étoient que *le Meſſie* viendroit un jour, Si tout cela, dis-je, ſuffiſoit pour faire que ceux qui vivoient dans les Siécles qui ont précedé la Venuë de Jeſus-Chriſt, fuſſent agréables à Dieu & paruſſent Juſtes à ſes yeux, je ſouhaiterois que les perſonnes qui nous diſent, que Dieu ne veut point, ou (comme quelques-uns oſent bien l'avancer) qu'il ne peut pas recevoir en grace quiconque n'ajoûte pas foi à chaque article de leurs Confeſſions ou de leurs Syſtêmes particuliers, examinaſſent, pourquoi Dieu, par un effet de ſon infinie Miſericorde, ne pourroit point juſtifier préſentement un homme en conſideration de ce qu'il croit que *Jeſus de Nazareth* eſt *le Meſſie*, le Roi, & le Liberateur

qui

qui avoit été promis, aussi bien qu'il justi-
fioit autrefois ceux qui croyoient simplement, que Dieu, selon sa promesse, enverroit en son temps *le Messie*, pour être le
Roi & le Liberateur de son Peuple.

CHAPITRE XIV.

Comment ceux qui n'ont jamais ouï parler du
Messie, pourront trouver grace auprès de
Dieu. Necessité de la Venuë de Jesus-Christ.
Quels sont les principaux avantages qu'elle
a apportez dans le Monde.

IL y a une autre Difficulté qu'on rencontre souvent, & qui semble plus considera-
ble que celle qu'on vient de voir. On
convient que la Foi de ceux qui croyoient
avant la Venuë de Jesus-Christ que Dieu,
selon sa promesse, enverroit *le Messie*, pour
être le Roi & le Sauveur de son Peuple; &
la Foi de ceux, qui, depuis cette Venuë,
ont crû que *Jesus* étoit ce *Messie*, que Dieu
avoit promis, & qu'il a envoyé lui-même:
on convient, dis-je, que ces deux sortes dè
Foi leur seront imputées à Justice. Mais
cela posé, l'on demande, que deviendra le
reste du Genre Humain, qui n'ayant jamais
entendu parler de la Promesse d'un Sauveur,

veur, ni ouï dire un seul mot d'un Messie, qui dût venir ou qui fût venu dans le Monde, n'ont jamais pensé à sa Personne, ni songé à croire en lui?

Je répons à cela que Dieu exigera de chaque homme, *selon ce qu'il a, & non selon ce qu'il n'a pas.* De celui à qui il n'a donné qu'un Talent, il n'attendra pas d'en recevoir le revenu de dix Talens; & il n'imposera à qui que ce soit la nécessité d'ajoûter foi à une Promesse dont il n'a jamais ouï parler. Sur quoi S Paul raisonne fort juste lorsqu'il dit dans son Epître aux Romains, *Ch. X. 14. Comment croiront-ils en celui dont ils n'ont point entendu parler?* Mais bien qu'il y en eût plusieurs, qui étant separez de la République d'Israël, étoient aussi étrangers à l'égard des Oracles de Dieu, qui ont été confiez à ce Peuple, bien qu'il y en eût plusieurs, qui n'avoient jamais ouï dire que Dieu eût promis d'envoyer un *Messie* dans le Monde, & qui étoient, par conséquent, dans l'impuissance de croire ou de rejetter cette Révelation particuliére : Cependant Dieu avoit, par la Lumiére de la Raison, revelé, pour ainsi dire, à tous les hommes qui voudroient faire usage de cette Lumiére, qu'il étoit Bon & Misericordieux. La même étincelle de connoissance qui est dans l'homme, & qui le rend en quelque sorte

par-

participant de la Nature Divine, cette même étincelle qui le faisant Homme, lui faisoit voir la Loi à laquelle il étoit soûmis en
qualité d'Homme, lui découvroit en même temps le moyen d'appaiser l'Auteur de
son Etre, ce Père plein de misericorde, de
tendresse & de compassion, lors qu'il avoit
transgressé cette Loi. De sorte que quiconque se servoit de ce rayon de Lumiére, qui
vient de Dieu, jusques à découvrir par-là
quels étoient ses Devoirs, ne pouvoit manquer de trouver aussi le moyen de se reconcilier avec ce Souverain Etre, & d'en obtenir le pardon de ses fautes, lors qu'il venoit à s'écarter de son devoir. Mais d'autre part, s'il n'employoit pas sa Raison à
cet usage, & qu'il vînt à étouffer ou à ne-
gliger cette Lumiére, peut-être ne devoit-il
jamais parvenir à découvrir, ni son Devoir,
ni le Moyen d'être reconcilié avec Dieu.

La Loi est la Regle éternelle & immuable du Juste. Et une partie de cette Loi
porte, qu'un homme devroit pardonner non
seulement à ses Enfans, mais même à ses
Ennemis, lors qu'ils se repentent de l'avoir
offensé, qu'ils lui demandent grace, & qu'ils
veulent lui faire satisfaction. De sorte que
celui qui seroit dans cette disposition d'esprit, ne pourroit point douter, que l'Auteur de cette Loi, qui est Dieu lui-même,
c'est-

c'eft-à dire un Etre doux, patient, plein de compaffion, & riche en mifericorde, ne voulût bien pardonner aux hommes, ces Créatures fragiles dont il connoît toute la foibleffe: pourvû qu'ils reconnuffent leurs fautes, qu'ils les défapprouvaffent, qu'ils lui en demandaffent humblement pardon, & priffent une ferieufe réfolution de conformer à l'avenir leur vie fur cette Régle, après avoir reconnu qu'elle étoit jufte & raifonnable. Tel eft le moyen que la Lumiére de la Nature enfeignoit aux hommes, pour fe reconcilier avec Dieu, telle étoit l'efperance qu'elle leur faifoit concevoir, d'appaifer ce bon Père, lors qu'ils viendroient à l'offenfer. Or comme la Revelation contenuë dans l'Evangile ne dit rien qui foit oppofé à cela, elle ne les empêche pas de s'abandonner à la merci de Dieu, comme à leur propre Père, & à leur Souverain Maître, duquel *la Bonté & la Mifericorde font* * *au deffus de toutes fes œuvres.*

Je fai bien que certaines perfonnes ne manqueront pas d'objecter un endroit du Chapitre IV. des Actes, comme étant contraire à ce que je viens d'avancer: Le voici en propres termes, *vf.* 10, 11, & 12. *Nous vous déclarons à vous tous & à tout le Peuple d'Ifraël, que ç'a été par le Nom de Jefus-Chrift*

____

* *Pf.* CXLV. 9.

Chrift de Nazareth , lequel vous avez cru-cifié, & que Dieu a reffufcité d'entre les morts, que cet homme (c'étoit le boiteux * qui ve-noit d'être gueri par St. Pierre) *eft main-tenant fain devant vous. C'eft cette pierre que vous Architectes avez rejettée , qui a été faite la principale pierre de l'angle ; & il n'y a point de falut par aucun autre : Car nul au-tre nom n'a été donné aux hommes par lequel nous devions être fauvez.* Ce qui , en un mot , veut dire qu'il n'y a que *Jefus* qui foit le veritable *Meffie* ; & qu'aucun autre que lui, n'a été propofé pour être le Me-diateur entre Dieu & l'Homme , au nom duquel nous puiffions demander & efperer le Salut.

Mais l'on demandera peut-être ici : Pour-quoi Dieu envoyoit-il le Meffie aux hom-mes? Qu'étoit-il befoin de leur donner un Sauveur? Et de quel avantage jouïffons-nous par Jefus Chrift?

Pour s'affurer qu'une chofe a été faite avec raifon , il fuffit de favoir que c'eft Dieu qui l'a faite par un acte de fa fageffe, dont , vû la foibleffe & le peu d'étenduë de notre Entendement , nous pouvons être abfolument incapables de juger. Nous con-noiffons peu de chofes de ce Monde vifible, & nous ne favons rien du tout de l'état du Monde

* *Act.* III. 6, 7, *&c.*

Monde Intellectuel, où il y a un nombre infini d'Esprits de differens dégrez, dont nous ne pouvons nous former aucune idée : Ainsi nous ne savons point quels accords se sont passez entre Dieu & Jesus-Christ, par rapport à son Royaume. Nous ignorons quelle nécessité il y avoit d'établir un Chef & un Capitaine, pour l'opposer au *Prince de ce Siécle, qui est le Prince de la Puissance de l'Air*, &c. dont l'Ecriture ne nous parle que d'une maniére fort obscure. Or ce seroit une grande arrogance à nous, que de prétendre faire venir à compte la Sagesse ou la Providence de Dieu, & de condamner hardiment comme inutile tout ce dont notre Entendement foible, offusqué peut-être par quelque préjugé, ne sauroit rendre raison.

Quoi que cette Réponse génerale satisfasse suffisamment à la Demande qu'on vient de proposer, de sorte que tout homme raisonnable, & qui cherche sincerement la Verité, soit obligé d'y acquiescer, cependant, dans ce cas particulier, la Sagesse & la Bonté de Dieu se font fait voir avec tant d'éclat aux yeux des plus simples, que nous y trouvons pleinement dequoi satisfaire ces gens curieux, qui sont si fort accoûtumez à chercher les raisons de tout, qu'ils ne voudroient pas recevoir une Grace, sans être auparavant inſtruits du beſoin qu'ils en avoient, & des moyens qu'on a employez pour la leur conferer. Les avantages que nous recevons par la Venuë de Jeſus le Meſſie, ſont ſi conſiderables & en ſi grand nombre, qu'il ne faut que les examiner avec un peu d'attention, pour reconnoître, que ce n'étoit pas ſans néceſſité que ce divin Sauveur a été envoyé dans le Monde.

I. Le grand nombre de Miracles que Jeſus-Chriſt a faits devant toute ſorte de perſonnes, (ce que Dieu a diſpoſé d'une telle maniére par un effet de ſa Providence & de ſa Sageſſe, qu'aucun de ceux qui ont attaqué le Chriſtianiſme, ne les a jamais niez, ni n'auroit pû le faire) ces Miracles, dis-je, prouvent ſi clairement, que la Miſſion de Notre Seigneur vient du Ciel. que ce qu'il diſoit, ne pouvoit qu'être reçû comme des Oracles émanez de Dieu, & comme autant de Veritez inconteſtables.

Bien que les Ouvrages de la Nature, dans chacune de leurs Parties, ſuffiſent pour montrer qu'il y a un Dieu, cependant les Hommes faiſoient ſi peu d'uſage de leur Raiſon qu'ils ne voyoient point cet Etre ſuprême, lors même qu'il étoit aiſé de le trouver par le moyen des impreſſions qu'il donnoit de lui-même. Quelques-uns avoient l'eſprit aveuglé par un attachement exceſſif aux

plai-

plaiſirs des Sens, d'autres par une molle in-
difference; & la plûpart de ceux qui croyoient l'exiſtence de certains Etres Supe-
rieurs qu'ils ne connoiſſoient pas, ou bien,
qui ſoupçonnoient ſeulement qu'il pouvoit
y en avoir, étoient en proye à des craintes
ſuperſtitieuſes, qui les rendoient eſclaves de
leurs Prêtres, leſquels leur faiſoient prendre toutes les fauſſes idées de la Divinité
qu'ils vouloient, & les engageoient à l'ob-
ſervation d'un Culte chargé de mille cérémonies ridicules, qu'il leur avoit plû d'inventer. Et ce que la crainte ou l'autorité
avoit une fois commencé d'établir, la Dévotion le conſacroit, & la Religion le rendoit immuable. Dans cet état de ténèbres
& d'ignorance à l'égard du veritable Dieu,
le Vice & la Superſtition s'emparérent du
Monde. Et la Raiſon ne pouvoit point remedier à ce mal: car comme on croyoit
qu'elle n'avoit rien à voir dans cette affaire, on ne pouvoit point écouter ſes con-
ſeils, les Prêtres ayant eû par tout un ſoin
particulier d'exclurre entierement la Raiſon
de tout ce qui regarde la Religion, afin
d'aſſûrer par-là leur propre autorité. Ainſi
le Monde rempli de fauſſes idées, & aſſu-
jetti à des Cérémonies qui tiroient leur
origine de la pure fantaiſie des hommes,
avoit preſque perdu de vûë le ſeul vrai
T 2 Dieu.

Dieu. A la verité, ceux qui faifoient ufage de leur Raifon, trouvoient ce Dieu Unique, Suprême, & Invifible, lors qu'ils s'appliquoient à le chercher; mais s'ils le reconnoiffoient & l'adoroient, ce n'étoit qu'en eux-mêmes. Ils tenoient cette verité cachée comme un Secret, fans ofer la publier devant le Peuple, & moins encore, devant les Prêtres, gens extremement attachez à leurs Confeffions de Foi, & aux pratiques qu'ils avoient inventées eux-mêmes pour leur propre utilité. D'où nous voyons, que, bien que la Raifon aît parlé affez clairement aux perfonnes intelligentes & vertueufes, elle n'a jamais eû affez d'autorité pour prévaloir fur l'efprit de la Multitude, & pour perfuader à des Societez entiéres, qu'il n'y avoit qu'un Dieu, qui feul dût être reconnu pour l'Etre Suprême, & fervi en cette qualité. Ce n'étoit que parmi les Ifraëlites que la Religion Nationale confiftoit à croire & à adorer un feul Dieu; & fi nous en cherchons la caufe, nous trouverons que ces fentimens s'étoient introduits & entretenus parmi ce Peuple, par le moyen de la *Revelation*. Les Ifraëlites étoient en *Gofcen*, où ils jouïffoient de cette agréable Lumiére, pendant que le refte des hommes plongé dans des ténèbres prefque auffi épaiffes que celles

d'Egypte,

d'Egypte, *étoit sans Dieu au Monde.* Il n'y avoit point de Peuple qui eût l'efprit plus vif & plus pénétrant que les *Atheniens*, ou qui l'employât avec plus de fuccès : qui eût un plus grand fond de raifon, ou qui s'en fervît plus heureufement pour la découverte de toute forte de veritez fpeculatives : Cependant nous ne trouvons parmi les Atheniens que le feul *Socrate*, qui ait attaqué & tourné en ridicule leur opinion fur la pluralité des Dieux, & les fauffes idées qu'ils avoient-conçuës de la Divinité; & l'on fait comment ils l'en recompenférent. Quelque fentiment que *Platon* & les plus fages Philofophes euffent fur la nature & fur l'exiftence d'un feul Dieu, ils étoient contraints de parler & d'agir publiquement comme le Peuple fur tout ce qui regardoit le culte de la Divinité, & de s'attacher exterieurement à la Religion établie par les Loix. Or pour favoir quelle étoit cette Religion, & les effets qu'elle avoit produits dans l'efprit de ces *Grecs* fi éclairez & fi pénétrans, nous n'avons qu'à lire ce que St. Paul en dit dans le Livre des *Actes*, en s'addreffant à eux-mêmes, Ch. XVII. 22--27. *Hommes Atheniens*, leur dit-il, *il me femble qu'en toutes chofes vous êtes religieux jufqu'à l'excès. Car ayant regardé en paffant les ftatuës de vos Dieux, j'ai trouvé même un Autel, fur le-*

T 3

quel

quel il eſt écrit, Au Dieu inconnu. C'eſt donc ce Dieu que vous adorez ſans le connoître que je vous annonce : Dieu qui a fait le Monde, & tout ce qui eſt dans le Monde, étant le Seigneur du Ciel & de la Terre, n'habite point dans les Temples bâtis par les hommes. Il n'eſt point honoré par les ouvrages de la main des hommes, comme s'il avoit beſoin de quelque choſe, lui qui donne à tous la vie, la reſpiration & toutes choſes. Il a fait naître d'un ſeul toute la race des hommes, & il leur a donné pour demeure toute l'étenduë de la Terre, ayant déterminé le temps précis & les bornes de leur habitation ; afin qu'ils cherchaſſent Dieu, & qu'ils tâchaſſent de le trouver comme avec la main, & à tâtons, quoi qu'il ne ſoit pas loin de chacun de nous. St. Paul, comme vous voyez, dit ici aux Atheniens, qu'eux & le reſte des hommes s'étant abandonnez à la ſuperſtition, il y en avoit eû fort peu qui euſſent trouvé le veritable Dieu, malgré les lumiéres qu'ils pouvoient tirer des ouvrages de la Création & de la Providence, pour arriver à la connoiſſance de cet Etre Suprême ; & que, bien qu'il fût par tout près de chacun d'eux, ils étoient cependant à cet égard comme des gens qui cherchent quelque choſe à tâtons dans les ténèbres : qu'ils ne le voyoient pas diſtinctement, mais *s'i-*

maginoient

maginoient que la *Divinité étoit semblable à*
de l'Or, à de l'Argent, ou à de la Pierre,
dont l'art & l'industrie des hommes a fait des
figures.

C'est dans cet état de ténèbres & d'erreur
que se trouvoient les hommes à l'égard du
Veritable Dieu, lors que Jesus Christ parut
sur la Terre. Mais la Revelation claire
qu'il apporta avec lui, dissipa toutes ces
ténèbres, & fit connoître aux hommes *le*
seul Vrai Dieu Invisible; & cela, avec tant
d'évidence & de force, que le sentiment si
universellement établi de la pluralité des
Dieux, & le culte idolatre qu'on leur rendoit, ne purent tenir nulle part contre une
si grande lumiére. Par tout où ce divin
Docteur annonça la Verité, & où la Lumiére de l'Evangile se fit voir, ces brouil-
lars disparurent entiérement. En effet nous
voyons que, depuis le temps de ce divin
Sauveur, la *croyance d'un seul Dieu* a préva-
lu & s'est comme provignée sur la Terre.
Et il est certain que cette même Lumiere
que le Messie apporta dans le Monde, a
été la source, où la Religion *Mahometane*
a puisé la Doctrine de l'*Unité de Dieu*: de
sorte qu'en ce sens-là il est visible que ce que
S. Jean dit de Notre Seigneur, lui convient
incontestablement, 1 *Jean* III. 8. *Le Fils de*
Dieu est venu au Monde pour détruire les œu-
T 4

vres

vres du Diable. Le Monde avoit befoin d'ê-
tre inftruit de cette verité ; & c'eft de Jefus-Chrift que le Monde a appris, qu'il n'y
a qu'*un feul vrai Dieu*, qui eft *Eternel*, *Invifible*, qui ne reffemble à aucun Objet vifible, & ne peut, par conféquent, être re-
prefenté par aucun de ces Objets.

Que fi l'on demande, fi la Révelation
que les Patriarches ont reçuë par le miniftère de Moyfe, n'enfeignoit point cette Verité ; & fi ce qu'elle contenoit fur cet article ne fuffifoit pas, il eft aifé de fatisfaire à
cette Queftion en difant, que malgré toute la clarté avec laquelle les Ifraëlites
avoient appris qu'il n'y a qu'un feul Dieu,
Invifible, Créateur du Ciel & de la Terre,
cependant cette Révelation étoit renfermée
dans un petit coin du Monde, & parmi un
Peuple qui en vertu même de la Loi qu'il
avoit reçuë avec cet Article particulier de
l'unité de Dieu, étoit obligé de n'avoir aucune communication avec le refte du Genre Humain. Ainfi les Payens, du temps
de Notre Seigneur & plufieurs Siécles auparavant, ne pouvoient avoir d'autre af-
fûrance de la verité des Miracles fur lefquels les Juifs appuyoient leur Foi, que le
témoignage même des Juifs : Peuple inconn-
nu à la plus grande partie du Genre Humain, méprifé par les Nations qui le connoiffoient,

noissoient ; & par conséquent peu propre à
répandre la Doctrine de l'*Unité de Dieu* dans
le Monde , & à la faire passer parmi les
Nations de la Terre, en vertu de l'Ancienne Révelation qui la leur avoit inculquée.
Mais Jesus-Christ venant au Monde rompit cette muraille de separation. Il ne se
borna pas à faire des Miracles, ou à exercer
les fonctions de son Ministère dans le Païs
de *Canaan*, ou en faveur de ceux qui servoient Dieu à Jerusalem. Il prêcha lui-même à *Samarie* , & fit des Miracles sur les
confins de *Tyr* & de *Sidon*, & devant une
grande foule de Peuple * qui étoit venuë à
lui de tous les Quartiers d'alentour. Et a-
près qu'il fut ressuscité, il envoya ses Apôtres parmi les Nations, avec le pouvoir de
faire des Miracles : pouvoir qu'ils exercé-
rent en tous Lieux, si fréquemment, devant un si grand nombre de témoins de
tous ordres, & si à découvert, que les Ennemis du Christianisme n'ont jamais osé nier
les Miracles qui ont été faits par les prémiers Prédicateurs de cette sainte Doctrine, comme je l'ai déja remarqué plusieurs
fois. L'Empereur *Julien* lui-même n'a pas
eu la hardiesse de prendre ce parti pour décrier la Religion Chrétienne : Lui qui avoit
toute l'addresse & la puissance nécessaires

T 5

pour

---

* Voy. *Marc* III. 7 , 8. & *Luc* VI. 17.

pour examiner à fond fi ces Miracles étoient
faux ou veritables, & qui n'auroit p s manqué de communiquer au Public ſes découvertes, s'il eût pû trouver quelque fauſſeté
dans l'Hiſtoire de l'Evangile, ou le moindre fondement de faire douter de la verité des Faits qui avoient été publiez touchant Jeſus-Chriſt & ſes Apôtres. Tel
eſt le nombre & l'évidence des Miracles que ce divin Seigneur & ſes Diſciples ont faits, que ce puiſſant Empereur,
recommandable par la beauté de ſon genie & par pluſieurs autres excellentes qualitez, fut contraint, pour ainſi dire, par
la force de la verité, d'en reconnoître la
certitude. Il n'eut pas la hardieſſe de nier
des Faits ſi évidens: leſquels étant une fois
averez, prouvent inconteſtablement la verité de la Doctrine & de la Miſſion de Notre Seigneur, malgré toutes les ſubtilitez
que l'eſprit ou la malice de cet Empereur
pouvoient lui ſuggerer pour en faire voir la
fauſſeté.

II. Après la connoiſſance d'un ſeul Dieu,
Créateur de toutes choſes, il manquoit aux
hommes de voir clairement quels étoient
leurs Devoirs. Quoi que cette Science
particuliére qui regarde les Mœurs, eût été
cultivée avec aſſez de ſoin par quelques-uns
des Philoſophes Payens, elle n'avoit fait

que

que très-peu de progrès parmi le Peuple. À la verité, tous les hommes étoient obligez de fréquenter les Temples, sous peine d'irriter les Dieux ; & chacun avoit soin d'assister aux Sacrifices qu'on leur offroit, & aux autres cérémonies qu'on célebroit à leur honneur. Mais les Prêtres ne se mettoient nullement en peine d'enseigner aux hommes le chemin de la Vertu. Pourvû que leurs Dévots fussent exacts à pratiquer les observances & les cérémonies qu'ils leur prescrivoient, & qu'ils eussent soin d'assister aux Fêtes, aux solemnitez & à toutes les menuës pratiques de la Religion, le sacré College les assûroit que les Dieux étoient contens ; & qu'ils n'en demandoient pas davantage. Il se trouvoit peu de gens qui allassent aux Ecoles des Philosophes, pour y apprendre leurs devoirs, & pour savoir ce qu'il y avoit de bon & de mauvais dans leurs actions. Comme les Prêtres faisoient un beaucoup meilleur parti que les Philosophes, ils attiroient tout le monde à eux. En effet il étoit bien plus aisé de faire des lustrations & des processions, que d'avoir une conscience pure, & de vivre constamment selon les règles de la Vertu. Et c'étoit une chose bien plus commode d'offrir un sacrifice expiatoire qui suppléât au défaut d'une bonne vie,

que

que de pratiquer actuellement les plus févé-
res maximes de la Morale. Il ne faut donc
pas s'étonner, que par tout on eût mis de la
difference entre la Religion & la Vertu, &
que celle-là eût été préferée à celle-ci, jufque-là que c'étoit une hérefie dangereufe,
& une profanation manifefte, que de penfer le contraire. A la verité, dans les Lieux
où les hommes vivoient fous des Magiftrats:
les Loix Civiles enfeignoient & prefcrivoient
l'exercice de la Vertu, autant qu'il le falloit pour conferver les Sociétez dans l'u-
nion, & pour y entretenir la tranquilité. Mais
comme ces Loix n'avoient été faites, pour
la plûpart, que par des gens qui n'avoient
en vûë que d'affûrer par-là leur propre autorité, elles n'alloient qu'à faire obferver
les chofes qui pouvoient fervir à retenir les
hommes dans une commune dépendance:
ou pour le plus, elles tendoient directement à la profperité & à la félicité temporelle des Peuples. Quant à la *Religion
Naturelle*, prife dans toute fon étenduë,
je ne fache pas qu'on eût foin nulle part
d'en confirmer les devoirs par tous les
motifs que la Raifon Naturelle peut fournir. Et à voir le peu de progrès qu'on
a fait jusqu'ici dans cette matiere, l'on
devroit dire, ce femble, que de faire un
Syftême complet de Morale fur fes verita-

bles

bles principes, d'une maniére claire & convaincante, c'est une entreprise qui passe les forces de la Raison lorsqu'elle n'est pas secouruë d'ailleurs. Du moins est-il certain qu'à l'égard du simple Peuple & de la plus grande partie des hommes, il seroit plus sûr & plus court, qu'une personne envoyée de la part de Dieu, & qui eût des preuves sensibles de la verité de sa Mission, vînt à eux en qualité de Roi & de Legislateur, pour les instruire de leurs Devoirs, & pour leur recommander de les remplir, que de se remettre de ce soin-là sur des raisonnemens d'une longue discussion, & souvent fort embarrassez : Car la plûpart des hommes n'ont, ni assez de loisir pour entrer dans un pareil examen, ni assez d'esprit pour en juger, faute d'éducation & d'experience. Aussi voyons-nous que les efforts des Philosophes ne furent pas suivis dans cette occasion d'un fort grand succès, avant la venuë de Jesus-Christ; & qu'il s'en falloit de beaucoup, que leurs divers Systêmes renfermassent une idée complette de la veritable *Morale*. Que si, depuis ce temps-là, les Philosophes Chrétiens les ont surpassez, il est aisé de s'appercevoir que c'est à la Révelation qu'ils sont redevables de la prémiére découverte des veritez dont ils ont enrichi la Morale, quoi que ces veritez soient d'une telle nature,

que

que dès qu’on les entend, & qu’on les examine, on les trouve fi conformes à la Raifon, qu’on ne fauroit les contredire en
aucune maniére. Et en effet, chacun peut
remarquer un grand nombre de veritez qu’il
apprend prémiérement de quelque autre,
& qu’il reçoit d’abord comme des chofes
tout-à-fait raifonnables, lefquelles il n’auroit pourtant trouvées qu’avec peine, &
qu’il n’auroit peut-être pas pû découvrir de
lui-même. La Verité primitive & originale
n’eſt pas fi aifée à tirer de la mine où elle
eſt cachée, que nous pourrions bien nous
l’imaginer, nous, à qui l’on a montré cette mine, déja toute creufée & prête à nous
fournir le précieux metal qu’elle renferme.
Et combien de fois n’arrive-t-il pas, qu’on
apprend certaines chofes à des gens d’efprit, parvenus à l’âge de cinquante ou de
foixante ans, qui s’étonnent comment ils
ont pû demeurer fi long-temps fans y avoir
penfé? Cependant leur propre méditation
n’avoit point pénétré jufques-là, & ne les
y auroit peut-être jamais conduit. On voit
par expérience, que la connoiffance de la
Morale, foûtenuë des fimples lumiéres de
la Raifon naturelle (quelque accord qu’il y
aît entre ces deux chofes) a fait très-peu de
progrès dans le Monde. Il n’eſt pas mal-
aifé d’en voir la raifon dans les divers be-
foins

ſoins des hommes, dans leurs paſſions, dans leurs vices & dans de faux intérêts qui détournent l'eſprit d'un autre côté. Ajoutez à cela, que ceux qui entreprenoient de ſervir de guide aux autres, animez du même eſprit que ceux qui ſe rangeoient ſous leur diſcipline, ne trouvoient pas non plus leur avantage à s'appliquer beaucoup à perfectionner la Morale. Enfin quelque autre cauſe qui aît empêché le progrès de cette Science, c'eſt un fait conſtant, que la Raiſon humaine deſtituée de tout autre ſecours, ne rendoit pas aux hommes tout le ſervice qui leur étoit néceſſaire dans cette grande & importante occaſion. Jamais elle n'en eſt venuë juſques à faire de la *Loi Naturelle* un Syſtême entier, dont les concluſions claires & évidentes fuſſent déduites de principes inconteſtables. Et qui voudra raſſembler toutes les Règles que les Philoſophes ont débitées ſur la conduite de la vie, & les comparer avec celles qu'on trouve dans le Nouveau Teſtament, reconnoîtra ſans peine, qu'il s'en faut de beaucoup que ces prémiéres contiennent une Morale auſſi parfaite que celle qui a été propoſée par Jeſus-Chriſt, & enſeignée par ſes Apôtres, gens ignorans pour la plûpart, & ſimples pêcheurs, mais pêcheurs inſpirez de Dieu.

Que ſi quelqu'un alloit ſe figurer, que de toutes les Sentences des Sages Payens, qui ont vêcu avant la venuë de Notre Seigneur Jeſus-Chriſt, on en pourroit faire un Recueuil qui comprendroit tous les préceptes de Morale qu'on trouve dans les Ecrits des prémiers Prédicateurs du Chriſtianiſme, cela n'empêcheroit pourtant pas, que le Monde n'eût eu toûjours un extrême beſoin de la venuë de ce divin Docteur, & de la Morale qu'il a appriſe aux hommes. Qu'on poſe, ſi l'on veut, (quoi que cela ne ſoit pas) que tous les Préceptes de Morale répandus dans l'Evangile, étoient déja connus dans le Monde par telle ou telle Perſonne, avant que cette Doctrine y eût été annoncée : il reſte encore à conſiderer où étoient ces perſonnes-là, comment ils poſſedoient ces connoiſſances; & de quel uſage elles pouvoient être aux autres hommes. Cependant il ne faut que faire reflexion ſur ces trois articles, pour être convaincu, que les lumiéres de ce petit nombre de gens ne pouvoient pas ſuffire pour éclairer le reſte du Monde. En effet, ſuppoſons qu'on puiſſe raſſembler tous ces préceptes de differens endroits : Qu'on en prenne quelques-uns de *Solon* & de *Bias* en Gréce, quelques autres de *Ciceron* en Italie ; & pour rendre l'Ouvrage complet, allons juſques dans la Chine conſulter *Confucius* ;

&

& empruntons en Scythie les lumiéres du Sage *Anacharfis*. Comment toutes ces piè-ces ramaſſées pourront-elles faire un Syſtê-me complet de Morale, qui ſoit reçu de tous les Hommes du Monde pour être la Régle authentique de leur vie & de leurs mœurs? Je ne parlerai point ici de l'impoſ-ſibilité qu'il y auroit eû à recueillir tous ces Préceptes des Ecrits de perſonnes ſi é-loignées les unes des autres, par le temps & les lieux où ils ont vêcu, auſſi bien que par leur langage. Suppoſons qu'il y avoit alors un *Stobée*, qui s'étoit attaché à raf-ſembler les Sentences Morales de tous les Sages du Monde. Comment un tel Re-cueil pourroit-il devenir une Règle fixe, & une véritable copie de la Loi ſous laquel-le nous vivons? Seroit-ce d'*Ariſtippe* ou de *Confucius* qu'il auroit tiré ſon autorité? *Ze-non* avoit-il le droit d'impoſer des Loix au Genre Humain? S'il ne l'avoit pas, tout ce que lui, ou quelque autre Philoſophe pouvoient dire, n'étoit compté que pour le ſentiment d'un ſimple homme. De ſorte que les autres Hommes pouvoient le rece-voir, ou le rejetter, comme ils le trouvoient à propos, ou ſelon que ce ſentiment s'ac-cordoit avec leurs interêts, leurs paſſions, leurs principes, & leurs inclinations parti-culiéres. Ils n'étoient dans aucune obliga-

tion à cet égard. L'opinion de quelque
Philofophe que ce fut, n'avoit point d'autorité par elle-même. Que fi l'on veut en
regarder quelqu'une en particulier fous cette idée, il faut accorder le même droit à
tout ce qu'a dit le Philofophe qui en eft
l'Auteur. Toutes fes Maximes doivent paffer pour des Loix certaines & indubitables:
ou bien, il n'en faut recevoir aucune en
cette qualité. Par exemple, fi vous prenez
pour des Préceptes de la Loi Naturelle quelques-unes des Sentences Morales d'*Epicure*,
dont il y en a plufieurs que *Senéque* * cite
avec des marques d'eftime & d'approbation,
il faut que vous receviez fur le même pié
tout le refte de fa Doctrine, ou bien, toute fon autorité difparoît. D'où il s'enfuit,
que de tout ce qui vient d'Epicure ou de
quelque Ancien Philofophe, l'on ne doit
rien recevoir comme partie de la *Loi de
Nature*, & fous l'idée d'un Devoir indif-
penfable, que ce qu'ils prouvent être tel
effectivement. Or je ne penfe pas, que perfonne s'avife de dire, qu'avant la venuë de
Notre Seigneur, le Monde aît vû un pareil
Syftême de Morale, dont les préceptes fon-

dez

---

* Voyez fes *Lettres*. Il y en a plufieurs qui finiffent
par une Sentence morale de quelque fameux Philofophe; & le plus fouvent, d'Epicure ou de quelques
uns de fes Difciples.

dez fur les prémiers principes de la Raifon, ne continflent vifiblement que la Loi Naturelle, & renfermaffent tout ce qui regarde la conduite de la vie. Ce n'eft pas affez qu'il y eût par-ci par-là des Maximes de quelques perfonnes fages, qui fuffent conformes à la droite Raifon. Comme la Loi de la Nature étoit en même temps la Règle de l'Utile, il ne faut pas s'étonner, que ces perfonnes, qui avoient de l'efprit, & de l'amour pour la Vertu, ayant occafion de mediter fur quelques Devoirs particuliers, vinflent à fe former par leur meditation certaines idées de ce qui eft jufte en foi-même, par la fimple confideration de l'utilité, & de la beauté qu'on peut remarquer dans tout ce qui eft raifonnable, fans fonder autrement l'obligation qu'il y a de pratiquer la Vertu, fur les veritables principes de la Loi Naturelle, & de la Morale. Mais ces Sentences détachées, que des Philofophes & des perfonnes fages débitoient de temps en temps, quelque excellentes qu'elles fuffent en elles-mêmes, & à quelque bonne fin qu'elles fuffent propofées, ne pouvoient jamais faire une Morale, de la verité de laquelle le Monde pût être convaincu, jufques à fe foûmettre à fes maximes avec une entiére confiance. Il faut que tout ce qui doit fervir en qualité de Modelle fur lequel tous les hommes doivent régler leurs mœurs, soit autorifé, ou par la Raifon, ou par la Révelation. Dès-là qu'une perfonne écrit fur la Morale, ou compile ce que d'autres en ont écrit, il n'acquiert pas par cela mê-me un pouvoir de Legiflateur fur le Genre Humain: comme fi les Règles qu'il vou-droit prefcrire aux hommes, devenoient inviolables, parce qu'il les auroit inferées dans fes Livres, fur l'autorité de tel ou de tel Philofophe. Quiconque prétend fe met-tre fur ce pié-là, & faire paffer les règles qu'il donne pour des Loix authentiques qu'on ne peut fe difpenfer d'obferver, doit prouver l'une de ces deux chofes, ou qu'il fonde toute fa Doctrine fur des principes de Raifon, évidens par eux-mêmes, de forte qu'il en faffe découler toutes les parties qui la compofent, par une démonftration claire & fenfible: ou bien, il doit faire voir, qu'il eft envoyé du Ciel, & qu'il eft autorifé de Dieu, pour annoncer fa volonté & fes Commandemens aux hommes. Or per-fonne, que je fache, n'a fait ni entrepris de faire, avant la Venuë de Jefus-Chrift, une Morale, felon la prémiére de ces mé-thodes. Il y a, je l'avouë, une Loi Na-turelle. Mais où eft celui qui nous l'avoit donnée, ou qui s'étoit chargé de nous la montrer toute entiére, en qualité de Loi,

fans

fans y rien ajoûter, & fans en retrancher aucun des devoirs qu'elle contenoit, & qui obligeoient par eux-mêmes? Qui a jamais fait connoître toutes les parties de cette Loi, jointes en un feul Corps? Qui a montré aux hommes l'obligation où ils étoient de les obferver exactement? Et où-a-t-on jamais vû un pareil Code, auquel le Genre Humain aît pû recourir comme à une Règle infaillible avant que Notre Seigneur eût paru dans le Monde? S'il n'y en avoit point eû jufqu'alors, il eft vifible qu'il étoit néceffaire que quelqu'un nous donnât un tel Corps de Morale, qui en qualité de Loi irrefragable pût fervir de guide affûré à ceux qui defiroient de marcher dans le bon chemin : afin que s'ils vouloient s'acquiter de leur devoir, ils ne fuffent pas en danger de fe méprendre, mais qu'ils puffent favoir certainement quand ils l'auroient rempli, ou qu'ils s'en feroient écartez. Or telle eft la Loi Morale que Jefus-Chrift nous a donnée dans le *Nouveau Teftament*, & cela, par la derniére des deux voies que nous venons de propofer, je veux dire, par le moyen de la Révelation. C'eft de lui que nous tenons une Règle qui contient tout ce qu'il faut faire pour fe bien conduire dans cette vie, & qui eft très-conforme à celle que prefcrit la Raifon. Mais la verité de fes

Ma-

Maximes & la neceſſité de les obſerver, ti-
rent toute leur force de l'évidence de la
Miſſion de ce divin Docteur. C'eſt par-là
que ces deux choſes paſſent dans notre eſprit pour inconteſtables. Jeſus-Chriſt a été
envoyé de la part de Dieu, ſes Miracles le
montrent clairement : apres quoi l'on ne
peut pas douter, que les préceptes qu'il donne ne ſoient fondez ſur l'autorité de Dieu
même. C'eſt dans ce cas-là que la Morale
devient une Règle infaillible, que la Révelation autoriſe, & que la Raiſon ne ſauroit détruire ni rendre ſuſpecte, toutes deux
conſpirant, au contraire, à témoigner qu'elle vient de Dieu, le Souverain Legiſlateur.
Et je ne croi pas, que le monde ait jamais
eû une Morale ſemblable à celle qu'on trouve dans le Nouveau Teſtament, ni que
perſonne puiſſe ſoûtenir qu'elle ſe rencontre quelque autre part. Que ſi quelqu'un
eſt porté à croire, qu'avant la Venuë de
Jeſus Chriſt on avoit dans le monde une
connoiſſance claire & entiére de tout ce qui
regarde la Science des Mœurs : qu'il me
permette de lui demander, s'il auroit voulu ſe charger de l'inſtruction de *Brutus* &
de *Caſſius*, deux grands perſonnages, pleins
d'eſprit & de vertu, dont l'un croyoit qu'il
y avoit une autre vie après celle-ci, & l'autre qu'il n'y en avoit point : qu'il diſe comment

ment il s'y feroit pris pour leur faire fentir
toute l'étenduë de leurs devoirs, s'ils lui
euffent demandé où ils pourroient trouver
a Loi qu'ils devoient prendre pour Règle
de leur conduite, & fur laquelle ils devoient
être déclarez criminels, ou innocens? S'il
les eût renvoyez aux Maximes des Sages &
aux Décifions des Philofophes, ç'auroit été
les engager dans un Païs perdu, coupé de
mille chemins différens, dont on ne favoit
lequel choifir, & les jetter dans un Laby-
rinthe infini, d'où ils ne feroient jamais for:
tis: S'il les eût renvoyez aux diverfes Religions du Monde, c'étoit encore pis: Et
s'il leur eût confeillé de fuivre leur propre
Raifon, j'avoûë qu'ils auroient pû trouver
par ce moyen quelque lumiére & quelque
certitude: mais dans le fond, la Raifon ne
pouvoit pas leur donner toutes les connoif-
fances qui leur étoient néceffaires, car jufqu'alors elle n'avoit pû enfeigner aux hommes une Règle de conduite, qui fût parfa:-
te en toutes fes parties; & tout le Monde
fait qu'elle n'éclairciffoit point les doutes,
qui s'étoient élevez parmi les gens de Lettres & les plus habiles Philofophes, & qu'elle n'avoit pas encore pû faire fentir aux *Peuples de la Terre les plus civilifez, qu'ils
n'avoient pas droit d'ôter la vie à leurs En-

V 4

fans

* Les Grecs & les Romains.

fans en les expofant; & qu'ils ne pouvoient le faire fans crime.

Enfin, fi quelqu'un, pour excufer la Nature humaine, s'avifoit d'attribuër à la pure negligence des hommes la raifon pourquoi ils n'avoient pas porté la Morale au · plus haut dégré de perfection où elle pouvoit arriver, & n'avoient fû la reduire en un feul Corps de Science, complet dans toutes fes parties, & en démontrer la verité avec une entiére évidence, comme quelques-uns s'imaginent qu'on pourroit le faire: cette fuppofition ne détruit en aucune maniére ce qu'on vient de dire de la néceffité de la Révelation. · Car d'où que vînt l'ignorance où les hommes étoient à l'égard de leurs Devoirs, il eft hors de doute, que Jefus-Chrift trouva le Genre Humain dans une corruption de mœurs & de principes, qui étoit allée en empirant d'âge en âge, & qui vifiblement n'étoit pas en état d'être reformée. Dans chaque Païs & dans chaque Secte on avoit des Règles de Morale différentes. Mais la Raifon Naturelle ne corrigeoit, nulle part, les défauts qui s'y rencontroient; & il n'y avoit pas apparence qu'elle y remediât jamais. Ces veritables Règles qui diftinguent le Jufte d'avec l'Injufte, defquelles la néceffité avoit introduit l'ufage en certains endroits, que les Loix

Civiles

Civiles avoient ordonnées, ou que la Phi-
fophie avoit recommandé d'obferver, n'é-
toient point appuyées fur leurs veritables
fondemens. On les regardoit ces Règles
comme les liens de la Societé, comme des
maximes utiles dans la vie ordinaire, &
comme des pratiques louables en elles-mêmes. Mais on ne voit point, que l'obligation de les obferver fût connuë, & approu-
vée, nulle part, dans toute fon étenduë;
ni qu'on les confiderât comme des Préceptes fondez fur l'autorité d'une Loi, j'entens
la Loi de la Nature, cette Loi Souveraine
qui eft au deffus de toutes les autres Loix.
Et en effet, on ne pouvoit en venir là, fans
avoir une connoiffance diftincte du Souverain Legiflateur, qui promît quelque grande recompenfe à ceux qui obëiroient à fes
ordres, & qui menaçât de quelque châtiment terrible ceux qui refuferoient de le
faire. Or la Religion Payenne n'étoit guere occupée, comme nous l'avons déja remarqué, à prefcrire aux hommes des Régles de conduite. Les Prêtres qui publioient
les Oracles céleftes, & qui fe difoient les
Interpretes de la volonté des Dieux, parloient peu de la Vertu & de la bonne vie.
Et d'un autre côté, les Philofophes qui appuyoient ce qu'ils difoient fur les lumiéres
de la Raifon, ne faifoient pas beaucoup de
V 5   mention

mention de la Divinité dans leurs Difcours, ou dans leurs Traitez de Morale. Ils fe fondoient fur la Raifon & fur fes Oracles, qui ne contiennent que la Verité toute pu-re. Mais cependant il y a certains Articles de cette Verité, qui font trop abftrus, pour que nous puiffions les comprendre aifément par les forces naturelles de notre Efprit, & les faire voir clairement aux autres hom-mes, fi nous ne fommes dirigez dans cette recherche par quelque lumiére d'enhaut. Lors que nous connoiffons certaines veritez, quoi que nous les ayons apprifes par tradi-tion, nous fommes portez à nous en faire honneur, en attribuant à notre propre pé-nétration la découverte de ce que d'autres nous ont effectivement enfeigné: ou du moins, voyant que nous pouvons démon-trer ce que nous avons appris originairement d'autrui, nous en concluons tout auffi-tôt que c'eft une Verité aifée à trouver, qui n'auroit pû nous échapper, fi nous l'euffions cherchée. Dès qu'une chofe nous eft con-nuë, elle ne nous paroît plus difficile à com-prendre; & parce que lors que nous voyons un objet fenfible, nous le voyons par nos propres yeux, nous fommes portez à me-connoître ou à oublier le fervice que nous ont rendu ceux qui nous ont les prémiers préfenté cet objet, comme fi nous ne leur

en

en avions aucune obligation : De même à l'égard des Veritez, que nous voyons actuellement, nous concluons que nous les aurions découvertes de nous-mêmes sans le secours de personne : que nous les connoissons de la même manière que les ont connuës ceux qui nous les ont apprises, c'est-à-dire, par la force & par la pénétration de notre propre Entendement ; & que, si elles nous avoient échappé, ce n'étoit que parce qu'elles ne s'étoient pas présentées à notre Esprit. Ainsi, chaque homme regarde toute la connoissance des autres hommes, comme un Bien qui lui appartient en propre, dès qu'il s'en est mis en possession, par l'examen des découvertes que d'autres ont déja faites. Et en effet, c'est un Bien qui lui appartient legitimement : mais il n'est point vrai qu'il l'ait acquis proprement par sa seule industrie. A la verité il étudie, & prend de la peine pour perfectionner les connoissances que d'autres ont proposées : mais les soins de ceux qui les prémiers ont fait connoître les Veritez qu'il a apprises par leur moyen, étoient d'une toute autre nature. Celui qui voyage présentement par de grands chemins, s'applaudit sur la vigueur de ses jambes, qui l'ont porté si loin dans un si petit espace de temps : il attribuë toute la cause de sa diligence

aux

aux forces de son temperament, ne considerant presque pas combien il est redevable au travail de ceux qui ont coupé les Bois, séché les marais, bâti des ponts, & rendu les chemins praticables, sans quoi il se seroit extremement fatigué, & n'auroit avancé que fort peu. Il y a quantité de choses, dont la croyance nous a été inculquée dès le berceau, de sorte que les idées nous en étant devenuës familiéres, &, pour ainsi dire, naturelles sous l'Evangile, nous les regardons comme des veritez incontestables, qu'il est aisé de voir, & de prouver avec la derniére évidence, sans considerer que nous aurions pû en douter, ou les ignorer pendant long-temps, si la Révelation n'en eût rien dit. Ainsi, plusieurs sont redevable à la Révelation, sans s'en appercevoir. Ce n'est pas pour diminuër l'autorité ·de la Révelation que la Raison donne son suffrage aux Veritez, qui ont été déja manifestées par cette prémiére voie. Mais nous avons tort de nous imaginer, qu'à cause que la Raison nous les confirme, c'est par son moyen que nous avons commencé de les connoître avec certitude, & dans ce dégré d'évidence que nous les voyons présentement. Le contraire paroît bien clairement par *la Morale incomplette des Payens,* avant la venuë de Jesus-Christ, & par la

nécessité

éceſſité qu'il y avoit d'en reformer les Prin-
ipes & les Maximes, auſſi bien que la Pra-
ique. Il ſembloit que la Philoſophie avoit
puiſé ſes forces, & fait tout ce qui étoit
n ſon pouvoir. Et quand même elle ſe-
oit allée encore plus avant, (ce que nous
oyons qu'elle n'a pas fait) & qu'elle auroit
eduit la Morale en un Corps de Science,
ondé ſur des principes inconteſtables, dont
haque partie auroit eû ſes Démonſtrations
omme les Mathematiques, cela n'auroit
té, ni d'une grande efficace ſur l'eſprit de
'homme dans l'état d'imperfection où il ſe
rouve, ni fort propre à l'inſtruire de ſon
levoir. Le gros du monde n'a pas le loiſir
i la capacité qu'il faut pour ſentir la force
l'une Démonſtration: ils ne ſont pas ca-
ables d'enviſager une ſuite de preuves,
u'ils doivent pourtant avoir toûjours pré-
ente à l'Eſprit, ſelon cette methode, pour
ouvoir être convaincus de ce qu'on veut
eur perſuader: de ſorte qu'on ne peut exi-
ʒer qu'ils y donnent leur conſentement,
ue lors qu'ils voyent la Démonſtration.
Où qu'ils s'arrêtent, ceux qui ſe chargent
le les inſtruire, ſont toûjours obligez de
rouver ce qui leur fait de la peine, & d'é-
laircir leurs doutes par une ſuite de con-
luſions qui découlent ſans interruption du
remier principe, quelque longue ou quelque

que embarrafſée que ſoit cette difcuſſion.
Or vous pouvez eſperer avec autant de fondement d'enſeigner parfaitement les Mathematiques à des gens de journée, à des
Artiſans, à des filles de ſimples Bourgeois,
& à des ſervantes, que de leur donner une
idée parfaite de la Morale par cette voie-
là. Le veritable & le ſeul moyen de porter les perſonnes de cet ordre à l'obéïſſance, & à la pratique de leurs devoirs, c'eſt
de leur donner des commandemens aiſez à
entendre. La plûpart des hommes ne peuvent pas connoître les choſes par eux-mêmes, c'eſt pourquoi il faut que leur Foi
ſupplée au défaut de la Science. Cela é-
tant, je demande ſi une perſonne qui vient
du Ciel, autoriſée de Dieu même, par la
puiſſance duquel il fait quantité de miracles
à la vûë de tout le monde, de ſorte qu'on
ne peut les deſavouër en aucune maniére,
je demande, dis-je, ſi une telle perſonne,
qui preſcrit en même temps des règles de
Morale ſimples & droites, n'eſt pas plus
propre en général à éclairer les hommes,
à les inſtruire de leurs devoirs, & à les engager à les remplir, qu'on ne pourroit le
leur perſuader en raiſonnant avec eux ſur
des notions & des Principes généraux de la
Raiſon humaine? Et ſuppoſé même qu'on
eût démontré clairement tous les Devoirs

de

de la vie, il eſt certain que, tout bien conſideré, l'on reconnoitroit néanmoins, que cette methode d'apprendre aux hommes leurs devoirs par Démonſtration, ne ſeroit bonne que pour un petit nombre de perſonnes, qui auroient beaucoup de loiſir, dont l'Eſprit auroit été cultivé par l'étude, & qui ſeroient accoûtumez à des raiſonnemens abſtraits, mais qu'à l'égard du Peuple, il ſeroit toûjours meilleur de l'inſtruire par les préceptes & par les principes de l'Evangile. En effet, guerir des malades, rendre la vûë à des aveugles, la vie à des morts, & reſſuſciter ſoi-même, ce ſont des choſes de fait, que le Peuple peut comprendre ſans peine; & il peut voir avec la même facilité, que celui qui fait des choſes ſi extraordinaires, doit les faire par le ſecours d'une Puiſſance Divine. Tout cela eſt à la portée des Eſprits les plus vulgaires. Quiconque ſait diſtinguer un malade d'avec un homme qui ſe porte bien, un boiteux d'avec un homme qui marche droit, un mort d'avec un homme qui eſt en vie, eſt capable de recevoir la Doctrine de l'Evangile, qui eſt établie ſur des miracles ſenſibles, & qu'on ne peut revoquer en doute, Dès-là qu'une perſonne eſt perſuadée que Jeſus-Chriſt eſt envoyé de Dieu, pour être le Roi & le Sauveur de ceux qui croyent

en

en lui, tous les commandemens de ce divin Seigneur deviennent à son égard des
principes inconteftables. Il ne lui faut point
d'autre preuve pour s'affûrer de la verité de
ce que dit ce faint Docteur, que de favoir
que c'eft lui qui l'a dit. Ainfi pour être inftruit de ce qu'il doit faire, il n'a befoin
que de lire les Livres Sacrez: car tous les
devoirs de Morale y font expofez d'une
maniére claire, fimple, & facile à entendre. Or qui peut douter, que cette methode d'enfeigner ne foit la plus fûre & la
plus propre à faire impreffion fur l'Efprit
Humain; & fur tout, fi nous ajoûtons,
que comme elle eft proportionnée à la capacité la plus bornée d'une Créature raifonnable, elle convient auffi aux Efprits
les plus relevez, les fatisfait, & les éclai-
re même. Car les Efprits les plus fublimes
ne peuvent que fe foûmettre à cette Doctrine comme à une Doctrine divine, puis-
qu'étant annoncée par une Troupe de gens
fans Lettres, elle n'eft pas feulement attef-
tée par des Miracles, mais confirmée par
la Raifon, toutes les Règles qu'ils donnoient, étant de telle nature, que quoi que
la Raifon ne les eût pas clairement démon-
trées par elle-même, elle ne pouvoit que
les approuver lors qu'elles lui étoient découvertes de cette maniere, & fe croire o-
bligée

bligée par une telle découverte. Jesus-Chrilt & fes Apôtres ne fe prévalurent point du credit & de l'autorité qu'ils avoient fur l'efprit des Hommes par le moyen de leurs Miracles, pour faire entrer dans leur Morale quelque faulfe penfée, quelque mâxime corrompuë, ni quoi que ce foit qui tendît à favorifer leurs propres interêts, ou ceux d'aucun Parti, comme nous voyons qu'ont fait toutes les Sectes des Philofophes, & les autres Religions. On n'y voit rien qui fente la preoccupation, rien de chimerique, nulles traces d'orgueuil, de vanité, d'oftentation, ou d'ambition. Tout y eft pur & fimple. Il n'y a rien de trop, & rien n'y manque. En un mot, c'eft une Règle de conduite fi parfaite, que les plus fages doivent reconnoître, qu'elle tend entiérement au bien du Genre Humain; & que tous les hommes feroient heureux, s'ils l'obfervoient tous également.

III. Un autre défaut confiderable qui avoit befoin d'être corrigé, c'étoit *la forme exterieure du Service Divin*. Des Bâtimens fuperbes, des Ornemens fomptueux, des Habits particuliers & extraordinaires, un nombreux attirail de cérémonies pompeufes, frivoles & onereufes; tout cela étoit devenu par toute la Terre une fuite infepa-

rable du Culte Religieux. Comme ces choses en portoient le nom d'une maniére particuliére, elles étoient regardées comme la
principale partie, pour ne pas dire le tout
de la Religion. Et il n'y avoit pas apparence qu'on eût pû remedier à cet inconvenient, pendant que les Cerémonies Judaï-
ques subsistoient ; & qu'elles se trouvoient
si fort mêlées avec le Culte du veritable
Dieu. Or c'est encore ce que fit Jesus-Christ
en venant au Monde : car avec la connoissance qu'il donna de Dieu, comme d'un
Esprit infini, suprême & invisible, il réforma
cet usage excessif des cérémonies, en
prescrivant aux hommes de rendre à ce
Souverain Etre un Culte simple, spirituel,
& conforme à sa Nature. Voici comme il
s'en exprime lui-même en parlant à la Samaritaine : *Le temps va venir*, lui * dit-il,
*que vous n'adorerez plus le Père, ni sur cette
Montagne, ni dans Jerusalem : mais que les
vrais adorateurs adoreront le Père en esprit &
en verité ; car ce sont-là les adorateurs que le
Père cherche*. Dès-lors Dieu n'exigea autre
chose si ce n'est qu'on le servît en esprit &
en verité, avec application, & avec une
veritable sincerité de cœur. Pour l'adorer
d'une maniére qui lui fût agréable, il n'é-
toit plus nécessaire de bâtir des Temples

ma-

* *Jean* IV. 21. 23.

magnifiques, & de se retirer dans de certains Lieux. Pourvû qu'on eût le cœur pur, on pouvoit le servir partout. On n'étoit plus obligé d'avoir des habits somptueux & extraordinaires. On pouvoit renoncer à la pompe des cérémonies, & à tout ce grand apparat d'observances exterieures. Dieu qui est Esprit, & qui se faisoit connoître sous cette idée, n'exigeoit aucune de ces choses. Il vouloit seulement qu'on lui consacrât l'Esprit; & que dans les Assemblées Publiques, où certaines Actions doivent être exposées à la vûë du monde, tout ce qui devoit paroître se fît dans la bienséance, avec ordre, & d'une maniére édifiante. Ainsi la Bienséance, l'Ordre, & l'Edification devoient régler tous les Actes publics du Service divin, & prescrire des bornes à tout l'extérieur, (qui n'est pas d'un grand prix aux yeux de Dieu) au delà desquelles il ne falloit point passer. Pourvû qu'on eût soin de bannir des Assemblées Religieuses l'indécence & la confusion, l'on ne devoit point s'embarrasser de cérémonies inutiles. Dieu ne demandoit autre chose des hommes, sinon qu'ils lui offrissent humblement leurs loüanges & leurs priéres. C'est en quoi consistoit tout le service qu'il exigeoit d'eux; & en s'acquitant de ces importans Devoirs, chacun devoit consulter son propre cœur, &

penser

penſer que Dieu ne regardoit & n'acceptoit que le cœur, dans les hommages religieux qu'on lui rendoit.

IV. Un autre grand avantage que Jeſus-Chriſt a procuré aux hommes, c'eſt de leur fournir de puiſſans motifs pour les porter à mener une bonne & ſainte vie : Motifs aſſez conſiderables pour leur faire vaincre les difficultez & les obſtacles qui ſe rencontrent dans le chemin de la Vertu, & pour dédommager avantageuſement ceux qui demeurent attachez à leurs Devoirs, & qui ſouffrent avec le témoignage d'une bonne conſcience. On avoit remarqué dans tous les Siécles, que les gens de bien n'étoient pas fort heureux dans ce Monde. Comme la Vertu & la Proſperité ne ſe trouvoient guere ſouvent enſemble, la Vertu avoit rarement un grand nombre de Sectateurs. Et il ne faut pas s'étonner * qu'elle ne fût pas
fort

* A raiſonner ſur ce Principe, il faudroit dire qu'une conduite oppoſée à celle que preſcrit la Vertu, eſt en effet la plus avantageuſe dans ce Monde : & qu'ôté l'eſperance d'un grand Bonheur après cette vie, il vaut mieux être fourbe que ſincère ; ingrat que reconnoiſſant; dur & ſans compaſſion que généreux & bienfaiſant, &c. Pour moi, je ne ſaurois être de ce ſentiment. Bien loin de là, je ſuis perſuadé que le Vice eſt par lui-même moins propre à nous rendre heureux, que la Vertu ; & qu'au fond, les inconveniens où il engage néceſſairement les hommes
dans

fort recherchée dans un temps que les incommoditez qui l'accompagnoient, étoient
visibles,

dans ce Monde, troublent plus la tranquilité de leur
vie que toutes les incommoditez auxquelles les gens
de bien peuvent être expofez par le commerce qu'ils
font obligez d'avoir avec des trompeurs & des fcéle-
rats. Suppofé même que ces derniers ayent abondam-
ment dequoi fatisfaire leurs pâffions ; qu'ils foient riches & élevez aux prémiéres dignitez, je dirai que
leur fort eft plus digne de pitié que d'envie; & j'a-
bandonnerai fur ce point l'opinion de M. *Locke* pour
embraffer celle qu'*Horace* établit avec tant de force
dans ces beaux Vers :

> * *Non poffidentem multa vocaveris*
> *Recte beatum : rectius occupat*
> *Nomen beati qui Deorum*
> *Muneribus fapienter uti,*
> *Duramque callet pauperiem pâti,*
> *Pejufque letho flagitium timet :*
> *Non ille pro caris amicis*
> *Aut Patriâ timidus perire.*

C'eft-à-dire, (*je me fers de la traduction du P. Tarte-*
ron) ,, Ce ne font pas les grands biens qui rendent
,, l'homme heureux : celui-là l'eft à plus jufte titre
,, qui fait ufer avec fageffe des préfens que lui font
,, les Dieux ; qui a le don de fouffrir avec patience
,, la pauvreté ; & qui redoute le crime plus que la
,, mort. Un homme de ce caractère eft toûjours prêt
,, à s'immoler pour fes Amis & pour fa Patrie.
Au refte, je ne prétens pas diminuer par là en
aucune maniére la grace que J C. nous a faite de nous
fournir de puiffans motifs pour nous porter à la Ver-
X 3 tu,

---

* Od Lib. IV. Od. IX. vs. 45 & feqq.

vifibles, & actuellement préfentes , tandis que les recompenfes qu'elle promettoit , étoiént incertaines, & éloignées. Comme les hommes ont toûjours tâché de fe rendre heureux, (Paffion qu'on doit leur permettre, & dont on ne pourroit jamais les détourner) ils ne pouvoient que fe croire difpenfez d'obferver exactement des Regles, qui paroiffoient fi peu propres à les approcher de leur veritable fin, qui étoit leur propre félicité : puis qu'elles les privoient des

tu. Comme la Vertu eft une difpofition de cœur, une habitude qui nous porte à des actions raifonnables qui tendent à notre bien, & à celui des autres hommes, tout ce qui fert à produire & à conferver cette habitude, eft très-eftimable : & rien fans doute n'eft fi capable de fortifier cette noble difpofition dans l'homme que les *recompenfes éternelles* que Jefus-Chrift promet à ceux qui s'appliqueront fincerement à des actions vertueufes, & *les fupplices* dont il menace ceux qui meneront une vie déreglée. Il n'eft donc nullement néceffaire, pour faire valoir l'importance de ces motifs, de nous reprefenter la Vertu fous des idées peu prévenantes. La force des tentations préfentes, la fougue de nos paffions durant la plus grande vigueur de notre âge, les mauvais exemples dont nous fommes environnez, & les habitudes vicieufes que nous contractons avant que d'être capables de raifon, tout cela eft plus que fuffifant pour nous convaincre que Jefus-Chrift nous a fait une grace ineftimable de nous entraîner dans le parti de la Vertu, par les affurances qu'il donne dans fon Evangiie, de procurer après cette vie, un bonheur éternel & parfait à tous les gens de bien.

des plaisirs de cette Vie, quoi qu'ils ne viſſent pas fort clairement, & ne fuſſent pas fortement perſuadez, qu'il dût y avoir une autre vie après celle-ci. Il eſt vrai qu'ils auroient pû raiſonner d'une autre maniere; & conclurre, Que puis que la plûpart des gens de bien étoient maltraitez dans ce Monde, il y avoit un autre Lieu où leur condition ſeroit plus heureuſe: mais il eſt certain que ce raiſonnement ne leur vint pas dans l'eſprit. Les idées qu'ils ſe formoient d'une autre Vie, étoient fort obſcures, & l'eſperance qu'ils avoient d'y parvenir, très-incertaine. Il y avoit, à la verité, des gens parmi les Payens, qui parloient des *Manes*, des Eſprits, & des *Ombres* des Morts, mais ſans l'aſſûrer fort poſitivement, & ſur tout, ſans y faire que très-peu de fond. Ils avoient les noms de *Styx* & d'*Acheron*: ils parloient des *Champs Elyſées*, & du Siège des Bien-heureux: mais en général ils tiroient ces idées de leurs Poëtes qui les mêloient avec leurs Fables, de ſorte qu'on les regardoit plûtôt comme des jeux d'eſprit & des Ornemens Poëtiques, que comme des Opinions dont les gens graves & raiſonnables fuſſent ſerieuſement perſuadez. Comme ils trouvoient ces Opinions jointes avec des Contes ridicules, ils les prenoient pour de veritables Contes. Et

X 4

ce

ce qui les rendoit plus suspectes , & moins propres à inspirer l'amour de la Vertu, c'est que les Philosophes portoient rarement les hommes à la pratique des Devoirs qu'ils leur enseignoient , par la consideration d'une Vie après cellé-ci. Le principal motif qu'ils leur proposoient , étoit tiré de l'excellence de la Vertu, considerée en elle-méme; & en géneral le plus puissant ressort qu'ils fissent agir pour les engager à bien vivre, c'étoit d'exalter la Nature Humaine, dont la perfection consiste dans l'exercice de la Vertu. Pour les Prêtres, s'ils parloient quelquefois des Ames des Morts & d'une autre Vie après celle-ci, ce n'étoit que pour attacher les hommes à l'observation de leurs Cérémonies superstitieuses & idolatres : · & par-là cette Doctrine n'étoit d'aucun usage à la Multitude credule; & ceux qui avoient l'esprit plus pénétrant, soupçonnant d'abord que c'étoit une fiction artificieuse des Prêtres , n'y ajoûtoient point de foi. Ainsi, bien qu'avant la venuë de Jesus-Christ, la Doctrine d'une autre Vie ne fût pas tout-à-fait inconnuë dans le Monde, elle n'y étoit pas connuë d'une maniére fort évidente. Ce n'étoit qu'une connoissance imparfaite de la Raison, ou peut-être les foibles restes d'une ancienne Tradition; qui sembloit plûtôt toucher

su

superficiellement l'imagination des hommes
que faire de profondes impreſſions ſur leur
cœur.   Ils s'imaginoient qu'il y avoit quél-
que choſe, ſans ſavoir quoi, qui étoit entre l'Etre & le Non-être.   Ils concevoient
quelque choſe dans l'Homme, qui pouvoit
échapper au tombeau.   Mais pour ce qui eſt
d'une veritable & parfaite Vie, qui dût du-
rer éternellement après celle-ci, c'eſt une
choſe qui n'entroit pas fort avant dans leurs
eſprits, & dont ils étoient encore moins perſuadez. En un mot, ils étoient ſi éloignez
de voir clair dans ce Point, que nous ne voyons aucune Nation du Monde qui fît profeſſion publique de croire une autre Vie; &
qui comptât ſur cela. Aucune Religion n'en-
ſeignoit expreſſément cette Doctrine ; & on
n'en avoit fait nulle part un Article de Foi
& un Principe de Religion juſqu'à la Venuë de Jeſus-Chriſt, de qui on a bien eû
raiſon de dire qu'en paroiſſant dans le Monde * *il a mis en lumiére la Vie & l'Immortalité* : car non ſeulement il a enſeigné ce Dogme en le revelant clairement, & en faiſant
voir des exemples de perſonnes reſſuſcitées ;
mais il nous a donné lui-même un gage &
une aſſurance indubitable de la Réſurrection
& d'une Vie avenir, par ſa propre Réſurrection, & par ſon Aſcenſion dans les Cieux.

X 5   Or

* 1 *Tim.* I. 10.

Or combien la nature des chofes n'a-t-elle
pas changé dans le Monde par le moyen de
cette feule verité, qui a élevé la Piété au
deffus de toutes les chofes qui pouvoient
tenter les hommes, ou les détourner des devoirs qu'elle leur prefcrit ? A la verité, les
Philofophes relevoient la beauté de la Vertu. Ils ornoient fi bien cette divine Fille
du Ciel, qu'elle attiroit les yeux des hommes & gagnoit leur approbation ; mais comme ils ne lui affignoient aucune * dot, il y en
avoit peu qui vouluffent l'époufer. Les hommes

* Je ne fai fi M. *Locke* a calculé exactement : mais
il me femble que des Sectes très-fameufes, & qui ont
fubfifté long-temps dans le Monde , comme l'Ecole
de *Socrate* , les *Stoïciens* & les *Cyniques* , ont fait profeffion d'eftimer la Vertu pour elle-même, & de préferer l'Honête à l'Utile. *Horace* lui-même, dont la
Morale n'étoit pas fort rigide , fe faifoit honneur de
ce fentiment. Il n'eft pas fâché de jouïr des faveurs
de la Fortune. „ Mais, dit-il, fi elle fe difpofe à
„ m'abandonner , je renonce à tout le bien qu'elle
„ m'a fait. Muni de ma Vertu contre fes difgraces,
„ j'époufe volontiers la Pauvreté fans autre dot que la
„ Probité.

———————— * *Si celeres quatit*
Pennas , refigno quae dedit , & meâ
Virtute me involvo , probámque
Pauperiem fine dote quaro.

Cette dèrniére expreffion eft fort remarquable. Elle

* Od. Lib. III. Ode 29, *vf.* 53 , *&c.*

mes en général ne pouvoient lui refuſer leur eſtime & leurs louanges, mais ils lui tournoient toûjours le dos , & l'abandonnoient comme un Parti qui ne leur étoit pas avantageux. Mais à préſent qu'il lui échet en partage † *un poids éternel d'une gloire excellemment excellente*, l'Interêt ſe range de ſon côté ; & il eſt tout viſible, que la Vertu eſt préſentement l'acquiſition la plus importante, & le gain

† 2 *Cor.* IV. 17.

le fait voir tout au moins que la Vertu a pu être recherchée des hommes, lors même qu'elle étoit *ſans dot* ; puis que des Payens ont fait gloire de l'aimer pour l'amour d'elle-même. Que s'il s'eſt trouvé peu de gens de ce caractere , l'on s'en eſt plaint hautement , temoin ce paſſage de Juvenal ,

— *Quis enim Virtutem amplectitur ipſam*
Praemia ſi tollas ?

Sat. X. 141.

Car ſans doute ce Poëte prétend condamner par là tous ceux qui n'embraſſent la Vertu que par des vuës d'intérêt. Cependant, à bien conſiderer la choſe, je ne croi pas que la Vertu ait jamais été abſolument *ſans dot*, c'eſt-à-dire , qu'elle ait été un Parti moins avantageux que le Parti qui lui eſt oppoſé, comme je l'ai fait voir en peu de mots à la page 324. J'oſerai même aſſurer après un célèbre Philoſophe Chrétien, *qu'à comparer le bonheur des Méchans avec celui des Gens de bien, on trouvera que les Méchans n'ont pas grand ſujet de ſe glorifier de la difference de leur Etat, & qu'à bien conſiderer toutes choſes , ils ſont les plus mal partagez , même dans cette Vie.* C'eſt pequoi

P E R S E

gain le plus confiderable qu'on puiſſe faire. On ne ſe contente p'us de dire, pour la faire valoir, qu'elle eſt la perfection & l'excellence de notre Nature: qu'elle eſt elle-même ſa recompenſe: & qu'elle rendra nos noms recommandables a la Poſterité. C'étoient-là tous les éloges que lui donnoient les Philoſophes Payens; & il ne faut pas s'étonner, qu'il n'y eût pas beaucoup de gens touchez de ces ſortes de recommandations, qui ne procuroient aucun ſolide avantage. C'eſt propoſer aux hommes un motif bien plus agréable, & tout autrement capable de faire impreſſion ſur leurs eſprits, que de les aſſûrer, que s'ils vivent bien dans ce Monde,

PERSE qui vivoit à Rome du temps de Neron (temps, comme on ſait, peu favorable à la Vertu) étoit ſi fortement perſuadé, qu'il croyoit que le plus corrompu de tous les hommes, qu'un Tyran, l'Animal le plus redoutable & le plus funeſte au Genre Humain, mais le plus à portée de ſatisfaire ſes paſſions, ſeroit aſſez puni, d'être enfin frappé de l'excellence de la Vertu, & reduit par cela même à ſecher & ſe deſeſperer pour l'avoir abandonnée. Au jugement de ce ſage Poëte, c'eſt un ſuplice terrible; & il n'en ſouhaite point d'autre aux Tyrans les plus cruels.

Magne Pater Divûm, ſaevos punire Tyrannos
Haud alia ratione velis, cùm dira libido
Moverit ingenium, ferventi tincta veneno,
Virtutem videant, intabeſcantque relicta.
                    PERS. Sat. III. 35. & ſeqq.

de, ils feront heureux après cette vie. Ouvrez-leur les yeux fur ces joyes·indicibles & éternelles de l'autre Vie, & leurs Cœurs y trouveront quelque chofe de folide, qui fera très-propre à les émouvoir. La vûë du Ciel & de l'enfer leur fera regarder les biens & les maux préfens, qui font d'une fi courte durée, comme des chofes peu confiderables, & les portera à embraffer la Vertu, que la·Raifon, l'interêt & le foin que nous devons avoir de nous-mêmes, nous obligent néceffairement de préferer à toute autre chofe. C'eft fur ce fondement, & fur celui-là feul, que la Morale eft folidement appuyée, & qu'elle a droit, pour ainfi dire, d'exiger toute notre application, fans que rien puiffe nous en détourner legitimement. C'eft ce qui fait que la Vertu qu'elle prefcrit, n'eft pas un fimple Nom, mais un Bien folide, & veritable, qui merite que nous mettions tout en œuvre pour l'acquerir; & c'eft juftement fous cette idée qu'elle nous eft propofée dans l'Evangile de Notre Seigneur Jefus-Chrift.

V. Un cinquiéme & dernier avantage que nous devons ajoûter à ceux que nous recevons de ce divin Sauveur, c'eft la promeffe qu'il nous fait de nous affifter. Si nous faifons tout ce qui eft en notre pouvoir, il s'engage de nous accorder fon Efprit, pour nous aider à faire ce que nous devons, & à le fai-

re

re de la maniére que nous le devons. Et ici nous aurions grand tort de demander comment se fera l'operation de l'Esprit de Dieu sur nous, puis-que nous ignorons comment notre propre Esprit nous fait agir. La Sagesse qui accompagne cet Esprit Saint, connoît mieux que nous-mêmes comment nous sommes faits, & comment il peut operer sur nous. Si un habile homme sait trouver le moyen de gagner l'esprit de son Enfant pour le tourner du côté qu'il veut, pouvons-nous douter que l'Esprit de Dieu ne puisse faire la même chose à notre égard, quoi que nous ne voyions ni ne comprenions point la maniere dont il exerce son operation? Jesus-Christ qui est fidèle & juste, nous a promis ce divin secours: nous ne pouvons plus douter qu'il n'accomplisse sa promesse. Pour relever cette Grace, il n'est pas nécessaire de s'étendre sur la fragilité de notre Nature, & sur la foiblesse de notre temperament, ni de faire voir combien notre Esprit est sujet à l'erreur, & avec quelle facilité il s'égare, & s'éloigne du chemin de la Vertu. Et si quelqu'un a besoin de chercher, hors de lui-même, la preuve de ces Veritez; s'il ne la trouve pas dans le témoignage de sa propre conscience; s'il ne sent point ses propres erreurs & ses passions qui le portent continuel-

lement

lement au mal, & qui souvent prévalent sur les Régles les plus étroites de son Devoir; il n'a qu'à jetter les yeux, au dehors, sur chaque Siécle, pour en être pleinement convaincu. Lors donc qu'un homme se voit environné d'un si grand nombre de tentations, reduit à soutenir des combats contre lui-même, & exposé à la contagion de tant de mauvaises coûtumes qui sont autorisées dans le Monde, ce lui est sans doute un puissant aiguillon pour le porter serieusement à la pratique de la Vertu & des maximes de la Veritable Religion, que de savoir, qu'il est entre les mains de Dieu qui s'est engagé de le soûtenir par son bras puissant, & de lui faire vaincre tous ces differens obstacles.

C H A P I T R E XV.

Où l'on examine, s'il faut chercher de Nouveaux Articles de Foi dans les Epîtres des Apôtres; & où l'on montre que la Religion doit être à la portée des plus simples.

MAIS avant que de finir cet Ouvrage, il faut répondre à une Objection qu'on peut me faire à l'occasion des Epîtres des Apôtres. Car si toute la Foi qu'il faut avoir

avoir pour être juftifié devant Dieu, fe reduit à croire que *Jefus de Nazareth* eft *le Meffie*, & à recevoir les articles qui dépendent de cette verité, comme fa Refurrection, fes Préceptes, & fon Retour pour juger le monde, on ne manquera pas de me demander, ,, dans quelle vûë les Epîtres des
,, Apôtres ont·elles donc été écrites, fi la
,, croyance des differentes Doctrines qu'elles
,, renferment n'eft pas néceffaire à Salut; &
,, fi un Chrétien peut croire ou ne pas croire,
,, ce qui y eft propofé, & être cependant
,, Membre de l'Eglife de Chrift, & du
,, nombre des veritables Fidèles?

Je repons à cela, que diverfes occafions particuliéres ont déterminé les Apôtres à écrire leurs Epîtres; & que celui qui voudra les lire comme il faut, doit remarquer quel en eft le deffein principal, & découvrir le fujet qui y eft traité & la maniére dont on l'a traité, s'il veut pénétrer dans le veritable fens de fes Ecrits, & en retirer quelque utilité. C'eft là le vrai moyen d'entrer dans la penfée de l'Ecrivain : & ce qu'on peut trouver par cette voye, eft proprement la Verité qu'on doit croire, & non pas quelques fentences détachées de differens endroits, & conçuës en termes de l'Ecriture, lefquelles nous accommodons à nos Idées & à nos préjugez. Pour entendre, dis-je,

ces

ces fortes de Difcours, il en faut examiner
le deffein, obferver la liaifon de leurs Parties, & voir comment elles s'accordent entr'elles mêmes & avec les autres Parties de
l'Ecriture. Mais il ne faut pas prendre çà
& là une Periode ou un Verfet felon qu'il
s'accorde le mieux avec notre Syftême particulier, comme fi chaque Periode & chaque
Verfet de l'Ecriture étoient autant d'Apho·
rifmes diftincts & indépendants, pour faire
de ces penfées détachées autant de Points
Fondamentaux de la Religion Chrétienne,
abfolument néceffaires à falut : à moins que
Dieu n'aît déclaré que ce font effectivement
des Articles Fondamentaux de la Religion.
Il y a plufieurs Veritez dans la Bible qu'un
bon Chrétien peut ignorer entierement, &
qu'il peut, par conféquent, ne pas regarder
comme l'objet diftinct de fa Foi : Veritez
que quelques-uns donnent peut-être pour
des Doctrines tout-à-fait effentielles, &
qu'ils appellent *Articles Fondamentaux*,
parce que ce font des Points qui diftinguent leurs Communions d'avec les autres Sociétez Chrétiennes. Il y a dans
la plûpart des Epîtres des Apôtres une
fuite de raifonnement, qu'on ne peut
remarquer fans une extrême attention, à
caufe du ftile dont elles font écrites. De forte que pour les voir dans leur veritable jour,

& en découvrir le vrai fens, il les faut examiner par rapport au fujet général qui y eft traité.

D'ailleurs, ces Epîtres étoient addreſſées à des perſonnes qui avoient déja la Foi, & étoient veritables Chrétiens ; & par conſéquent elles ne pouvoient pas être deſtinées à leur apprendre les Articles Fondamentaux du Chriſtianiſme & les Points néceſſaires à Salut. Ainſi, l'Epître aux Romains eſt écrite *à tous ceux qui ſont à Rome, les bien-aimez de Dieu, apellez à être Saints, dont la Foi eſt renommée par tout le Monde,* Ch. I. 7. 8. Le même Apôtre nous apprend dans ſa prémiére Epître aux Corinthiens, (*Ch. I. 2. 4. &c.*) à qui c'eſt qu'il l'addreſſe, ſavoir, *à l'Egliſe de Dieu qui eſt à Corinthe, à ceux que Jeſus-Chriſt a ſanctifiez, qui ſont appellez à être Saints ; & à tous ceux qui en quelque lieu que ce ſoit invoquent le nom de notre Seigneur Jeſus-Chriſt, qui eſt leur Seigneur comme le nôtre. Je rens à mon Dieu des actions de graces continuelles à cauſe de la grace de Dieu, qui vous a été donnée en Jeſus-Chriſt ; & de toutes les richeſſes dont vous avez été comblez en lui dans tout ce qui regarde le don de la parole & de la ſcience ; le témoignage qu'on vous a rendu de Jeſus-Chriſt ayant été ainſi confirmé parmi vous. De ſorte qu'il ne vous manque aucun don divin dans l'attente où vous êtes de*

la

la manifestation de notre Seigneur Jesus-Christ.
St. Paul dit aussi dans sa seconde Epître aux
Corinthiens, qu'il écrit *à l'Eglise de Dieu
qui est à Corinthe, & à tous les Saints qui font
dans l'Achaïe*, Ch. I. 1. Celle qui suit du
même Apôtre, est addressée *aux Eglises de*
Galatie : & celle qu'il écrit aux Ephesiens,
*à tous les Saints & fidèles en Jesus-Christ qui
font à* Ephese. Il en est de même des autres
qui suivent : *A tous les Saints en Jesus-Christ
qui font à* Philippes. *Aux Saints & fidèles
Frères en Christ qui font à* Colosses, *qui ont
de la Foi en Jesus-Christ & de la charité pour
les Saints. A l'Eglise de* Thessalonique. *A* Timothée *son vrai Fils en la Foi. A* Tite *son
Fils bien-aimé en la Loi qui leur est commune.
A son cher* Philemon *& son compagnon d'œuvre.* De même l'Auteur de l'Epître aux
Hébreux appelle ceux à qui il écrit, *Saints
Frères, qui ont part à la Vocation Céleste*, Ch.
II, 1, D'où il paroît clairement, que tous
ceux à qui S. Paul écrit, étoient *des Frères,
les Saints, & des Fidèles* dans *l'Eglise Chré-
ienne*, & par conséquent déja *Chrétiens :*
qu'ainsi ils n'avoient pas besoin d'apprendre
es Articles Fondamentaux de la Religion
Chrétienne, sans la croyance desquels ils ne
pouvoient être sauvez ; & qu'on ne sauroit
supposer, que la raison pourquoi St. Paul a
écrit à qui que ce soit de ces personnes, aît

été

été de les inſtruire de ces Points Fondamentaux. Il n'eſt pas moins évident par les deux
prémiers Chapitres des Epîtres de S. *Pierre*,
que cet Apôtre écrit auſſi à des perſonnes
déja inſtruites des Points eſſentiels du Chriſtianiſme.   Il eſt aiſé de voir la même choſe
dans les Epîtres de S. *Jacques* & de S. *Jean.*
Et celle de S. *Jude* eſt expreſſément addreſ-
ſée *à ceux qui ont été appellez, qui ſont ſanc-
tifi z en Dieu le Père, & conſervez en Jeſus-
Chriſt.*   Puis donc que toutes les Epîtres des
Apôtres ont été écrites à des gens qui é-
toient déja Fidèles & Chrétiens, le deſſein
qu'ont eû ces Saints Hommes en les écri-
vant, ne pouvoit être de les inſtruire des
choſes qui étoient néceſſaires pour les rendre Chrétiens.   Il eſt viſible, qu'ils les ſavoient & les croyoient déja, ou qu'autrement ils n'auroient pû être Chrétiens &
Fidèles : tîtres, que les Apôtres leur donnent
expreſſément, comme nous venons de le voir.
Ajoûtons à cela, que ces Epîtres ont été écrites pour des occaſions particuliéres, & que
ſans ces occaſions elles n'auroient point été
écrites ; & qu'ainſi l'on ne ſauroit les regarder comme néceſſaires à ſalut, bien
qu'elles puiſſent ſervir beaucoup à nous éclairer l'eſprit & à nous enſeigner certaines
choſes qui regardent la pratique, par la
ſolution qu'elles donnent de certaines difficultez,

cultez, & par la reformation qu'on y voit
de quelques erreurs particulieres. Je conviens que les principales Doctrines de la Foi
Chrétienne font répanduës çà & là dans la
plûpart de ces Epítres : mais ce n'eft pourtant pas dans ces fortes d'Ecrits que nous
devons apprendre quels font les Articles
Fondamentaux de la Religion. Comme ce
font des Difcours qui n'ont été compofez
que par occafion, (quoi qu'ils foient encore très-édifians) les Points Fondamentaux
s'y trouvent mêlez indifferemment & fans
diftinction avec d'autres veritez moins effentielles. On pourra bien mieux les trouver
& les difcerner ces Articles importans &
néceffaires à falut, dans les Prédications que
Jefus-Chrift & fes Apôtres faifoient à ceux
qui étoient encore étrangers & ignorans à l'é-
gard de la Foi Chrétienne, pour la leur faire connoître & pour les engager à l'embraffer. Et c'eft là que nous avons vû quels é-
toient ces Articles, par l'examen fuivi que
nous avons fait de l'Hiftoire des quatre E-
vangeliftes & du Livre des *Actes* des Apôtres, où ils font exprimez fi clairement que
perfonne ne peut les méconnoître.

Dans les Epîtres écrites à des Eglifes particuliéres, outre le fujet principal que chacune renferme, & qui regardoit quelque interêt préfent de l'Eglife à qui elles étoient

Y 3

ad-

addreſſées en particulier, les Apôtres expli-
quent en pluſieurs endroits les Points Fondamentaux de la Religion Chrétienne; &
cela fort prudemment, par rapport aux ïdées
particuliéres de ceux à qui ils écrivent: afir
de leur rendre par-là la Doctrine Chrétienne plus familiére, & de leur faire comprendre plus facilement la Methode, les Raiſons, & les Fondemens du grand Ouvrage
du Salut. Ainſi, nous voyons que St. Paul,
dans ſon Epître aux Romains, parle ſouvent de l'Adoption, (coûtume fort connuë
à Rome) pour leur expliquer la grace que
Dieu leur a fait en leur donnant la Vie Eternelle, pour leur faire concevoir par cette
idée , comment ils devenoient Enfans de
Dieu; & pour les aſſûrer qu'ils auroient part
au Royaume des Cieux comme des Héritiers ont part à l'Héritage qui leur a été promis. Mais dans ſon Epître aux Hebreux,
où il a deſſein de les confirmer dans la profeſſion du Chriſtianiſme, il a recours à des
Alluſions & à des Raiſons, tirées des Cérémonies, des Sacrifices, & de l'Oeconomie
Judaïque; & cela par rapport à ce qui en eſt
dit dans le Vieux Teſtament. Et pour les
Epîtres, dont le ſujet eſt général, on peut
s'appercevoir qu'elles regardent les circonſtances, le beſoin , & quelques particularitez du temps auquel elles ont été écrites.

Les

Les Ecrivains Sacrez ayant été infpirez de Dieu, n'ont rien écrit qui ne foit exactement vrai, & ils ont même écrit en plufieurs endroits des Veritez, qui nous font encore à préfent d'un grand ufage, pour expliquer, éclaircir, & confirmer la Doctrine Chrétienne; & pour porter ceux qui l'ont embraffée à s'y tenir fortement attachez. Mais cependant il ne faut pas confiderer à part chaque propofition qu'ils ont avancée, & la prendre pour un Article Fondamental & néceffaire à falut; comme fi celui qui ne la croit pas explicitement, ne pouvoit point être Membre de l'Eglife de Chrift fur la Terre, ni être admis dans fon Royaume Eternel après cette vie. En effet, s'il falloit croire & recevoir toutes les veritez énoncées dans les Epîtres des Apôtres, ou la plus grande partie, comme autant d'Articles Fondamentaux, que feroient devenus ces Chrétiens dont parle St. Paul dans fa premiére Epître aux Corinthiens, qui étoient * tombez dans le fommeil de la Mort, avant que les chofes qui font contenuës dans les Epîtres, leur euffent été revelées? Car la plûpart des Epîtres n'ont été écrites que plus de vingt ans après l'afcenfion de Notre Seigneur; & quelques-unes, que trente ans après.

Y 4

Mais

* 1 *Cor.* XI. 30.

Mais il faut satisfaire ici ceux qui pourroient me demander, si les veritez qui sont contenuës dans les Epîtres, & qui ne se trouvant pas dans les Prédications de Jesus-Christ & de ses Apôtres, ne sont point par cela même nécessaires à salut, si ces veritez, dis-je, peuvent être mises au nombre de celles qu'on peut croire ou ne pas croire sans danger; & si un Chrétien peut sûrement les contester, ou les revoquer en doute.

Je répons à cela, que la Loi de la Foi étant une Alliance que Dieu a établie par un pur effet de sa Grace, lui seul peut déterminer ce que doit croire nécessairement celui qu'il veut justifier en vertu de cette Alliance. Il dépend entierement de son bon plaisir de déclarer quelle est la Foi qu'il veut accepter & imputer à Justice. Car c'est par grace, & non point par droit que cette Foi est acceptée. C'est pourquoi il n'y a que Dieu seul qui puisse en marquer les bornes; & ce qu'il a déterminé & déclaré être de Foi, est seul nécessaire. Personne ne peut rien ajoûter à ces Articles Fondamentaux, ni en établir aucun autre que lors que Dieu lui-même l'a rendu tel & l'a donné en cette qualité. Or nous avons déja fait voir quels sont ces Articles que Dieu propose à ceux qui voudront entrer dans la Nouvelle Alliance, & en goûter les avantages. Et ce

sont

font là les Points Fondamentaux, dont la croyance explicite & formelle eſt impoſée abſolument à tous ceux à qui l'Evangile de Chriſt a été prêché, & le Salut propoſé en ſon Nom.

Quant aux autres parties de la Revelation divine, ce ſont des Objets de la Foi; & on doit les recevoir comme tels. Ce ſont des Veritez dont aucune ne peut ni ne doit être revoquée en doute, dès qu'elle eſt connuë comme faiſant partie de la Revelation. Car reconnoître qu'une Propoſition a été revelée de Dieu & qu'elle eſt fondée ſur ſon autorité, & cependant la rejetter ou la revoquer en doute, c'eſt combattre cet Article capital, qui eſt le fondement de la Foi, ſavoir, *Que Dieu eſt veritable*. Il faut pourtant reconnoître, qu'il y a pluſieurs veritez revelées dans l'Evangile, qu'un homme peut ignorer, & ne pas croire directement, ſans que ſon Salut coure aucun danger. C'eſt ce qui paroît clairement en ceux qui reconnoiſſant l'autorité de l'Ecriture, different dans l'explication de pluſieurs endroits de ce Saint Livre, qui ne paſſent pas pour fondamentaux. Car il eſt viſible qu'à l'égard de tous ces endroits, les Parties qui diſputent, d'un côté ou d'autre, ignorent & ne croyent point des veritez qui ſont actuellement contenuës dans l'Ecriture : à moins qu'on ne veuil-

Y ſ

le

le dire que des chofes oppofées & contra-
dictoires peuvent être renfermées dans les
mêmes paroles, & que la Revelation Divine eft contraire à elle-même.

Quoi qu'on foit obligé de fe foûmettre
avec foi à toute la Revelation Divine, cependant chaque verité contenuë dans les
Saintes Ecritures, n'eft pas du nombre de
celles que la Loi de la Foi ordonne de croire explicitement pour être juftifié. Quant
à celles qui font de ce dernier ordre, elles
fe reduifent, comme nous l'avons dit tant
de fois, à ce que Jefus-Chrift & fes Apôtres
propofoient à croire à ceux qu'ils convertif-
foient à la Foi Chrétienne. Ce font-là,
dis-je, les veritables Points Fondamentaux;
& il ne fuffit pas de ne les point revoquer
en doute : chacun eft, outre cela, actuellement obligé d'y donner fon confentement.
Mais pour ce qui eft des autres Propofitions
renfermées dans l'Ecriture dont Dieu n'a
pas fait un de ces Points effentiels de la Loi
de la Foi, auxquels il faut donner un confentement actuel pour pouvoir être mis au
nombre des Croyans par ce Souverain Legiflateur, un homme peut les ignorer, fans
que ce défaut de Foi expofe fon Salut à aucun danger. Il croit tout ce que Dieu
lui a ordonné de croire néceffairement; & à
l'égard des autres veritez Divines, il n'eft
obligé

obligé qu'à recevoir toutes les Parties de la Revelation avec docilité, & avec un Efprit difpofé à embraſſer & à croire toutes les veritez qui viennent de Dieu, & à confentir avec foûmiſſion à tout ce qui lui paroîtra porter ce caractère. Que fi, après une recherche fincere, il n'entend pas certaines chofes, il eſt tout vifible qu'il ne peut éviter de les ignorer. Et s'il vient à comparer differens Paſſages & qu'il ne puiſſe les accorder enfemble, il ne peut faire autre chofe qu'expliquer un paſſage par un autre, ou bien fufpendre fon jugement. Ceux qui s'imaginent qu'en matiére de Foi l'on doit ou qu'on peut exiger quelque chofe de plus d'un foible Mortel, feront bien de confiderer auparavant les abfurditez où cette opinion va les engager.

Dieu par un effet de fon infinie Miſericorde en a uſé avec l'Homme, comme un Pére tendre & plein de compaſſion. Il lui donna la Raifon, & une Loi : & cette Loi ne pouvoit qu'être conforme à ce que la Raifon lui dicteroit, à moins qu'on ne voulût fe perfuader qu'une Créature Raifonnable dût avoir une Loi Déraifonnable pour Règle de fa conduite. Mais d'autre part, ce bon Dieu confiderant la fragilité de l'Homme, qui eſt fi fujet à tomber dans la corruption & dans la mifère, promit un Liberateur qu'il envoya en fon temps : & alors il déclara à tous les hommes, que tous ceux-là feroient fauvez qui croiroient que cette Perfonne extraordinaire étoit le Sauveur qu'il avoit promis d'envoyer, & qui le reconnoîtroient pour leur Roi & leur Conducteur, à prefent que reffufcité d'entre les Morts, il eft établi Seigneur & Juge de tous les Hommes. C'eft là une Propofition fimple & aifée à entendre : de forte qu'il femble qu'en ceci Dieu qui eft la Bonté même, a eu en vuë le bien des Pauvres, & de la plus grande partie des Hommes. Ce font des Articles , que des gens de travail & fans lettres peuvent comprendre. Une telle Religion eft à la portée des Efprits les plus vulgaires, & adaptée à l'état des hommes, que leur condition dans ce Monde deftine à paffer leur vie dans le travail. Je fai bien que les Controverfiftes, & ceux qui écrivent fur la Religion, la rempliffent de vaines fubtilitez & de penfées chimeriques, dont ils font autant de Points néceffaires & fondamentaux du Chriftianifme, comme fi on ne pouvoit entrer dans l'Eglife qu'en paffant par l'*Academie*, ou par le *Lycée*, ou, pour m'exprimer plus clairement, comme fi on ne pouvoit être Chrétien, fans apprendre la Philofophie d'Ariftote, de Platon, ou de quelque autre Philofophe. Mais qui ne voit

que

que le commun des hommes n'a pas le loifir de s'appliquer à l'étude, d'apprendre la
Logique, & toutes ces diftinctions fubtiles
qu'on 'débite dans les Ecoles ? Celui qui
n'eft accoûtumé qu'à manier la charruë &
la beche, a rarement l'Efprit propre à recevoir des idées fublimes, ou à pénetrer dans
des raifonnemens myfterieux & embarraffez.
C'eft beaucoup fi des hommes de ce rang
(pour ne rien dire de l'autre fexe) peuvent
comprendre des propofitions fimples, &
un raifonnement court fur des chofes qui
leur font familiéres, & qui ont du rapport
à ce qui fe paffe tous les jours à leurs
yeux. Allez au delà, vous déconcertez la
plus grande partie du Genre Humain. Il
vaut autant que vous parliez Arabe à
un pauvre homme de journée, que de lui
propofer les idées & les termes dont on a
rempli les Livres & les Difputes de Religion:
il vous entendra tout auffi bien. Les Prédicateurs des Affemblées *Non-conformiftes*,
fuppofent que leur Peuple eft beaucoup
mieux inftruit dans les matiéres de Foi, &
qu'il entend bien mieux la Religion Chrétienne que le commun des *Conformiftes*, qu'ils
taxent d'une grande ignorance, fi c'eft avec
raifon c'eft ce que je ne déterminerai point
ici. Mais je voudrois bien prier ces Prédicateurs de me dire ferieufement, fi la moi-
tié

tié de leur Peuple a le loifir d'étudier ; ou même fi de dix perfonnes qui frequentent leurs Affemblées , fuppofé qu'ils euffent le temps d'étudier les Controverfes qu'on y traite, il y en a une qui entende ou qui puiffe entendre les Difputes qu'ils agitent préfentement avec tant de chaleur fur la Juftification, qui fait le fujet de cet Ouvrage. Pour moi j'ai parlé à quelques-uns de ces Miniftres, qui m'ont avoué qu'ils n'entendoient pas eux-mêmes la difpute qu'il y a entr'eux fur cet article. Cependant ils font regarder les Points particuliers pour lefquels ils fe font déclarez, comme des Articles d'une fi grande importance, fi effentiels, & fi fondamentaux dans la Religion, qu'ils en prennent occafion de fe feparer en différentes Sociétez. Si Dieu avoit voulu que perfonne ne dût être Chrétien, ou avoir part au Salut que les Docteurs, les Scribes, les Sages & les Difputeurs de ce Siécle, en ce cas-là il leur auroit donné une Religion proportionnée à leur genie, pleine de fpeculations, de fubtilitez, de termes obfcurs & abftraits. Mais St. Paul nous affûre pofitivement (1 *Cor.* I.) que l'Evangile n'a point été donné pour des perfonnes doûées de femblables qualitez, que la Doctrine fimple qu'il renferme n'eft pas pour eux, mais plûtôt pour ces gens pauvres , ignorans & fans lettres , Qui écouterent & crurent

les

les promeſſes que Dieu leur faiſoit de leur
envoyer un Liberateur, Qui crurent que
Jeſus étoit ce Liberateur, Qui pouvoient
concevoir un homme qui avoit été mort &
étoit revenu en vie, & ne faiſoient pas difficulté de croire qu'il reviendroit à la fin du
Monde pour juger tous les Hommes ſelon
leurs œuvres. Il eſt ſi vrai que c'eſt aux Pauvres que l'Evangile a été prêché, que Jeſus-
Chriſt fait de cette circonſtance une preuve
auſſi bien qu'un point capital de ſa Miſſion,
Matth. XI. 5. Or ſi l'Evangile a été annoncé
aux Pauvres, c'étoit ſans doute un Evangile
que les Pauvres pouvoient comprendre, c'eſt-
à-dire un Evangile ſimple & intelligible, &,
comme nous l'avons vû, il étoit tel effectivement dans les Prédications de Jeſus-
Chriſt & de ſes Apôtres.

F I N.

DISSERTATION

Où sur les Principes du CHRIS-
TIANISME RAISONNABLE *on
établit le vrai & l'unique Moyen
de reünir tous les Chrétiens, malgré la difference de leurs Sentimens.*

IL est certain que tout le monde
ne découvrit pas d'abord le dessein & les principes du *Chriftianifme Raifonnable*. Mais il n'y a
plus perfonne, à mon avis, qui n'en com-
prenne exactement la Doctrine, depuis la
publication de ce que j'ai nommé *Seconde
Partie* de cet Ouvrage, où j'ai donné un
Extrait fidelle de tout ce qui a été écrit en
Anglois pour le défendre contre les Objections de quelques perfonnes qui avoient
entrepris de le décrier comme un Livre
très-dangereux. M. *Locke* a pris tant de
foin d'étendre & de développer fes penfées
dans ces *Eclairciffemens*, qu'après les avoir
lus on ne fauroit éviter de voir ce qu'il a
prétendu prouver dans le *Chriftianifme Raifonnable:* & tout ce qu'il dit, eft appuyé fur
de fi bonnes raifons que ceux qui entendront

dront parfaitement fa Doctrine, l'approu-
veront infailliblement, fi je ne me trompe.
D'où je conclus que cet Ouvrage doit être
regardé comme un des plus utiles & des
mieux raifonnez qu'on ait faits depuis long-
temps fur la Religion Chrétienne.

Pour juftifier cette belle idée, je me con-
tenterai de vous étaler une conféquence qui
découle naturellement de la Doctrine de ce
Livre. C'eft l'*Union des Chrétiens*, quelque di-
vifez qu'ils foient par la contrarieté de leurs
fentimens. L'affaire eft importante, comme vous voyez, & plufieurs grands Hommes y ont travaillé depuis long-temps, mais
avec fi peu de fuccès qu'on pourroit les comparer à ces Chimiftes qui après bien des
fatigues & de la dépenfe ne recueillent que
de la fumée. Si je montre que ce rare fecret eft vifiblement renfermé dans le *Chriftianifme raifonnable*, tout bon Chrétien doit
convenir, que ce Livre merite les éloges
que je viens de lui donner.

I. CE qui fait que les Chrétiens s'ana-
thematifent & s'excluent les uns les autres
du falut, c'eft qu'ils ne peuvent s'accorder
fur le fens de certains Points de foi que chacun prétend qu'il faut croire néceffairement
& fous peine de damnation, dans le fens qu'il
les croit lui-même. Ils regardent tous l'E-
CRITURE comme un Livre divinement

infpiré : mais ils different extrémement fur l'explication de plufieurs endroits de ce Sacré Livre. Les uns y trouvent des chofes que les autres ne fauroient y voir : d'autres y voyent précifément le contraire ; & quelques-uns y rencontrent certaines Doctrines que d'autres ont en horreur , & qu'ils regardent comme contraires au fens commun, bien loin de les croire autorifées par une Revelation divine. De là tous ces differens Ordres de Chrétiens : *Catholiques Romains, Lutheriens, Calviniftes, Sociniens, Anabaptiftes, Arminiens, Grecs, Abyffins,* &c. Tous oppofez en quelque chofe : Tous * *Orthodoxes,* fi l'on les en croit : Tous *Heretiques* ou *Schifmatiques,* fi l'on en croit leurs Adverfaires, & enfin Tous violemment animez les uns contre les autres , & toûjours prêts à employer actuellement la rigueur

des

---

* *Orthodoxe* eft un mot Grec qui veut dire, *qui a raifon.* Chaque Société Chrétienne fe pare de ce beau titre, & il n'eft pas poffible qu'aucune avoûë qu'il ne lui eft point dû, puifqu'elle reconnoîtroit par là qu'elle adopte de faux Principes, des Doctrines abfurdes & infoûtenables. Il eft tout vifible qu'elle ne fauroit faire cet aveu fans renoncer en même temps à fes propres Dogmes. D'où il paroît que l'ufage que les differentes Sociétez Chrétiennes font du mot d'*Orthodoxe* pour fe diftinguer les unes des autres, eft tout à fait pueril. On ne laiffera pourtant pas de s'en fervir, tant que l'animofité dûrera parmi les Chrétiens.

des supplices, les cachots, le fer & le feu
pour se détruire partout où le Magistrat a la
foiblesse de seconder leur fureur : quoi qu'ils
se plaignent TOUS de cette insensée & bar-
bare maniére de persuader, dès que d'autres Sociétez , celles-là mêmes qu'ils ont
traitées si cruellement , veulent à leur tour
s'en servir contre eux , ce qui arrive assez
souvent.

II. SI l'on ne peut reconcilier toutes ces
differentes Sectes , qu'en les engageant à
s'accorder entiérement sur tous les Articles
de Foi qui divisent depuis si long-temps le
Christianisme , il ne faut plus parler d'é-
teindre leurs animositez. Elles dure-
ront autant que le Monde. Ce n'est point
aussi par là que la Doctrine du *Christianisme
Raisonnable* tend à pacifier toutes les Sectes
Chrétiennes. L'Auteur de ce Livre laisse à
chacun la liberté de croire & de soûtenir
ses Sentimens : mais il pose des Principes
d'où il est aisé de conclurre , que malgré
cette grande diversité d'Opinions qui regne
dans le Christianisme , les Chrétiens doivent se regarder tous comme Frères, comme des Sujets d'un même Roi, & des Disciples d'un même Maître , qui participent
tous à la même Foi, & à la même Esperance, avec un droit parfaitement égal , sans
qu'aucune de ces Sectes, Sociétez ou Com-

Z 2

munions

munions Chrétiennes, comme il vous plairra de les appeller, puisse exclurre les autres
du Salut, & les traiter de Sociétez infidèles, hérétiques & schismatiques. Telle est,
dis-je, l'*Union des Chrétiens*, que la Doctrine du *Christianisme Raisonnable* doit procurer infailliblement, si l'on en pénètre les
justes conséquences, comme nous l'allons
montrer tout à l'heure.

III. Il est certain, que, si les Membres de toutes ces differentes Sociétez Chrétiennes s'accordent tous à croire ce qu'il
faut croire nécessairement pour devenir
Chrétien, ils sont tous Chrétiens, tous dans
l'Alliance Evangelique, & qu'ils ont tous,
par conséquent, un égal droit aux avantages de cette Alliance, bien loin de pouvoir
s'anathematiser les uns les autres, par la raison qu'ils different sur d'autres Articles
dont la croyance n'est pas absolument nécessaire pour rendre un homme Chrétien.
Tout cela est de la derniére évidence.

IV. Reste de voir ce qu'il faut nécessairement croire pour devenir Chrétien.
On n'a qu'à lire le *Christianisme Raisonnable* pour être convaincu, que quiconque
croit en Dieu, & reconnoit Jesus-Christ
pour le *Messie*, c'est-à-dire, pour son *Seigneur* & son *Roi*, dans le dessein d'obeïr
sincerement à sa volonté, croit tout ce qu'il

faut

faut croire néceffairement pour devenir Chrétien : que, dès qu'il croit ces deux Articles, il eft par cela même Difciple de Jefus-Chrift, veritable Fidèle, & Membre de l'Eglife Chrétienne. C'eft là, dis je, ce que l'Auteur du *Chriftianifme Raifonnable* a prouvé dans tout fon Livre, par cette raifon démonftrative, *que les Juifs qui croyoient en Dieu, étoient déclarez Fidèles par Jefus-Chrift & par fes Apôtres, dès-là qu'ils recevoient Jefus pour le Meffie; & que les Payens étoient admis dans l'Eglife Chrétienne, dès que renonçant à l'Idolatrie ils reconnoiffoient un feul Dieu, Créateur du Ciel & de la Terre, & qu'ils recevoient Jefus-Chrift pour leur Seigneur & leur Roi.* Or fi les Payens & les Juifs devenoient Chrétiens par cela feul qu'ils reconnoiffoient Jefus-Chrift pour le Meffie, leur Seigneur & leur Roi, il eft vifible que ceux qui reconnoiffent aujourd'hui Jefus-Chrift en cette qualité, font Chrétiens, vrais Sujets de ce divin Seigneur, & Membres de fon Eglife. Car je vous prie, de quel droit exclurroit-on de l'*Eglife de Jefus-Chrift*, & de l'Efperance du Salut, ceux qui croyent préfentement ce que Jefus-Chrift & fes Apôtres ont déclaré qu'il fuffifoit de croire pour pouvoir être admis dans l'Eglife Chrétienne ? Ce feroit détruire l'Alliance Evangelique pour en

Z 3 établir

établir une autre, toute differente de celle que Jesus Chrift & fes Apôtres ont annoncée aux hommes. Car changer les Conditions d'une Alliance, c'eft l'anéantir entiérement. Puis donc que tous ces ordres de Chrétiens qui font partagez fur tant d'autres articles de Foi, s'accordent tous à croire celui-ci, que *Jefus eft le Meffie, leur Seigneur & leur Roi*, ils font tous Chrétiens, quelque nom qu'ils portent d'ailleurs. Qu'on les appelle *Lutheriens*, *Calviniftes*, *Papiftes*, *Arminiens*, *Anabaptiftes*, *Neftoriens*, &c. ils font dès-là Sujets de Jefus-Chrift & Membres de fon Eglife. Et par conféquent, tous ces Chrétiens n'ont aucun droit de s'anathematifer les uns les autres, de fe traiter d'*Hérétiques*, de *Schifmatiques*; & de s'exclurre, chacun à fon tour, du Paradis, par la raifon qu'ils ne croyent pas tous la même chofe. Car puifqu'ils croyent tous ce qu'il eft abfolument néceffaire de croire pour devenir Chrétien, la difference de leurs opinions fur d'autres Articles de foi ne fauroit empêcher qu'ils ne foient tous Membres de l'Eglife Chrétienne.

V. MAIS, me direz-vous, s'il fuffit pour être Chrétien de croire que Jefus eft le Meffie, un Chrétien ne doit-il donc croire que cela? On a prêté cette confé-

quence

quence à l'Auteur du *Chriſtianiſme Raiſonnable*, mais c'eſt ou par malice, ou faute
d'entendre la Doctrine de ſon Livre. Cet
Auteur a trouvé par un examen ſuivi de tous
les Diſcours que Jeſus-Chriſt & ſes Apôtres
ont addreſſez à ceux qu'ils vouloient convertir au Chriſtianiſme, que tous ceux qui
recevoient Jeſus de Nazareth pour le Meſſie, pour leur Seigneur & leur Roi, étoient
par cela ſeul déclarez Fidèles, & actuellement incorporez dans l'Egliſe Chrétienne.
C'eſt un Point de fait. On n'a qu'à lire
l'Evangile & les Actes des Apôtres pour en
être convaincu. Cela poſé, il eſt viſible
que la foi en Jeſus-Chriſt ſuffit pour rendre
un homme Chrétien ; & par conſéquent,
que tous ceux qui reconnoiſſent Jeſus-Chriſt
pour leur Roi, ſont dès-lors Sujets de ce
divin Seigneur, & Membres de ſon Egliſe.
Mais qu'un homme devenu Chrétien en
croyant cet article, ſoit par cela même diſ-
penſé de croire autre choſe, c'eſt la derniére des abſurditez : & l'Auteur du *Chriſtianiſme Raiſonnable* eſt ſi éloigné d'admettre cette conſéquence, qu'il ſoûtient au
contraire, qu'un homme qui reconnoît une
fois Jeſus-Chriſt pour ſon Seigneur & ſon
Roi, s'étant par là ſoûmis à ſon Empire,
eſt indiſpenſablement obligé de s'inſtruire
de ſa volonté, & de recevoir TOUTES
Z 4

LES

LES VERITEZ dont il vient à connoître que Jesus-Chrift eft l'Auteur: Veritez de fpeculation pour y donner fon confentement: Veritez de pratique pour tâcher d'en faire la regle conftante de fa conduite, car c'eft ce que ce divin Roi* exige abfolument de fes Sujets: en un mot, TOUT ce qu'il croit avoir été revelé par Jesus-Chrift, ou par fes Apôtres, conduits par fon faint Efprit, QUOI QUE CE PUISSE ETRE. Car douter de la moindre chofe qu'on croiroit venir de la part de Jesus-Chrift, *ce feroit*, comme le remarque expreffément † M. Locke, *mettre en queftion fa veracité, anéantir fa Miffion, méprifer fon Autorité, déclarer nettement qu'il n'eft pas le Meffie; & par conféquent rejetter l'Article de foi qu'on doit admettre néceffairement pour devenir Chrétien.*

Qu'eft-ce donc qu'un Chrétien doit croire neceffairement? Le voici en peu de mots, TOUT ce que Jesus-Chrift & fes Apôtres ont enfeigné dans l'Ecriture Sainte. Et par conféquent, tout homme qui eft une fois converti au Chriftianifme, eft obligé de confulter l'Ecriture pour y étudier les Loix & la Doctrine de Jesus-Chrift avec toute l'appli-

----

* *Matth.* VII. 21. *Luc.* VI 46, 47, &c. Voyez le *Chriftianifme Raifonnable*, Ch. XII. p. 245.

† Dans la SECONDE PARTIE du *Chriftianifme Raifonnable*, p. 59.

plication dont il eſt capable ; & auſſi ſouvent que l'état où Dieu l'a mis dans ce Monde, le lui peut permettre. En toutes les
propoſitions qu'il juge être renfermées dans
les paroles de Jeſus-Chriſt ou de ſes Apôtres, il doit y donner ſon conſentement
auſſi long-temps qu'il eſt ſincerement convaincu en lui-même que c'eſt-là ce que le
Saint Eſprit a voulu lui enſeigner. Ce ſont
pour lui tout autant d'articles de foi durant tout ce temps-là ; & il ne peut les rejetter tandis qu'il les croit revelez dans le
ſens qu'il leur donne, ſans ſe revolter contre Jeſus-Chriſt, & ceſſer de le reconnoître pour ſon Roi.

VI. D U R E S T E, ſi cherchant ſincerement à s'inſtruire de la volonté de Jeſus-
Chriſt, il vient à ſe tromper dans l'explication qu'il donne de tel ou tel Paſſage de
l'Ecriture : s'il croit voir dans ce ſacré Livre des choſes qui n'y ſont point du tout,
ou qui ſont même directement contraires à
la penſée des Ecrivains ſacrez, il ne laiſſe
pas d'être veritable Sujet de Jeſus-Chriſt,
tandis qu'il ignore que ces Paſſages de l'E-
criture ſignifient toute autre choſe que ce
qu'il leur fait ſignifier. C'eſt une conſéquence qu'il faut admettre néceſſairement, à
moins qu'on ne veuille ſoûtenir que pour
pouvoir être fidèle ſerviteur de Jeſus-Chriſt

il faut avoir une entiére & parfaite intelligence de tout ce que Jefus-Chrift & fes Apôtres ont enfeigné dans les faintes Ecritures. Auquel cas il faudra dire, non que les Catholiques-Romains font les feuls Chrétiens, ou les Calviniftes, ou les Lutheriens, ou quelque autre Secte que ce foit, mais qu'il n'y a point eû de Chrétiens fur la Terre depuis le fiécle des Apôtres.

Il en eft, à cet égard, des Sujets de Jefus Chrift, comme des Sujets des Princes de ce Monde. Qu'un homme reconnoiffe le Roi de *Suede* pour fon legitime Souverain, & lui préte ferment de fidelité: il eft, par cela feul, Sujet de ce Prince. Que doit-il faire après cela? S'inftruire de la volonté de ce Monarque pour l'executer fincerement autant qu'il eft en fon pouvoir. Mais fi venant à confulter les Loix de Suede, il en explique quelques-unes d'une maniere fort imparfaite: s'il ne peut en entendre d'autres que plufieurs Suedois entendent fort bien, & qu'il donne même à certaines Loix un fens tout contraire à celui qu'elles ont veritablement, dira-t-on qu'il ceffe dès-là d'être Suedois? Rien ne feroit plus ridicule. Car l'ignorance & les meprifes de cet homme ne l'empêchent point de regarder le Roi de Suede comme fon legitime Souverain. La chofe eft toute pareille

à

à l'égard de ceux qui reconnoiſſent Jeſus-
Chriſt pour leur Saigneur & leur Roi. Ils
ſont par cela même du nombre de ſes Sujets. Après quoi ils doivent s'appliquer ſincerement à la lecture de l'Ecriture Sainte
dans le deſſein d'y apprendre la volonté de
ce divin Seigneur , & de faire tous leurs
efforts pour l'accomplir : & tout ce qu'ils
croyent que Jeſus-Chriſt leur a revelé dans
ce ſacré Livre , ils doivent le recevoir avec
ſoumiſſion. Mais s'ils ne comprennent pas
bien ce que ce divin Docteur ou ſes Apôtres ont enſeigné ſur certains Articles, ou
qu'ils ne puiſſent même en découvrir le ſens
en aucune maniére, ils n'en ſont pas moins
Sujets de Jeſus-Chriſt. Car tandis que je
me ſoûmets ſincerement à la volonté de
mon Prince, autant qu'il eſt en ma puiſſance de la découvrir, je ſuis ſans contredit
ſon fidelle Sujet, & je ne ceſſe de l'être que
lorſque je rejette actuellement ce que je
croi qu'il a eû deſſein de me preſcrire.
Ainſi, qu'un homme qui croit en Jeſus-
Chriſt, trouve la *Conſubſtantiation* dans l'E-
criture Sainte, il eſt indiſpenſablement obligé de croire la Conſubſtantiation : & quoi
que Jeſus-Chriſt & ſes Apôtres n'ayent peut-
être jamais eu deſſein d'enſeigner rien de
pareil, la croyance de ce Dogme ne l'empêche pas d'être Chrétien. D'autres Diſci-

ples

ples de Jefus-Chrift voyent-ils dans l'Ecriture les mêmes Opinions qu'*Arminius* y a vûës? ils doivent foûtenir ces Opinions comme autant d'articles de foi; & ils ne peuvent les revoquer en doute, fans fouler aux piés l'autorité de leur divin Maître. Et par la même raifon, fi d'autres Chrétiens croyent fincerement, après avoir lû l'Ecriture avec foin, que certains Paffages doivent être entendus dans le fens que leur donne *Calvin*, ou *Melanchthon*, ou *Erafme*, ou *Grotius*, ou *Maldonat*, &c. ou bien un tel Laboureur, ou un tel Artifan, ces differentes explications leur doivent être facrées, pendant tout le temps que chacun d'eux les juge conformes à l'intention du St. Efprit. Que toutes ces perfonnes fe trompent en tout, ou en partie, la fidelité qu'ils doivent à Jefus-Chrift ne fouffre par là aucune atteinte. Mais ce qui eft Article de foi pour ces Chrétiens-là, ne l'eft pas pour moi, fi ces differentes explications qu'ils donnent de tels ou tels paffages de l'Ecriture, me paroiffent contraires à l'intention de l'Auteur de l'Ecriture: car en ce cas-là, la même raifon qui les oblige à recevoir ces differentes Doctrines, m'oblige moi à les rejetter. Ils les foûtiennent comme veritables, parce qu'ils les croyent fondées fur l'autorité de l'Ecriture Sainte. Ils ne peu-

vent

vent faire autrement ſans renoncer à l'o-
béïſſance qu'ils ont vouée à Jeſus-Chriſt.
Mais cette même obéïſſance que je lui dois
auſſi comme ſon fidèle Sujet, m'empêche
abſolument d'admettre ces Doctrines, tandis que je les crois contraires à l'Ecriture
Sainte, ou que n'en pouvant découvrir la
verité par les lumiéres de la Raiſon , je ne
ſaurois les voir appuyées ſur aucun témoignage exprès de ce ſacré Livre.

VII. PRENEZ la choſe d'une autre
maniere: & vous mettez tout le Chriſtianiſme en combuſtion. Donnez-vous la liberté d'appeller *hérétiques*, c'eſt-à-dire, d'exclurre de l'Egliſe de Chriſt , & par conſéquent du Salut, TOUS ceux qui ne s'accordent pas avec vous ſur l'explication de
certains Paſſages de l'Ecriture, & vous voilà TOUS dans la cruelle néceſſité de vous
anathematiſer les uns les autres, chacun à
ſon tour, avec un droit parfaitement égal.
Car ſi un *Calviniſte* déclare expreſſément
qu'il ne ſoûtient rien qu'il ne croye avoir
été dicté par l'Eſprit de Dieu dans les Saintes Ecritures, & que malgré cette déclaration il puiſſe être traité d'*hérétique* par un
Lutherien, il eſt viſible que le Lutherien n'a
aucun droit de ſe plaindre ſi le Calviniſte
le traite d'hérétique à ſon tour. Le Lutherien dira-t-il qu'on lui fait tort, & qu'il ne

peut

peut être hérétique puifqu'il ne foûtient rien qui ne foit exactement conforme à l'Ecriture fainte? Mais la queftion eft de favoir s'il eft bien vrai que Luther & ceux qui fuivent fa Doctrine, ne foûtiennent rien qui ne foit contenu dans l'Ecriture. Le Calvinifte le nie abfolument, & ne peut éviter de le nier : car s'il en convenoit une fois, il ne feroit plus Calvinifte, mais Lutherien. Refte donc que le Lutherien fe contente de dire, qu'il croit fincerement que fa Doctrine eft conforme à l'Ecriture Sainte, & qu'avec une telle difpofition d'efprit il ne peut être hérétique. Or fi cette raifon eft bonne dans la bouche d'un Lutherien, pourquoi ne le feroit-elle pas auffi dans la bouche d'un Calvinifte, d'un Arminien, &c?

VIII. Concluons donc encore un coup, que tous ceux qui reconnoiffant Jefus-Chrift pour leur Maître, leur Seigneur, & leur Roi, ne foûtiennent rien qu'ils ne croyent fincerement avoir été enfeigné par Jefus-Chrift ou par fes Apôtres dans les faintes Ecritures, font tous Sujets de ce divin Seigneur, tous Membres de fon Eglife, & qu'ainfi ils n'ont aucun droit de s'anathematifer les uns les autres, & de s'exclurre mutuellement du Salut, malgré ce grand nombre de fentimens

qui

qui les partagent en tant de Sectes ou Communions differentes, TOUS également autorisez à soûtenir leurs Opinions pendant tout le temps qu'ils les croyent conformes à la Doctrine de Jesus-Chrift & de fes Apôtres, telle qu'ils peuvent la découvrir dans l'Ecriture Sainte après une recherche exacte & fincere, dégagée de tout intérêt particulier, d'amour de parti, de paffion, & de tout injufte préjugé, du moins autant que chacun en eft convaincu en lui-même par le témoignage de fa propre confcience, dequoi Dieu feul peut être le Juge.

IX. VOILA en peu de mots cette importante *conféquence* qu'on peut tirer de la Doctrine du *Chriftianifme Raifonnable*, & qui contient, comme j'ai déja dit, *un moyen aifé & infaillible de réünir tous les Chrétiens, & d'éteindre à jamais leurs animofitez, malgré la difference de leurs Opinions*, qui eft la caufe, ou le prétexte de ces animofitez: Moyen, qui, comme vous voyez, n'eft pas fondé fur des raifonnemens fubtils & difficiles à comprendre, mais fur l'autorité infaillible de Jefus-Chrift.

X. PLUS j'examine cette conféquence, plus elle me paroît bien fondée, & à l'abri de toute Objection raifonnable de la part des Proteftans. Car pour les Catholiques Romains, ils peuvent la rejetter felon leurs
Prin-

Principes. C'est pourquoi nous les laisserons à quartier pour un moment.

Comment, s'écriera quelque Protestant, zelé pour son Parti, & qui se fait un Article de foi de damner tous ceux qui rejettent les Dogmes de son Eglise, *comment est-il possible qu'on s'avise jamais de recevoir un Principe qui rempliroit l'Eglise Chrétienne de toute sorte d'héréfies?* Point de passion, je vous en prie. L'emportement n'a jamais terminé aucune Question. N'est-il pas vrai que *L'Ecriture Sainte doit être l'unique règle de la Foi des Chrétiens*, & qu'*Il n'y a préfentement sur la Terre aucun Interprete infaillible de l'Ecriture Sainte?* Tous les Protestans conviennent de ces deux Principes. Or s'ils les admettent sincerement, comme ils l'ont déclaré mille & mille fois dans leurs Sermons, dans leurs Confessions de Foi, & dans les Livres qu'ils ont écrits contre les Catholiques Romains, il faut qu'ils reconnoissent que chaque Chrétien a un égal droit d'interpreter l'Ecriture pour lui-même, & qu'une Doctrine qui est Article de foi pour un Chrétien parce qu'il la voit dans l'Ecriture, ne l'est pas pour un autre qui ne peut l'y trouver. Et par conféquent, nul Protestant n'a droit de diffamer, d'anathematifer, & de traiter d'hérétiques ceux qui après avoir étudié l'Ecriture Sainte avec tout

le

le foin dont ils font capables , y voyent toute autre chofe que ce qu'il y voit lui-même. Par exemple, trouvez-vous dans l'Ecriture les Dogmes de la *Confubftantiation*, de l'*Ubiquité du Corps de Jefus-Chrift*, & de *la Predeftination abfoluë*, vous devez les croire : vous ne fauriez vous en difpenfer, j'en conviens , puifque vous regardez l'Ecriture comme la Règle infaillible de votre Foi. Mais fi je rejette ces mêmes Dogmes , parce que je ne faurois les découvrir dans l'Ecriture , je ne vos pas que vous puiffiez vous emporter contre moi, me décrier, & me damner comme un hérétique abominable, devoué *au Diable & à fes Anges.* C'eft là , dis-je , ce que je ne faurois comprendre : à moins que vous ne pretendiez, que pour être fauvé je fuis obligé de croire que toutes les Doctrines que vous voyez dans l'Ecriture, y font effectivement, quoi que je ne puiffe les y découvrir moi-même. Mais fi cela eft, pourquoi me recommandez-vous de lire l'Ecriture Sainte, *d'examiner toutes chofes, & de retenir ce qui eft bon*, comme St. Paul nous l'ordonne expreffément? Que ne me donnez-vous plûtôt une Lifte de toutes les Doctrines que vous croyez renfermées dans ce facré Livre, afin que *je me depêche de les croire* , comme

Tom. I.　　　A a　　　　　* di-

* difoit le feu Comte *de Grammont?* Qu'eft-
il befoin que je les aille chercher dans l'E-
criture, où je ne les trouverai peut-être
point, puifque je fuis également obligé de
les croire, que je les y trouve ou non?

Mais encore, fur quoi fondé voulez-vous
que je croye qu'un certain Dogme eft dans
l'Ecriture, fi je ne puis l'y voir moi-même?
Ce n'eft pas fur votre pure autorité. Car
que vous foyez Docteur, Profeffeur, Prédicateur: que vous fachiez de l'Arabe, du
Grec, de l'Hebreu, du Latin, & du Syria-
que: que vous ayez même compofé de gros
Livres fur les plus importantes Queftions
de la Théologie, vous êtes pourtant homme, c'eft-à-dire, fujet à vous tromper, & par
conféquent, vous n'avez aucun droit de
m'impofer la neceffité de croire fur votre parole, que telles ou telles Doctrines font contenuës dans l'Ecriture Sainte, fi je ne puis
les y voir moi-même. Pour en venir-là, vous
avez befoin de l'Autorité de Dieu lui-même
qui feul ne peut ni tromper ni être trompé.
Je veux dire, que pour avoir droit de m'o-
bliger à croire la *Confubftantiation,* l'*Ubiquité du Corps de Jefus-Chrift,* la *Prédeftination
abfoluë,* & d'autres Articles de Foi que vous
défendez avec tant d'ardeur, mais que je

ne

ne saurois trouver dans l'Ecriture, vous devez me prouver par des Miracles semblables à ceux de Jesus-Chrift & de ses Apôtres, que l'explication que vous donnez de tels & tels Paffages de l'Ecriture où vous trouvez ces Articles de Foi, eft auffi authentique que ces Paffages mêmes. Remarquez bien, je vous prie, que je ne prétens pas que vous foyiez obligé de faire des miracles pour être en droit d'embraffer les Dogmes que vous trouvez dans l'Ecriture. Bien loin de là, je foûtiens, que dès que vous êtes convaincu que ces Dogmes ont été enfeignez par Jesus-Chrift ou par fes Apôtres dans les faintes Ecritures, vous êtes indifpenfablement obligé de les recevoir. Mais je dis, que fi ne puis les découvrir dans l'Ecriture fainte, vous n'avez aucun droit de m'en impofer la croyance, à moins que vous ne me faffiez voir par des Miracles inconteftables que Dieu lui-même vous autorife à annoncer de fa part aux hommes l'explication que vous donnez de tels & tels Paffages de l'Ecriture pour établir ces Dogmes. Car en ce cas-là je ferai obligé de recevoir ce te explication avec autant de refpect que l'Ecriture même.

Mais, me direz-vous, *Pourquoi me doufez-vous de cette maniére ? Qu'eft il néceffaire que je mette ma Doctrine à cette épreuve, puif-*

A a 2

que

que je ne me crois pas infaillible dans mes In-
terpretations de l'Ecriture Sainte? Il eſt certain qu'en qualité de Proteſtant, vous ne devez pas prétendre faire paſſer vos Interpretations pour infaillibles : mais je ne m'en
ſouvenois preſque plus, parce qu'il me ſembloit que vous l'aviez oublié vous-même.
Quoi qu'il en ſoit, vous en convenez préſentement, à pur & à plein, ſans aucune
reſtriction. Voilà qui ſuffit. Il ne m'en faut
pas davantage pour rentrer dans tous mes
droits. Car s'il eſt vrai que vous puiſſiez vous
tromper en expliquant l'Ecriture Sainte, je
ne ſuis pas plus hérétique pour rejetter les
Dogmes que vous trouvez dans l'Ecriture,
ſi je ne puis les y voir moi même, que vous
l'êtes pour les croire veritables parce que
vous les y voyez : & par conſéquent, vous
n'avez pas plus de droit de m'impoſer la
croyance de la *Conſubſtantiation,* de l'*Ubiquité*
du Corps de Jeſus-Chriſt, de *la Prédeſtination*
abſoluë, & du reſte que vous trouvez dans
l'Ecriture, que je n'en ai de vous *ordonner*
de croire le contraire que je trouve auſſi
dans ce ſacré Livre. Comme nous pouvons
nous tromper l'un & l'autre, nous ne pouvons pas nous anathematiſer , & nous traiter d'hérétique l'un l'autre par la raiſon que
nous ne voyons pas les mêmes choſes dans
l'Ecriture : à moins que nous ne ſoyons d'hu-
meur

meur de manier les Controverfes de Religion, comme les Harangeres traitent leurs difputes perfonnelles. Car en ce cas-là, fi vous m'appellez *Hérétique* parce que je rejette des Doctrines que vous voyez dans l'Ecriture, je dois vous regaler du même titre par la raifon que vous refufez de croire celles que j'y trouve auffi.

XI. Enfin (car je ne prétens pas épuifer cette matiére) s'il eft vrai que l'Ecriture doit être l'unique Règle de la Foi des Chrétiens, comme tous les Proteftans font profeffion de le croire, comment peuvent-ils excommunier & condamner aux flammes de l'Enfer, un Difciple de Jefus-Chrift qui fe fait un Article de foi, d'une Doctrine qu'il croit contenuë dans l'Ecriture Sainte? C'eft ce qui me paffe. Car que cette Doctrine foit contraire aux Principes de Calvin ou de Luther, aux décifions du *Concile de Nicée* ou du *Synode de Dordrecht*, à la *Confeffion d'Augsbourg*, ou à celles des *Eglifes de Suiffe*, il ne peut que la voir dans l'Ecriture tandis qu'il l'y voit actuellement, & il ne peut que la croire veritable, tandis qu'il eft fincerement convaincu en lui-même qu'elle a été enfeignée par Jefus-Chrift ou par fes Apôtres : à moins qu'il ne foit obligé d'entendre l'Ecriture en un fens, & de la croire en un autre : de l'expliquer comme les Arminiens,

Aa 3

ou

ou les Anabaptiftes, & de la croire dans le
fens que lui donne Luther ou Calvin. Mais
fans compter qu'en ce cas-là je n'aurois pas
plus de raifon d'embraffer la Doctrine de Luther que celle de Calvin, & celle de Calvin
que celle de quelque autre Proteftant qui
traite Calvin d'heretique: fi ma Foi n'avoit
point d'autre fondement, par exemple, que
l'autorité de Luther, fi fur fa parole je rece-
vois les Dogmes qu'il a trouvez dans l'Ecriture, fans être convaincu moi-même qu'ils ont
été enfeignez par Jefus-Chrift ou par fes Apôtres, je ne deviendrois point par là Difciple
de Jefus-Chrift, mais feulement Difciple de
Luther. Ce ne feroit plus la *Parole de* JESUS-
CHRIST, mais la *Parole de* LUTHER que
je prendrois pour Règle de ma Foi. Par là je
tomberois dans l'inconvenient des Catholiques Romains qui doivent croire ce que l'E-
glife croit, quoi qu'ils ne fachent pas pour
quelle raifon elle le croit. Or tous les Proteftans condamnent hautement cette efpece de
Foi implicite. Il faut donc qu'ils reconnoiffent, 'qu'un Chrétien n'eft obligé de recevoir pour Articles de foi que les Doctrines
qu'il voit dans l'Ecriture fainte, de quelque
maniére qu'il parvienne à cette connoiffance,
par lui-même, ou par le fecours d'autrui Et
par conféquent, fi après avoir lû l'Ecriture
dans le deffein d'y apprendre la volonté de
Jefus-

Jesus-Chrift mon Maître, mon Seigneur &
mon Roi, je me forme des Articles de foi differens de ceux que Luther, Calvin, Arminius,
ou quelque autre Proteſtant que ce ſoit, ont
rencontré dans les Ecrits des Evangeliſtes &
des Apôtres, ils n'ont aucun droit de le trouver mauvais, ni de me traiter d'heretique par
cette raiſon-là : à moins qu'ils ne veuillent ſe
mettre à la place de Jeſus-Chriſt, égaler leur
autorité à la ſienne, & faire paſſer leurs Interpretations de l'Ecriture pour l'Ecriture même, quoi qu'elles puiſſent être fort contraires à l'intention de l'Auteur de ce ſacré Livre, comme ils l'avouent eux-mêmes, &
comme cela paroît évidemment par la contrarieté de ces Interpretations, qui certainement ne peuvent être toutes conformes
à la penſée du S. Eſprit, puiſqu'elles ſont
ſouvent directement oppoſées l'une à l'autre.

XII. B I E N des Théologiens feront ten-
tez de me dire, ,, Q U E je ne prens pas la
,, choſe comme il faut : Qu'à la verité
,, chaque Chrétien n'eſt pas obligé, pour
,, être ſauvé, de croire tout ce qu'a crû
,, Luther & Calvin, qu'il peut même a-
,, voir des ſentimens contraires à ceux de
,, ces grands hommes: mais qu'il y a cer-
,, tains Articles de Foi que tout Chrétien
,, doit croire néceſſairement, certaines
,, Doctrines fondamentales dont la profeſ-
Aa 4 ,, ſion

,, fion diftingue leur Communion d’avec
,, les autres Sociétez Chrétiennes, & qu’on
,, ne peut ignorer ou revoquer en dou-
,, te fans être hérétique, & digne de tous les
,, *Anatêmes de leur Eglife?* ” Mais cette
Objection tombe d’elle-même après ce qu’on
vient de voir. Car fi l’Ecriture doit être l’u-
nique Règle de notre Foi, comme tous les
Proteftans en conviennent, ces Articles doivent être propofez dans les propres termes
de l’Ecriture: auquel cas tous ceux qui croyent en Jefus-Chrift les recevront fans peine.
Et fi l’on les exprime d’une autre maniére, ce
ne feront plus que des explications d’un fimple homme, que perfonne ne fera tenu de
recevoir: de forte que fi le *Calvinifte* veut ériger en Articles Fondamentaux les explications qu’il donne de ces Paffages, le *Lutherien* & *l’Arminien* auront autant de droit de
propofer chacun les fiennes fous le même tître, & d’autres à leur tour pourront ériger en
Articles fondamentaux des Interpretations
toutes différentes, parce qu’elles leur paroî-
tront plus conformes à l’intention du S. Efprit, que celles des Arminiens, des Lutheriens & des Calviniftes

Ajoûtez à cela, que fi la croyance de la plûpart des Dogmes que les Théologiens de differens Partis veulent faire paffer pour des
Articles fondamentaux de la Religion Chrétienne,

tienne, est absolument nécessaire pour être
sauvé, c'est fait des Laboureurs, des Arti-
sans & du pauvre Peuple, pour qui cependant Jesus Christ est mort aussi bien que pour
les Professeurs en Théologie. Car si l'on merite d'être excommunié & anathematisé
comme hérétique pour ne pas croire ces
Dogmes dans le sens qu'une certaine Societé de Théologiens leur donne, le Peuple qui bien loin de les croire ne les entend
pas, est dans un état encore pire que ceux
qui rejettent ces Dogmes parce qu'ils ne
sauroient les voir dans l'Ecriture Sainte.

Je pourrois combattre par plusieurs autres raisons cette Doctrine des Points Fondamentaux dont on fait tant de bruit dans la
plûpart des Societez Chrétiennes. Mais j'aime mieux vous renvoyer à la seconde Partie
du *Christianisme Raisonnable*, où vous trouverez ces raisons proposées avec beaucoup de
force & de netteté.

De tout ce que je viens de dire, il s'ensuit
visiblement, si je ne me trompe, que parmi
les Protestans on n'a aucun droit de damner
& d'excommunier comme hérétiques ceux
qui croyant en Jesus-Christ s'appliquent sincerement à s'instruire de la Doctrine de ce
divin Seigneur dans l'Ecriture Sainte, comme ils y sont obligez autant que leur capacité,
ou l'état dans lequel Dieu les a mis dans ce

A a 5

Monde

Monde, le leur peut permettre : quoi qu’ils ignorent, qu’ils ne puiſſent entendre, ou qu’ils refuſent de croire certaines Doctrines particulieres qu’ils n’ont pas trouvées dans l’Ecriture, & que d’autres Proteſtans y voyent d’une maniere très-diſtincte.

XIII. Ma i s que dirons-nous de l’Egliſe Romaine qui prétend être infaillible ? Ne peut-elle pas exclurre du ſalut tous ceux qui rejettent ſes Dogmes, quoi qu’ils reçoivent Jeſus-Chriſt pour le Meſſie, pour leur Maître, leur Seigneur & leur Roi, & qu’ils faſſent tous leurs efforts pour s’inſtruire de ſa volonté, telle qu’elle eſt contenuë dans les ſaintes Ecritures ? Non ſans doute. Les Catholiques Romains non plus que les Proteſtans n’ont aucun droit de damner, d’anathematiſer de tels Chrétiens qui croyent tout ce qu’il faut croire néceſſairement pour être Sujet de Jeſus-Chriſt & Membre de ſon Egliſe. Toute la difference qu’il y a, à cet égard, entre les Catholiques Romains & les Proteſtans, c’eſt que les Proteſtans ne peuvent les condamner ſans renoncer ouvertement à leurs propres Principes qui ſont très-raiſonnables, au lieu que les Catholiques Romains raiſonnent fort juſte en les condamnant, quoi que ſur des Principes tout-à-fait inſoutenables & qui ne peuvent être d’uſage qu’à l’égard de ceux qui les admettent. Les
Pro-

Protestans vous déclarent qu'ils ne préten-
dent point être infaillibles dans leurs Interpretations de l'Ecriture sainte : ils vous ren-
voyent à la lecture de ce Livre, où vous devez chercher vous-même les Articles de votre croyance, & cependant la plûpart vous
damnent sans misericorde si vous rejettez
quelques-unes de leurs Doctrines, quoi que
vous ne rejettiez ces Doctrines que parce
qu'elles vous paroissent contraires à l'intention de l'Auteur de l'Ecriture, ou que vous
ne pouvez pas les trouver dans ce Livre. Rien
n'est plus absurde, comme nous l'avons déja montré. Les Catholiques Romains rai-
sonnent plus conféquemment. ,, L'Eglise
,, Romaine est infaillible, *disent-ils.* Jesus-
,, Christ lui a donné le pouvoir de gouverner
,, la conscience des Fidèles en l'instruisant
,, elle-même en toute verité nécessaire à sa-
,, lut. Les veritables Chrétiens sont donc
,, indispensablement obligez de se soûmet
,, tre aux Décisions de cette Eglise : car ils
,, ne peuvent les rejetter sans être rebelles à
,, Jesus-Christ lui-même qui parle par sa
,, bouche. L'Eglise Romaine a donc raison
,, d'excommunier ceux qui refusent d'em-
,, brasser sa Doctrine. Elle a droit de les
,, foudroyer de tous ses Anathêmes, de les
,, livrer à Satan comme des Hérétiques, des
,, Infidèles & des Apostats qui ont secoué
,, le

„ le joug de Jesus-Chrift, leur Seigneur &
„ leur Maître”. La conféquence eft incon-
teftable. On ne peut la nier fi l'on accorde
une fois le Principe fur lequel elle eft fondée. Mais la Queftion eft de favoir s'il eft
vrai que *l'Eglife Romaine foit infaillible, &
que Jefus Chrift lui aît donné le pouvoir de gouverner la Confcience des Fidèles, en l'inftruifant elle-même en toute verité néceffaire à falut.*
Si cela étoit, l'Infaillibilité de l'Eglife Romaine feroit fans contredit un Article fondamental que tout Chrétien feroit indifpenfablement obligé d'admettre, & Jefus Chrift
auroit propofé cet Article fi nettement qu'il
n'auroit pas été poffible de ne pas le voir dans
les Ecrits des Evangeliftes & des Apôtres.
On l'y verroit, dis-je, exprimé auffi clairement & auffi fouvent que cet autre Article
qu'on doit croire néceffairement pour devenir Chrétien, *Jefus eft le Meffie.* Cependant il y a quantité de Chrétiens, qui, quoi
qu'extremement oppofez en d'autres chofes,
s'accordent à foûtenir qu'*il eft impoffible de
prouver par l'Ecriture cette prétenduë Infaillibilité de l'Eglife Romaine.* Les Catholiques
Romains eux-mêmes ne font point encore
convenus de la Perfonne à qui Jefus-Chrift
a accordé ce beau Privilege. Les uns difent
que c'eft au Pape, & les autres aux Con-
ciles Généraux, qui font, à leur avis, fi

fort

fort au deſſus des Papes qu'ils peuvent les
dépoſer, comme fit le Concile de *Conſtance:*
& enfin d'autres ſoûtiennent, qu'en matiere
de foi les Déciſions infaillibles émanent du
Pape & du Concile joints enſemblè. Mais
ſans traiter cette matiere à fond, il eſt certain que les Catholiques Romains ne peuvent prouver la prétenduë Infaillibilité de
leur Egliſe que par l'Ecriture. Ils l'avoûent
eux-mêmes. Or ſi je ne vois rien de tel dans
les Paſſages qu'ils citent pour établir ce Dogme, je ne ſuis point obligé de le croire.
Car ſi je ſuis convaincu que ces Paſſages
ſignifient tout autre choſe que ce que l'E-
gliſe Romaine leur fait ſignifier, je ne puis
embraſſer l'explication de cette Egliſe, ſans
mépriſer l'autorité de Jeſus-Chriſt lui-même.
Et ſi ſans entendre ces Paſſages, je reçois
l'explication que les Catholiques Romains
en donnent, je ne crois plus que l'Egliſe Romaine eſt infaillible parce que Jeſus Chriſt
l'a dit, mais parce qu'elle le dit elle-même:
auquel cas une autre Egliſe n'a qu'à dire
auſſi qu'elle eſt infaillible, à quoi la plupart
n'ont que trop de penchant, & les voilà à
deux de jeu, également bien fondées par
rapport à moi qui n'aurai pas plus de raiſon
de croire l'Infaillibilité de l'une que l'Infaillibilité de l'autre: ou plûtôt, j'aurai moi-
même autant de droit de me croire infaillible

ble que de les croire infaillibles l'une ou l'autre. Mais quoi que je n'explique pas certains Paſſages de l'Ecriture comme l'Egliſe Romaine, ou que je ne puiſſe même les entendre en aucune maniere, je ne laiſſe pas d'être Chrétien, ſi je reconnois Jeſus-Chriſt pour mon Seigneur & mon Roi. Ce divin Seigneur l'a dit lui-même. J'en ai ſa parole pour gage. Et par conſéquent, les Catholiques Romains n'ont aucun droit de me traiter d'hérétique, quoi que je croye bien des choſes qu'ils ne croyent pas, & que j'en rejette d'autres qu'ils font profeſſion de croire.

Cela étant, j'ai prouvé, comme je m'étois chargé de le faire, *que tous ceux qui reconnoiſſant Jeſus-Chriſt pour leur Seigneur & leur Roi, ne ſoûtiennent rien qu'ils ne croyent ſincerement avoir été enſeigné par Jeſus-Chriſt ou par ſes Apôtres dans les Saintes Ecritures, ſont* TOUS *Sujets de ce divin Seigneur,* TOUS *Membres de ſon Egliſe, & qu'ainſi ils n'ont aucun droit de s'anathematiſer les uns les autres, & de s'exclurre mutuellement du Salut, malgré ce grand nombre de Sentimens qui les partagent en tant de Sectes differentes.* C'eſt, comme vous voyez, une ſuite néceſſaire de ce Principe, ſi nettement demontré par l'Auteur du *Chriſtianiſme Raiſonnable,* que *tous ceux qui reçoivent Jeſus-Chriſt pour le Meſſie, leur Sei-*

Seigneur & leur Roi, font par cela même Chré-
tiens : & par conféquent, la Doctrine de cet
Auteur renferme *un moyen aifé a'unir tous*
les Chrétiens, & d'éteirdre à jamais leurs ani-
mofitez, malgré la difference de leurs Opi-
nions.

XIV. Ici quantité de Théologiens de
differens Partis feront tout prêts à m'objecter, que, *fi cette Doctrine eft reçuë, tout eft*
perdu, qu'il n'y aura plus d'Hérétiques dans le
Chriftianifme. —— Quel grand mal y au-
roit-il à cela? Eft-il donc fi néceffaire qu'il
y aît des Herctiques ? Ne fauroit-on vivre
fans cette engeance? —— Je vois enfin ce
que c'eft. Il faut des Hérétiques pour tenir
en haleine le zèle de la plûpart des Théologiens. S'ils n'avoient point d'ennemis à
combattre, leur courage fe rallentiroit. Mais
qu'ils fe raffûrent. L'*Herefie* leur donnera
toûjours affez d'exercice. Elle a pris de fi fortes racines dans l'Eglife Chrétienne que felon
toutes les apparences, elle y reftera auffi
long-temps que la profeffion de l'Evangilé.
Quoi qu'il fuive démonftrativement de la
Doctrine du *Chriftianifme Raifonnable,* que
les Chrétiens n'ont aucun droit de s'anathematifer, de fe déchirer, de s'égorger, de fe
damner les uns les autres par la raifon qu'ils
ne s'accordent pas fur l'explication de plufieurs endroits de l'Ecriture Sainte , il y a
pour-

pourtant, & il y aura apparemment toûjours quantité d'hérétiques que tout bon
Chrétien doit regarder comme de mauvais Sujets de Jesus-Chrift, & qui ne peuvent être fauvez s'ils ne fe convertiffent.
De ce nombre font TOUS LES CHRE'-
TIENS qui foûtiennent par des vûës d'intérêt ou par foibleffe des Opinions contraires à celles qu'ils voyent clairement dans
l'Ecriture Sainte, TOUS CEUX qui étant
perfuadez qu'un Chrétien n'eft obligé *de reconnoître d'autre Maître que Jefus-Chrift*, veulent pourtant régler la foi des autres Chrétiens à leur fantaifie, dominer fur leurs Con-
fciences, leur impofer la néceffité de croire
tels & tels Dogmes, diffamer, haïr & maltraiter ceux qui rejettent ces Dogmes parce
qu'ils ne les trouvent point dans l'Ecriture
Sainte. Ceux-là auffi font hérétiques qui
empietant encore plus fur les Droits de Jefus-
Chrift, impofent aux Chrétiens la croyance
de plufieurs Doctrines, qu'ils ne voyent point
eux-mêmes dans l'Ecriture, mais qu'il leur
importe de faire paffer pour divines, quoi
qu'ils s'en moquent en fecret comme de chofes frivoles & pueriles. Enfin ceux-là font
hérétiques qui fachant fort bien ce que Jefus-
Chrift leur prefcrit, violent hardiment les
Loix de ce divin Seigneur, & s'endurciffent
dans des habitudes contraires à celles qu'il

exige

exige de tous ses Sujets, sous peine de damnation aux contrevenans. Voilà des Hérétiques que tous les Chrétiens sincerement interessez à la gloire de Jesus-Christ, peuvent anathematiser sans craindre de se meprendre. Les Ministres de l'Evangile sur tout, peuvent non seulement tonner contr'eux, mais ils doivent leur dénoncer les jugemens de Dieu, & leur déclarer qu'ils periront infailliblement s'ils ne changent de conduite. Mais, me direz-vous, pourquoi ces gens-là sont ils hérétiques plûtôt que ceux qui croyent des Doctrines étranges que je ne saurois voir dans l'Ecriture, & qui en rejettent d'autres que j'y vois fort clairement? En voici la raison. C'est que ces prémiers étant convaincus en leur propre conscience, qu'ils doivent une obéïssance sincére à Jesus-Christ qu'ils ont pris pour leur Seigneur & leur Roi, ne laissent pas de violer ses ordres directement & de dessein déliberé. Or quiconque est dans cet état, est hérétique, selon la définition de St. Paul, qui dit expressément dans son Epître à Tite, que l'*Hérétique péche,*étant condamné par son propre jugement*. On ne sauroit dire la même chose de ceux qui soûtiennent certaines Doctrines parce qu'ils sont sincerement persuadez qu'elles ont été enseignées par Jesus-Christ ou par ses Apôtres

Tom. I.   B b   dans

* Ὢν αὐτοκατάκριτος: Ch. III. vf. 11.

dans l'Ecriture Sainte , & qui en rejettent d'autres parce qu'ils ne sauroient les trouver dans l'Ecriture. Car bien loin d'*être condamnez par leur propre jugement*, ils aiment mieux pourrir dans des cachots, se laisser écarteler, pendre, & brûler que de renoncer à ces sortes de Doctrines.

Mais, me dira-t-on encore, ceux que vous nommez hérétiques parce que condamnez par leur propre jugement, ils vivent dans une constante désobéïssance aux ordres de Jesus-.Christ, sont pourtant *Chrétiens*, selon vous, puis qu'ils croyent en Jesus-Christ, & qu'ils continuent à le reconnoître pour leur Seigneur & leur Roi. Cela est vrai. Ils ne sont pas moins Chrétiens, que des Sujets du *Roi de Suede* sont *Suedois*, après avoir volé & assassiné, quoi que par là ils ayent désobeï à leur Prince, dont les Loix condamnent expressément le Vol & l'Assassinat. Mais comme ces *Suedois* peuvent perdre par cette désobéïssance, non seulement la protection de leur Souverain & tous les avantages dont ils jouïssoient auparavant avec le reste de leurs Concitoyens, mais encore la vie : de même ces Chrétiens qui vivent dans une constante & volontaire désobeïssance à la volonté de Jesus-Christ, sont hérétiques & hors du chemin du salut quoi que Sujets de ce divin Roi. Car un Chrétien n'est pas sauvé par cela seul qu'il

croit

croit en Jesus-Chrift, & qu'il le reconnoit pour fon Roi : il faut, outre cela, qu'il obéïffe à fes Loix, & s'il vient à les violer, qu'il rentre dans le devoir par une prompte & fincere repentance qui l'engage à vivre conformément aux préceptes de l'Evangile, autant qu'il eft en fa puiffance. *Tous ceux qui me difent, Seigneur, Seigneur*, dit Jefus-Chrift lui-même, *n'entreront point au Royaume des Cieux : mais celui-là y entrera qui fait la volonté de mon Père qui eft aux Cieux.* Sans doute ceux qui l'appelloient *Seigneur*, croyoient en lui, puifque Jefus-Chrift ajoute immediatement après, qu'ils avoient fait des miracles en fon Nom : *Plufieurs me diront*, ,, Seigneur, Seigneur, ,, n'avons-nous pas prophetifé en votre ,, Nom ? N'avons-nous pas chaffé les Dé- ,, mons en votre Nom ; & n'avons-nous pas ,, fait plufieurs Miracles en votre Nom ? *Et* ,, *alors je leur dirai hautement, je ne vous ai jamais connus. Retirez-vous de moi, Vous qui vivez dans l'iniquité.* Il paroît clairement par là, qu'on peut croire en Jefus-Chrift, le reconnoître pour fon Roi, & cependant, être hors du chemin du Salut, fi l'on perfifte à defobeïr volontairement à fes Loix. Mais c'eft une verité qui a été enfeignée* fi nettement & en tant d'occafions differentes par Je-

Bb 2

fus-

* Voyez fur cela les Chapitres XI. & XII. du *Chriftianifme Raifonnable*, pag. 218. &c. pag. 245. &c.

fus-Chrift & par fes Apôtres, qu'un Chrétien qui a lû ou entendu lire l'Evangile, ne peut pas l'ignorer.

XV. Je fai qu'on pourra faire plufieurs autres Objeƈtions populaires contre cette union des Chre'tiens dont je viens d'établir la neceffité fur les Principes du *Chriftianifme Raifonnable*. Mais elles font fi foibles, que quiconque aura bien compris ce Difcours, pourra, je croi, les refuter fans peine. Je ne puis cependant m'empêcher d'ajoûter ici une Objeƈtion que me fit l'autre jour un Philofophe de mes Amis, à qui je lifois cette Differtation pour profiter de fa Critique. Quoi qu'il foit naturellement grave, je n'eus pas plûtôt fini ma leƈture qu'il éclata de rire : & me regardant enfuite d'un œuil de pitié, il me dit, „ Voilà bien de la
„ peine perduë, mon pauvre ami. Croyez-
„ vous donc ramener par tous ces beaux rai-
„ fonnemens des gens que l'humanité, le fens
„ commun, & leur propre intérêt n'ont pû
„ détourner de cette odieufe pratique de fe
„ manger & de fe damner les uns les autres?
„ Ne voyez-vous pas que ce font des gens en
„ qui cette habitude de damner ceux qui ne
„ font pas de leur fentiment, tient lieu de
„ raifon, à caufe qu'elle eft autorifée par un
„ fort long ufage, car depuis la Converfion
„ de Conftantin les Doƈteurs Chrétiens
„ n'ont

,, n'onr pas cessé un seul moment de se déchi-
,, rer les uns les autres.   Cet acharnement
,, continuel leur a fait perdre tout sentiment
,, d'humanité. Ce sont des Loups, des Ti-
,, gres & des Lions qui ne peuvent vivre que
,, de sang & de carnage. Si le Magistrat tou-
,, ché des ravages qu'une Passion si feroce a
,, causez dans l'Europe depuis tant de sié-
,, cles, employoit toute sa puissance à l'é-
,, teindre, il lui faudroit bien du temps pour
,, en venir à bout, & vous vous figurez de
,, pouvoir étouffer cette Hydre par des pa-
,, roles! ''———— Me voyant tout interdit,
il me quitta brusquement. C'est là une Objection pressante, je l'avoûë. Plus je l'examine, plus je suis convaincu que je n'ai rien
à y répondre.

F I N.

www.ingramcontent.com/pod-product-compliance
Lightning Source LLC
LaVergne TN
LVHW051331190726
843642LV00007B/2409